湖南师范大学青年优秀人才培养计划"消费文化语境下的中国文学与文论研究"（2011YX01）阶段性成果

教育部社科研究规划基金项目"文化转型时代的文学生存与发展问题研究"（11YJA751020）阶段性成果

夹缝中的
文化与美学

⊙何林军　著

湖南师范大学出版社

目 录

上编 美学篇

一 夹缝中的美学——孔子美学的问题域及其价值 …………（001）
二 庄子美学的基本精神 ………………………………………（011）
三 东坡的人生美学 ……………………………………………（023）
四 亚里士多德的音乐美学思想 ………………………………（030）
五 "美"从何处寻——对"美"的通俗解说 ………………（039）
六 关于"美的规律"的论争与辨析 …………………………（082）
七 高校审美素质教育及其功能 ………………………………（092）

中编 文论篇

八 孔子与柏拉图文艺思想之比较 ……………………………（098）
九 海纳百川，有容乃大——苏轼文艺思想简论 ……………（107）
十 政治"挂帅"与文论"当差"
 ——对"十七年"文艺学的一点总结与反思 …………（136）
十一 现代主义艺术精神论略 …………………………………（143）
十二 关于后现代主义文学的几个关键词 ……………………（155）
十三 《一个后现代主义者的谋杀》中的拼贴与戏仿 ………（168）
十四 理论研究的视野 …………………………………………（176）

下编 文化篇

十五　身体的叙事逻辑	（182）
十六　当代社会的后现代性——鲍曼思想解读	（191）
十七　消费文化视野下的后现代主义	（205）
十八　当代消费神话与文化命运——波德里亚思想管窥	（213）
十九　说"时尚"	（227）
后记	（232）

上编　美学篇

一　夹缝中的美学
——孔子美学的问题域及其价值

我在这里参照阿恩海姆、福柯、布尔迪厄等人提出的场域理论，认为孔子美学在言说范围和方式上只存在伦理学和政治学这两个问题域（论域），一切美学问题都围绕着这两个场域而展开，这造成了美学的伦理化和政治化，缺乏西方美学那种比较纯粹的学理性思考。这就是说，总的来看孔子的美学，它是从孔子的伦理学和政治思想中延伸出来的，又回归到企图解决现实社会中出现的道德问题和政治问题。因此，我把孔子美学名之为"夹缝中的美学"。这意味着在孔子那里，美学发展的空间是受到限制的，美学的学术品格是不独立的，美学的生发机制是外在的。当然，从本质上看，一切美学，外推至一切文学、一切文论、一切文化，都是身处于不同的"夹缝"之中，因为它们其中的任何一种，都没有办法脱离别的东西而纯粹独立地存在；但是，它们所遭逢的"夹缝"，相互之间又是很不相同的。拿孔子美学来说，这种"夹缝"处境明显地体现为它的伦理性、现实性和政治可能性。

（一）孔子美学的基本特色

孔子思想，一言以蔽之，即"仁学"。它以个人德性修养为基点，以"仁"、"礼"为构件，倡导建立一种重情感的人际伦理和重和谐、秩序的政治伦理。这正是孔子伦理学思想的核心和指归。由此亦见，孔子仁学主要就是伦理学；并且，这种伦理学不强调体系化与学理阐述，而表征出显明的实践性格，即注重学说在社会层面的功能运用。孔子美学（包括其艺术理论）就是从伦理学中生发出来的，伦理学的目的即为孔子美学的目的，伦理学的言说方式和问题意识就是孔子美学的言说方式和问题意识。孔子美学的最终归宿亦落实到为社会问题提供解决方案，企图以美学为批判和改造现实的武器。因之，它就是孔子伦理学的演变，并成为其中的必要组成部分。所以，分析孔子美学，必须把它放置在伦理学的视野之下，才能看清楚它的实质和此后中国美学主流的特色。另外，我们还要看到，孔子既是文化人、思想家，又是政治理论家和实践者。所以，他的伦理学又包孕政治性衍变的因素，蕴涵大量的社会政治学说和政治谋略。譬如，讲究身份差异的"礼"，就是孔子和古代中国政治伦理中的"正当"要素，是政治和社会管理经久不衰的资源。因此，还得从政治学层面来认识孔子美学的政治目的与政治上的实用（或适用）色彩。

至此则可简单地归纳，孔子美学的实质和此后中国美学主流（儒家美学）的突出特色表现为理论的实用性，或者说理论的功利性。一个必须说明的问题是，孔子这种功利性态度和对于理论的实践品格之追求，与西方源远流长的社会功利观尤其是承接古希腊而于近代发达的功利主义的精神实质比较起来，是截然相反的。后者以追求个人利益最大化和个体竞争原则为圭臬，肯定个人"私利"的正当性，以此为基础来保证社会"公利"的获得。在我看来，西方的社会结构观是个人组成社会而不是社会辖制个人，个体存在于群体之先，社会是由单个的个体所构成。因此，个人的地位和价值才得以经久地肯定、张显，这是西方式民主观念流行的基础和成果。而孔子学说关注的是"群体"，肯定"社会"对"个人"的优先性。其仁学和美学的实质性目的即为了社会群体的和谐融洽，致力于人际交往原则与社会管理规则的制定，正如余英时所云，孔子思想"是一套全面安排人间秩序的思想体系"[1]。葛兆光在论中国古代仪式时也说："表现于外在仪礼上的规则，其实就是为了整顿人间的秩序。"[2] 这实际上说出了孔子思想的主要目的。与西方从物质层面肯定"私利"相比较，孔子主要讲精神上的修身养性（重"仁"），并将个人的修养当成维持社会平衡的手段。就此而言，孔子乃一精神贵族。

---

[1] 余英时：《现代儒学论》，上海：上海人民出版社1998年版，第230页。
[2] 葛兆光：《中国思想史》（第一卷），上海：复旦大学出版社1998年版，第120页。

从孔子学说的内在逻辑来看他美学的实践品格,这是美学被整合进伦理学与政治学之后的必然的表征;从时代气候来看,则导源于孔子痛对礼崩乐坏的时局,胸怀重整乾坤的宏愿,实践品格才走进他的美学世界的。因此美学不仅直接地成了社会批判武器和一切相关的社会批判武器的归纳性表述,也成为社会改造武器的一个前瞻性和理想化的宣言。这种明显的理论实践品格和现实向度,决定了他和后来的知识界不可能在纯粹思辨的王国进行无功利性的术语操作游戏和理论清理工作。知识者的身份、义务、功绩是在社会现实中倡导一种切切实实的行为,求得一份切切实实的效果。这样的社会干预的热心或者说野心,的确造就了孔子这个空前的思想导师。在知识的完备性、理论的体系化方面,早期中西方无疑表现出公认的巨大差异。诚然,西方人的为学之道,许多也并不是不讲究致用或毫无实际目的,譬如柏拉图的美学理论,就很大部分建立在为奴隶制城邦服务的目的之上,但另一方面,他又接续了为理论而理论的希腊传统,建构起了逻辑谨严的美学体系。也就是说,西方人论美,不仅给出"所以然",也说明"之所以然",在西方知识论的立场上,凸显出求"真"的执著。孔子论美,却省略了哲学推演和逻辑分析过程,可以说只有结论,没有推论;其美学不重逻辑性的"知",只重现实性、实践性的"用",反映了中国人在实践理性和道德理性上的发达。与西方的求真精神相比较,孔子和中国古人孜孜于求"善",将道德的、政治的要求置入美学。以此之故,美学的独立品格没有建立起来。并且这一点成为"五四"以前中国古典美学的显明特色。

(二)孔子美学与中国思想传统

孔子美学的伦理性和政治性还可以具体地从他的政治情结和中国思想传统来进行考察。孔子政治情结形成的原因之一是他在身逢乱世之时怀抱治国平天下的心愿。王室衰微,诸侯混战;礼崩乐坏,纲纪松弛,这成为一种强力刺激,使孔子期待着有所作为,企图回到"行夏之礼,乘殷之辂,服周之冕"(《论语·卫灵公》,下引《论语》只注篇名)这样一个理想社会。孔子奇特的身世和教育背景是他政治情结形成的另外一个原因。他有遥远的贵族血脉,先祖为宋国宗室,生地则是鲁国。宋、鲁两地作为保存殷周文化最多的地方,成为了春秋时各诸侯国经常的观礼之处。所以孔子"少好礼",连做游戏时也喜欢"设礼容"(《史记·孔子世家》)。《八佾》中他说:"夏礼,吾能言之。……殷礼,吾能言之。"《子罕》云:"文王既没,文不在兹乎?"这表明他俨然以周文化的传承者自任,因而他希望运用改良手法,在损益的基础上恢复周代的礼制:"如有用我者,吾其为东周乎!"(《阳货》)

笔者以为"文化孔子"是孔子最主要的身份,但"政治孔子"也是他的主要身份之一,甚至也是"文化孔子"的组成部分。无论是从孔子的思想文本还是他的政治实践都无法轻易否定孔子的政治家身份。他的政治情结也在这两个方面很鲜明地体现出来。《论语》中他直接谈到"为政"的就有40多处,主要记录的篇章有《尧曰》、《颜渊》、《子路》、《为政》等。从他有关政治的言谈中可以看到他实现使命的强烈心理渴望和救世济民的人道情怀。他不仅是个政治理论家,也是一个政治实践家。他和当时的知识分子一样,把出仕救国看作读书人天然的职责。为了推行他复兴周礼、建立大同世界之政治理想,他大半辈子奔波于外,先后到过齐、卫、陈、蔡、宋等国,《史记·十二诸侯年表》说他"干七十余君。"其间危险重重,曾"畏于匡"(《子罕》),也曾断粮于陈蔡,并有时"累累如丧家之狗"(《史记·孔子世家》)。孔子很有政治才华,《孔子世家》就记载了他治理鲁国时的政绩:"与闻国政三月,粥羔豚者弗饰贾;男女行者别于途;途不拾遗;四方之客至乎邑者不求有司,皆予之以归。"但孔子最终在政治上是失望的。他以"仁"为中心构建的救国方案和当时国君的治国理念是根本矛盾的,这决定了他失望的必然性。所以到了晚年,孔子在绝望之中埋首于整理前代的典籍文献,开私塾设杏坛,寄希望于弟子们去实现他的社会蓝图,这成了他从事教育和文化传播事业的主要原因和目的。

实用理性精神是中国的传统思想之一,孔子美学的伦理性和政治性这一实用性特点(或者说实践品格)的形成受到这一传统的深重影响。人们一般认为,中国的哲学历来是实用的哲学,中国的思想历来也是实用的思想,不太喜欢进行哲学玄思。《左传·昭公十八年》中郑国子产有语:"天道远,人道迩,非所及也,何以知之。"说明最晚到春秋时期,中国人就重"人道"而轻"天道"。要提"天道",也是为了"人道"。甚至中国的宗教也是实用的宗教。这里说远一点,譬如中国人烧香火,大多就是直接奔着人间的消灾避祸而去的。他们亲近宗教是"片断性"的,不是作为终生的精神信仰和灵魂的依归。中国有鬼神观念，但鬼神的作用，利用于人间，"就是可以赏善罚恶"①。李泽厚亦认为："即使对相信菩萨鬼神的平民百姓来说，那个神灵世界、上帝鬼神也仍然是这个世界——人生的一部分，它是为了这个世界、人生而存在的。"② 神有时又化为"天"或者"帝"，"天"、"帝"即人间君王的化身。这样做的目的在于增加统治者的威慑力，强化政治权力（或者权利）。中国的"天人合一"固然含义多样，但其中有一种含义就是指"人道"借助于"天道"来获取威权，人间君王因之成为"天"的人间替身。孔子秉承中国人的实用理性精神，其学说正是为了回答当下的现实问题。这在一定程度上可以从孔子轻鬼神而重人事的言论来加以证明。《先进》中学生季路问鬼神之事，孔子说："未能事人，焉能事鬼。"可见孔子崇尚学习、思考要有所致用。但如何"用"？"用"在何处？这拿《子张》中他门徒的话讲就是"学而优则仕"，拿《微子》篇他自己的话讲则为："君子之仕也，行其义也。"打量孔子的一生，会发现"仕"、"义"等等政治化、道德化行为或者追求贯穿在孔子所有的活动之中。

（三）孔子美学的核心范畴

以上所述的孔子美学的实用性特点，首先表现在他彰显了"仁"、"礼"的伦理、政治内涵，并以之为"美"的本质规定。譬如《里仁》云："里仁为美。"这意思是说，邻里之间互相关心友爱就是一种美德。《八佾》亦记载他怒斥不合礼制的演奏："是可忍，孰不可忍？"音乐本是强调音调、韵律等形式美感的，但违背等级规定，内容、表演规格上不符合礼节，就是雅乐也会使人觉得不中听。"仁"是孔子学说中最重要的基础性话语，与"礼"比较，大体可说，"仁"为"礼"之本，"礼"为"仁"之用。"仁"首先是个伦理学范畴，强调个体人格培养；同时又有显明政治向度，既期待上层广布仁德，造福于民，又企望士子庶民之间和谐友爱，共同致力于形成一个稳定、充满人情味的社会局面。孔子主张以德治政，其目的在于所谓的"天下归仁"（《颜渊》）。所以孔子重"仁"重

---

① 李申：《中国儒教史》（上卷），上海人民出版社1999年版，第117~118页。
② 李泽厚：《世纪新梦》，安徽文艺出版社1998年版，第58页。

"德"，以"仁"为至善、至美，从而在历史上首次促成变世袭贵族为道德贵族，变"'血'（血缘）而优则仕"为"学而优则仕"。许倬云《西周史》指出，周代基本政治制度是"世官制"，即官职的职位采取世袭制，但到西周中晚期，部分领域出现了选任制。这为有德的"君子"趋赴宦途开辟了路径，使世袭制度出现缺口。"仁"这个过去主要对上层而提出的道德要求开始移至于君子（士人）身上。而在这方面，孔子的行为、影响颇为重大。徐复观指出，正是孔子改变了以门第出身作为划分君子和小人的尺度这个观念，一个人只要品性好，就可以由"小人"（下层）成为"君子"（上层）①。"仁"的政治内涵，还在于它可以调和"礼"的铁血面孔，正如李泽厚在《中国古代思想史论》中所讲的，"仁"的践行可以使礼的基础有扎实的心理依据，使外在的他律的礼仪可以诉之于人心的内在要求，这样一来，规范性的"礼"从而成为人性化的一部分。所谓"心理依据"或"人心的内在要求"，就是指仁这种"爱人"之情，首先是指亲人之间的血缘情感，即"孝悌也者，其为仁之本与！"（《学而》）蔡元培也说："人之令德为仁，仁之基本为爱，爱之源泉在亲子之间。"②"孝悌"之情一扩展就成为臣对君的"忠"，国家治理因而秘密地建构于推广了的血缘、家族情感之上。古代的中国，"家国同构"在于齐家和治国都重由血缘而来的情感之功能。

但"礼"仍然是孔子思想世界中的重要支柱。孔子将"礼"从社会上层的小范围推广到全社会都应该遵循的行为规范，"礼"之伦理学价值因此加强，全社会的人都要求"合礼"，并以"合礼"为美的一种表现。比之于"仁"，礼在政治上的工具主义色彩更明显，正如《宪问》云："上好礼，则民易使也。"如果说"仁"的工具价值在于使人心悦诚服地驯从，"礼"则在于依据制度原则强制人的理性行为，二者是孔子治国方略的双翼。同时，我们有必要分清孔子之"礼"与后世之"礼"的区别。前者以"仁"为根基，后者在很多时候则放弃了这一根基，主要地成了外在规范和教条。后世在以礼为管理和统治手段时，巧妙利用了血缘宗法这一民族密码，从而使守礼成为被统治者的集体无意识，"礼"因此易于被习惯性

---

① 徐复观：《中国人性论史》，上海三联书店2001年版，第25页。
② 蔡元培：《中国伦理学史》，东方出版社1996年版，第204页。

地盲目实行。

其次，立足于美学的价值论思考，他必然赋予"善"在美中的本体性地位。善与仁、礼是孔子思想中内涵很接近的范畴，仁是善，符合礼制也是善。当然善亦是美，并且善还是美的灵魂，无善则无美，至少不是真正的高层次的美。《论语》中孔子36次提到"善"字，其中28次指伦理善。可以说，孔子美学是"善"的美学，是重内容的美学。《论语》中14次提到"美"字，其中10次的美即善意，只有4次指外表美、形式美，说明内在美（善）是最高层次的甚至是真正的美。所以他说"巧言令色，鲜矣仁"（《学而》）。当然，孔子并没有简单地否定形式美的存在。《八佾》中孔子说《韶乐》尽善尽美，《武乐》"尽美矣，未尽善也"。这里的"美"是指音乐的节奏和旋律所形成的声音美、形式美。孔子主观上重内容不重形式，客观上又区分了美善，将形式美与善区分开来，指出尽善则尽美，尽美则未必尽善。

最后，从他的美等同于善的伦理学立场出发，实际上表明"乐"表现"善"或利于"善"就有存在的价值和可能。因此，"乐"的合法性和合理性存在主要受制于"善"这一外在标准。孔子思想大厦的支柱之一"乐"因而是次要的，附属的。以此之故，"乐"就有了伦理的和政治的属性，成为孔子思想和中国政治中"礼"这个伦理工具和政治工具的同谋，从而形成中国特有的礼乐文化。蒋孔阳先生说："礼乐思想最早提出，最早把它系统化，就是孔子的功劳。"[1] 孔子为何将礼乐并举？因为"礼能使人循规蹈矩；乐则能使人化于规矩。"[2] "乐"在中国古代不仅仅指音乐，它是一切艺术的统称。孔子对艺术功能的阐述也是结合伦理政治来进行的，认为艺术要为社会所用。在孔子看来艺术既可以直接用于政治活动，也可以发挥伦理作用和其他作用。《泰伯》篇里孔子说"兴于《诗》，立于礼，成于乐"，这里，他把诗看作是激发感情使人振奋的东西，是成长的基础条件，礼是成人的支柱，但非有乐不能最后"成"人。"诗教"与"乐教"，在工具性方面，是自然性的人转变成为社会性的人的起点和终点，起点是就其"手段"而言，终点是就其"效果"而言。在"诗"、

---

[1] 蒋孔阳：《孔子的美学思想》，《学术月刊》2001第6期。
[2] 冯友兰：《中国哲学史新编》（上卷），人民出版社1998年版，第178页。

"乐"中成长起来的人,必定是爱"诗"、爱"乐"的人,必定是有"仁"合"礼"之人。

(四) 对孔子美学的评价

孔子从自觉的实用理性与道德理性出发,来言说美学问题,导致了美学只能在夹缝中生存这样一个状况的出现,也决定了他的美学不可避免地有了较为明显的局限性和长期的消极影响。譬如,他提出以仁致仁,以礼致仁的思路,将"仁"的实现引向纯粹精神性、情感性的内在诉求,依赖于个人的自觉行动,即"为仁由己"(《颜渊》),这诚然是对个体自觉、个人主体性之强调,有历史的进步性和现实的实用功能,但是,从形下学层面来考虑,在缺乏制度保证的前提下,将"仁"之实现主要地托于仁君个人(或统治者)身上,这明显的具有道德理想主义的空幻色彩。其次,《论语》中他多次"礼""乐"并提,这固然说明他认识到强制性的"礼"需要统合人心的艺术来为之调和,但"乐"因此被赋予承担教化的沉重使命,而实际上成为一种不可或缺的统治资源。由于对"美"的功利目的性诉求,这使得他的美学中的艺术理论是不完善的,但如果我们说孔子忽视艺术,这却是极大的误解。反之,他是极其关注艺术的,但这种关注事实上又相当程度上规定了艺术的附庸身份——"行有余力,则以学文"(《学而》),是以艺术审美性流失为代价的——"辞,达而已矣"(《卫灵公》)。可见,在他工具主义的视野下,艺术戴着镣铐在舞蹈:"人而不仁,如乐何?"(《八佾》)这副镣铐就是政治和伦理。在孔子的影响下,后来的人(主要是儒家)又把镣铐更紧地套在了它的身上。

但这不意味着我们今天的文化建设可以抛弃孔子,完全白手起家。相反,他的很多东西还必将成为我们重要的精神资源。

首先,他谈艺术和美时也不乏合理见解,并非时时处处着眼于理论的实用性。譬如《乡党》篇中,孔子虽然主要还是联系礼制谈饮食和着装等问题,但亦不乏对生活中形式美的敏感。孔子终生喜好音乐,对情感的作用有深刻论述,周代发展繁荣起来的乐教理论在孔子手里进一步张扬开来。"兴"是中国美学史的一个重要范畴,其一指作者的托物起兴,其二指读者的"感兴"即情感感发。孔子的"兴"论侧重于后者,其所云"兴于诗"、"诗可以兴"都是指诗歌对读者的情感激发作用,这个思想后来对中国艺术有很大影响，在中国诗论和文论中不断回响着。

其次，我还想提到孔子的艺术观对中国的文化建设和政治建制的功绩。我认为，孔子对艺术"压抑性"的强调，使美学虽然身处夹缝之中，却并没有妨碍它的繁荣，反而在客观上促成了艺术的流行和文化的广泛传播，"诗礼传家"不仅是书香门第的一种生活方式，也是民间社会的一种追慕。中国文官制度的建立和长期施行，可以看出这种浓厚社会文化氛围的折射和孔子的影响之所在。

再次，对于孔子美学伦理化和政治化这个问题应该一分为二地去分析。他诚然用双重标准来评价艺术价值，一个标准是社会所要求的道德的、政治的标准，一个标准是艺术的、美学的、形式的标准，并且总体上以前一个标准凌驾于后一个标准之上。但是，孔子之所以这样做的出发点——对现实的关怀——至少是值得我们理解和尊敬的。这个出发点体现了孔子的忧患意识和历史使命感，以及锲而不舍、颠扑不破的坚毅人格，这些都已成为中国知识分子的思想基因，这种基因也是我们今天应对全球化浪潮和民族文化认同危机的精神原点。孔子提倡礼乐并举，主张艺术应言之有物、经世致用，应和社会风化相结合，我认为这种思想本身存在一定的合理性，放在今天仍不失其现实意义。受逆反心理的支配而将它绝对地抛弃，或者把今天仍然坚持这一想法的人一概斥之为是对政治宰制艺术的沉痛历史的刻意忘却，这种看法并非是辩证的、明智的。现在有些作家和理论家，热衷于提倡"个人化写作"，喜欢沉浸于个人的精神世界；还有些人以大众文化为旗帜，屈服于商业市场逻辑。一般来说，他们拒绝了知识分子是社会思想导师的提法，部分地将自己混同于感官欲望游戏的参与者。我认为这些人的观念和行为中的很大一部分是对精神沙漠化的推波助澜，在自我欣赏或玩弄中否定了自己的知识分子身份，放弃了社会所期待的承担精神。

最后，除艺术理论之外，孔子的美学思想和其他学说中还有许多方面值得在今天推广。尤其值得指出的是，孔子对家庭之内人伦亲情的重视和对社会当中人际伦理的构想，对于当下现实具有明显的纠偏作用。科技化和数量化的现代社会造成了工具理性的急剧膨胀和人际关系的空前疏远，使自诩为拥有理性的人退回到非理性的经济动物。这种现代化进程所制造的文明陷阱召唤我们去汲取前人的合理思想，以疗救现代的"文明病"，开掘、培养人性中的温情。我认为，孔子的很多主张，就是疗救的处方，可以充当物质化空间里的润滑剂，增进家庭成员的亲情，改善人际交往关系，调剂工作伦理问题。孔子思想及孔子美学虽然并非如现代新儒家所期望和设想的那样，是开出"外王之道"的绝世金丹，但它确实是东亚和东南亚许多国家经济崛起和社会教育的一个思想能量，也是西方世界打量这些区域时经常利用的一个通道。所以我们在现代化道路上，为了避免西方已然存在的社会痼疾，没有理由拒绝本来属于我们自己的传统资源。

二　庄子美学的基本精神

在先秦的思想地图上，庄子可能是当时最令后世文人喜爱的一个人。林希逸《南华真经口义·发题》亦云："盖庄子之书，非特言理微妙，而其文独精绝，所以度越诸子。"① 这么说并不能否定孔孟儒家对中国古代的文人和主流思想的"显性"影响。不过孔孟固然令人敬仰，奠定了一种阳刚、进取、以"内圣"开"外王"的人生道路，但这是一条"英雄主义"的路，它对大多数古代文人而言颇需伟力而尚显艰难（虽然不排除它可以成为人们精神建构的指南）。同时，孔孟思想主要针对"治世"而言，对于"乱世"他们少有言说，所以孔子提出"危邦不入，乱邦不居"（《论语·泰伯》）；而庄子（老子也如此）似乎是专门针对"乱世"来开药方的，而且从其逻辑来说，庄子必定也认为人为的文明社会本身就是有待救治和超离的"乱世"。墨、法、名诸家或因其思想立场的褊狭（如墨家和法家不同性质却皆显极端的功利主义），或因其特出的致思之路（如名家和墨家对与民族惯性相对立的逻辑思辨的可贵嗜好），而未能赢得后代人的青睐。就是同属道家的老子，其思想魅力也无法与庄子相比。对这两个人进行比较的话，可以说：第一，老子是冷静的、抽象的、思辨的，其文本有玄奥的哲学底蕴；庄子则是活泼的、灵动的，其文本有浪漫的诗学风姿，想象力如同天外来客，奇伟瑰丽，四合纵横，因为这个原因，李泽厚才说"庄子的哲学是美学"②，闻一多也讲庄子是最真实的诗人，其"思想的本身便是一首绝妙的诗"③。第二，《老子》兼论形而上的"天道"（主要在"道德经"之"道"部分）与形而下的"人道"（主要在"道德

---

① 张岂之主编：《中国思想学说史》（先秦卷上），广西师范大学出版社2007年版，第483页。
② 李泽厚：《中国古代思想史论》，天津社会科学院出版社2003年版，第168页。
③ 闻一多：《闻一多全集》（第9卷），湖北人民出版社1993年版，第8页。

经"之"德"部分)。他虽有反文明反知识的一面,但反社会的立场并不明显,反之,他还常常强调以"无为"这一独特的方式来"入世",所以"无为"有时成为一种世故的社会化的"人道",成为一种明显的权术思想,向外发展,可成为一种帝王之术。《庄子》则全然是反社会的,也撇开玄奥的天道不谈,只谈天道与人"心"的融合,即主要考虑个体如何凭心力融合于自然之道,所以庄子致力于个人主体精神的建构,由此导出远离世俗社会的路子。与儒家的英雄主义不同,庄子推崇个体主义,推崇与孔孟另一路向的主体意识。庄子美学是主体的美学和心灵的美学,诚如陈鼓应所讲:"老子的'道',本体论与宇宙论的意味较重,而庄子则将它转化而为心灵的境界。其次,老子特别强调'道'的'反'的规律以及'道'的无为、不争、柔弱、处后、谦下等特性,庄子则全然扬弃这些概念而求精神境界的超升"①。庄子这种主体美学和心灵美学,最终开辟的是自如放达的精神境界、人生境界和艺术境界,这就是庄子赢得后人追慕的最大原因所在,也是他超越于先秦诸子的地方。因此《庄子》这本著作"在中国两千多年的历史上,至少在士人阶层,它的影响不在《论语》之下"②。

庄子的主体美学和心灵美学,用现在的语言来概括,最主要地体现在自然、平等、自由这三个关键词上,这三个词转换为庄子的原话,分别近似于"以天为宗"、"齐物"、"逍遥游",这三个方面构成庄子美学的核心和基本精神。

(一) 自然

谈庄子的"自然",首先要谈"道"。因为庄子从老子而来,也承认"道法自然"。"道法自然"并不是说"自然"凌驾于"道"之上,而是一方面说"道"之"体"在自然之中,"道"虽是"无",但"无"中生"有","自然"这个"有"因此成为"道"的体现,另一方面说"道"之"用"亦在自然,即在于任其自然,自然而然。"道法自然"的基本意思是最大的"道"、最大的原则乃在于自然而然。在《老子》中"道"共计出

---

① 陈鼓应:《老庄新论》。上海古籍出版社1992年版,第185页。
② 韦政通:《中国思想史》(上),上海书店出版社2003年版,第94页。

现73次，是老子思想中最根本的和最高的范畴。道既是万事万物诞生的本原，又是万事万物发展的规律，即是说道家的"道"具有宇宙论和存在论的形而上学含义，指"形上实体及其普遍且客观的规律"①。庄子也多次谈到"道"，如《庄子·大宗师》（以下引述《庄子》的话只注篇名）云："夫道有情有信，无为无形；可传而不可受，可得而不可见；自本自根，未有天地，自古以固存"。此种认识与老子并无二致，说明的是"道"的原始以及"道"之本体的幽渺无垠。但是对于"道"与"自然"二者，如果说老子重点放在"道"上，庄子则重点谈的是"自然"（"自然"在《庄子》文本中常常被叫做"天"）。当然，谈"自然"或"天"仍然是在谈"道"，因为在庄子的世界里，自然的规律就是道的规律，自然的立场就是合乎道的立场。

笔者因此以为"自然"是概括庄子美学的第一个关键词。有人也指出"老子之道的最大特点是自然，庄子之道同样如此。"② 庄子那里的自然主要是两个意思：一是指客观存在的本真的自然界，即庄子的"天"本身；二是指运动、行为和主观心态方面的合乎自然、像自然一样，以自然为宗，与自然为友，做到自然而然，随性适意，即《天下》篇的"以天为宗"、《大宗师》里的"与天为徒"或《山木》里的"人与天一"。第二个意思是第一个意思合乎逻辑地推衍。

庄子指出，自然是真的终极、美的终极，即《知北游》说的"天地有大美而不言"，《至乐》说的"至乐无乐，至誉无誉"。自然虽朴拙却至真，即自然的状态一方面"大巧若拙"（《胠箧》），另一方面却"精诚之至"（《渔父》）。所以自然是人可以依傍、可以效仿的根本。由此，庄子在《渔父》中提出了影响深远的行为原则和审美原则：法天贵真。所谓"法天贵真"者，即以自然为师，保持朴真的形态和心态。

因此，自然是人的肉体的家园，正如《大宗师》所云"夫大块载我以形，劳我以生，佚我以老，息我以死"。人之肉体、生命、子孙后代乃"天地之委形"、"天地之委和"、"天地之委顺"或"天地之委蜕"（《知北游》）的结果。《列御寇》中也写道：

---

① 韦政通：《中国哲学辞典大全》，世界图书出版公司1989年版，第652页。
② 张岂之主编：《中国思想学说史》（先秦卷上），广西师范大学出版社2007年版，第577页。

> 庄子将死，弟子欲厚葬之。庄子曰："吾以天地为棺椁，以日月为连璧，星辰为珠玑，万物为赍送。吾葬具岂不备邪？何以加此！"

不惟如此，自然更应该是人的精神的最后家园。庄子《至乐》篇写了一个寓言，叫"鼓盆而歌"，讲他妻子死了，他却敲着盆子，全无悲伤。好友惠施很气愤，他于是解释说，人来于自然，最后归于自然，"偃然寝于巨室"，人死不过是结束在社会上短暂的流浪，而回到宁静的自然这一永恒的家。心若没有一个"家"，到哪里都是在漂泊，而为人类心灵找到一条回家的路，这就是庄子美学的精髓和魅力。自然之所以是人最终的家园，因为自然无偏私，"天无私覆，地无私载"（《大宗师》），乃是一个大包容，宽广博大，予人恣意遨游的空间，正如《应帝王》云："予方将与造物者为人，厌则又乘夫莽眇之鸟，以出六极之外，而游无何有之乡，以处圹埌之野。"

以朴真的天地自然为心灵的最终归宿，表明自然是庄子美学中本体论意义上的最高范畴，因此人在存在论意义的层面，就应该心系自然、以自然为宗、顺万物之自然本性，此即庄子在《则阳》篇所讲的"与天为师"或《山木》篇所讲的"正而待之"的意思。简言之，顺其自然是庄子美学的一条重要的存在论原则。《大宗师》中的"与物有宜"，《逍遥游》中的"乘天地之正"，也都包含有人本身和他者皆应顺其自然的意思。郭象在解释"乘天地之正"时也指出："天地者，万物之总名也。天地以万物为体，而万物以自然为正。自然者，不为而自然者也。……故乘天地之正者，即是顺万物之性也。"①

庄子的深刻之处在于：不仅人这个主体应该顺其自然，一切的客体、一切的他者也应该让它任其自然。庄子不会提出"主体自觉"这样现代性的概念，但以上思想却实际包含了双重的主体自觉，一是对于人自身的精神自觉，一是对于他者的精神自觉。他者能否顺其自然，是建立于人这个主体有无自觉意识的基础之上。有意识地让他者自然而然，就是保持他者之"自性"或顺万物之性，不强求，不委曲；就是让老虎成为老虎，让牛

---

① 郭象注、成玄英疏：《南华真经注疏》，中华书局1998年版，第9页。

马成为牛马,而不是让它们成为笼中物、盘中肉、手中玩物。人类爱护万物的最好做法就是让万物成为万物自身,这是对万物最大的爱,也是自然界和谐发展的原理和前提,因而最终也是对人自己最大的爱。《人间世》云:"虎之与人异类,而媚养己者,顺也。故其杀者,逆也。"老虎与人不同类,但它可能亲近某个人,如果这个人能顺其天性;也可能吃掉某个人,如果这个人拂其天性。《秋水》亦云:"牛马四足,是谓天;落马首,穿牛鼻,是谓人。"即是说,让牛马成为牛马本身,这就叫顺应自然;笼马牵牛,则是对牛马本性的剥夺,是人对牛马的摧残和戕害。庄子这是在提醒我们对待万物,皆应"循其本",即依循万物之"自性",依循天地自然之原理,而千万不可"以人灭天"。

不管是人还是他者的顺任自然,总归都是庄子以自然为本之思想的鲜明体现。由此而来,庄子必然反对人为、拒斥"人道"。《在宥》云:

> 何谓道?有天道,有人道。无为而尊者,天道也;有为而累者,人道也。主者,天道也;臣者,人道也。天道之与人道也,相去远矣,不可不察也。

所谓"天道"即自然之道或合乎自然之道。天道无为,是人人可以效仿的;人道有为,其中名缰利锁束缚人、牵累人。以此之故,人道应服从天道。

"顺其自然"的一个潜台词其实就是"少欲"、"素朴",即《马蹄》所云"同乎无欲,是谓素朴。"《应帝王》亦云:"汝游心于淡,合气于漠,顺物自然而无容私焉,而天下治矣。"而素朴、少欲的实践原则可以叫做"无为",即《胠箧》所云"恬淡无为"。"无为"也是"自然而然"这个现代叫法的别名,故《天地》云"无为为之之谓天"。人类的"无为"有利于人自身天性的发展,《在宥》讲"无为也,而后安其性命之情",《刻意》讲"纯粹而不杂,静一而不变,淡而无为,动而以天行,此养神之道也",都是在说明这个道理。人类的"无为"也有利于天下万物的存在,《天地》篇的"无欲而天下足,无为而万物化"即是表明人类不妄为、不贪念,则万物可以独立自足、自我运化。

总之,庄子提倡恬淡无为的自然观,最大的特点在于反对虚伪,突出本真。除掉人为和矫饰，除掉欺诈和做作，让天地万物本真地存在，让人本真地存在，让艺术本真地存在，这样的天地、这样的人、这样的艺术才是最美的，才是最可爱的。

（二）平等

庄子美学的内在逻辑非常严谨。秉承天地万物任其自然和人类自身自然无为的态度，则必然推出万物平等的结论，或者说，因为天地万物是平等的存在，所以它们才可能本真地自然而然地存在。

庄子的这种平等观，思想史上少有提及，而笔者认为，它在环境污染日趋严重的今天，已成为庄子美学中极富当代意义的见解之一。现在人们经常提到"宇宙伦理"、"自然伦理"、"生态伦理"等词，其实质就是在提醒世人：去掉狭隘的自私的人类中心主义，则可发现地球上的一切、宇宙中的一切，都是平等的存在者。惟其是平等的存在，一切才能合乎自然地发展，一切才能和谐地共存，而对于人类自身而言，我们也才能有长久存在的可能。所以，以为一切皆可为我所用，一切皆可被我剥夺的人类中心主义，最终不仅不能造福人类，反而加速自己在星球上的灭亡。我们焉能不知，擎天的高楼是地球的毒瘤？纵横的水泥道路是地球的伤痕？洒在月球上的垃圾是未知的宇宙灾难？所以笔者常常无端地遥祭远古的那位杞人忧天者，也对庄子的宇宙论情怀有了深深的激荡和敬仰。

无欲才能心正，无私才能目明，无欲无私也才能知晓万物有其"自性"，有其独立、平等存在的权利，所以庄子力主无欲、无私、无为等等观点，并把它们容纳在自己的自然观当中。所以庄子的自然观本身包含了万物平等的意思。维护万物的自性，把鱼当作鱼来看，把麋鹿当作麋鹿来看，把人也只当作人来看，站在宇宙论的高度，其实就是坚持万物平等的立场。人类自私的立场和万物为我的偏见，则必然剥夺事物的自性，看不到鱼和麋鹿的快乐，也不可能与蝴蝶互化。可以说，"庄周化蝶"等寓言彰显出来的"物化"思想，其逻辑前提和心理前提是万物的平等。"物化"或"化"在《庄子》中多处出现，其意思大多指人与自然的融合。庄子告诉我们：因为平等，才可能有人我的同一，才可能去心物融合，否则就只有专制、欺凌、占有和孤立等。《庚桑楚》云："至礼不人，至义不物"。"不人"即无人我之分，"不物"即无物我之分。无人我之分，无物我之分,对万物平等待之,是最高的"礼",也是最大的"义"。

《庄子》平等思想表露最明显的篇章是《齐物论》,最有名的一句话是其中"天地与我并生,而万物与我为一。"所谓"并生"、"为一",都寓有"平等"的意思。其中还有一段话:"毛嫱丽姬,人之所美也;鱼见之深入,鸟见之高飞,麋鹿见之决骤,四者孰知天下之正色哉?"这段话历来颇遭批判,被认为是庄子坚持相对主义的证据。针对人们的偏见,美国学者爱莲心提出了自己的质疑:"《庄子》一书绝对不是一个相对主义的演练",相对主义只不过是"特别用来打破其他观点的一种策略"①。笔者也以为将庄子归属于相对主义阵营,其实是阅读者所持立场所导致的偏见。什么立场?人类中心主义的立场。有了此立场,我们便会觉得庄子是在信口雌黄,是在取消美的固定标准。诚然,从事实判断、逻辑判断而言,庄子等同万物,有将相对的东西绝对化的嫌疑,但庄子这里主要是在做一种价值判断,即是对万物之"自性"的确定。他是在用心良苦地揭示自然的秘密,即万物平等和万物皆有自性,这是庄子站在宇宙伦理的高度而发现的真理。

方东美指出:"庄子在《齐物论》里,要把真正的自由精神,变成广大性的平等,普遍的精神平等。……所以庄子继承老子的精神,第一步讲精神平等就是要'丧我',也就是要丧小我,忘小我,而成就大我。"② 方东美这里的评价是非常准确的,指明了庄子从根本上脱离了狭隘的个人立场和人类立场,飞跃到众人难及的"大我"的高度。

万物之所以平等,在于它们在"道"的高度上是同一的。美的丑的、新的旧的、大的小的、有生命的无生命的……莫不如是。这就是《齐物论》所说的:"楚与楹,厉与西施,恢诡憰怪,道通为一。"《秋水》篇也说:"以道观之,物无贵贱"。《大宗师》也指出:"其好之也一,其弗好之也一。其一也一,其不一也一。其一与天为徒,其不一与人为徒"。即是说,站在天道的高度,一切是同一的,而站在人间的社会的立场,一切才不正常地显出了差等。过去有很多人认为庄子以上的这些话是在混淆是

---

① [美]爱莲心:《向往心灵转化的庄子》,周炽成译,江苏人民出版社2004年版,第11页。
② 庄子:《庄子今注今译》(最新修订版),陈鼓应注译,商务印书馆2007年版,第46页"注十"。

非、抹除界限，属于捣糨糊的做法，殊不知庄子这里所坚持的平等的精义。因为人类的"小智"、社会的分工以及越来越多的制度，人与物之间、人与人之间才慢慢有了区分，而在天道公正无私、清明透亮的眼里，物我、生死、是非之间真的泾渭分明吗？人和猴子真的不同吗？人和屎尿不同是一个"物"吗？《徐无鬼》云："知大一，知大阴，知大目，知大均，知大方，知大信，知大定，至矣。"庄子这句话中种种的"大"都是相对于人类的"小"而言的，是指要超越人类的小视野、小胸怀，站在宇宙天地的至高境界，才知有同一、至静、大目、平等、无限、大信、大定等。《秋水》亦云："万物一齐，孰短孰长？"这里清楚地说明，从"道"的高度，万物是同一的因而是平等的。《马蹄》也说："夫至德之世，同与禽兽居，族与万物并。"这是说，不仅在历史的开端，而且在历史的理想的未来，万物都是平等的。

简单总结庄子的平等思想，可以说，它既是庄子的世界观，也是庄子的价值论。从"道"出发，也就是从本真的世界出发，他视万物为一体，用今天的话说，就是当万物为平等的存在，告诉我们要爱护他者、重视他者，因为世界自身的存在，必需万物平等和谐地共存。当平等转为歧视，则必有一方对另一方的占有、剥夺甚至消灭，而如此一来，意料之外的恶果是占有、剥夺的一方最后也必将自己消灭。任何生命物种是不能孤零零地存在于地球上的，一个生命物种的消灭恰恰是对别的相关的生命物种的报复。这就是庄子可以告诉我们的——虽然以上有些意思他未能明显地说出来——也是庄子此种价值论极有意义的一个所在。

（三）自由

庄子的自由观尤其是他对精神自由的强调，是庄子思想中最令人神往的地方，也是《庄子》文本描述得最为充分的部分。如果我们承认庄子美学是一种主体的美学和心灵的美学，那么，这种对精神自由的讴歌，或者说，人在精神上的主动构建和超越，则是其美学之主体性和心灵性最为充盈的体现。这种自由观是庄子美学之内在言路的必然推进。上面所讲的庄子平等观的另一个价值论体现，就是保证人的精神自由的实现。平等标明人的"自私"的祛除，而"无私"正好是精神能自由的关键。这种自由观也是庄子自然观合理地发展。由于在本体论和价值论上对自然作了最高的界定，庄子因而提出自然而然的生存方式，这绝不是要人消极地臣服于自然，而是唤醒人积极地超脱于社会，因而合乎逻辑地提出了个人精神的自主、自由的问题。

通读《庄子》，笔者发现庄子所极力阐扬的精神自由，就是康德意义上的自律，即精神上"由自己做主"，自己选择，自觉构建，因为它看似是一种消极的无为与忘世，但要超脱于常人汹涌的社会和名利欲念对人的诱惑，尤需人付出大勇气和大智慧，进行艰难痛苦地自我蜕化。范曾的《老庄心解》说："庄子学说给人的首先是心灵的大解脱、大自由。"① 陈鼓应《老子评传》也说："追求主体精神的绝对自由，正是庄子哲学的最终目的。"② 笔者也认为，虽然庄子美学方方面面是环环相扣、相互说明的，但精神自由是庄子美学的关捩，因为庄子美学所有其他重要的内涵，都可由精神之自由而见出，或都可见出精神的自由。庄子的自然观和平等观，都是个人主体精神自由构建出的境界。如《人间世》所说的"乘物以游心"，又如《逍遥游》所云："藐姑射之山，有神人居焉。肌肤若冰雪，绰约若处子；不食五谷，吸风饮露；乘云气，御飞龙，而游乎四海之外；其神凝，使物不疵疠而年谷熟。"以上两处引语都说明"自由"保证了像藐姑射之山的神人那样一种自然本真的生存方式。从另一侧面则可以说，因为我们脱离了欲望的羁縻，进入"游心"的即自由的生活，所以见证了自然而然的本真的存在，即上面引文中所谓的"乘物"而游的境界。

在庄子那里，与"自由"相关联的词有"物化"、"无待"、"游乎尘垢之外"（《齐物论》）以及"独与天地精神往来"（《天下》）等。"无待"的反面是庄子提出的"有所待"。"有所待"即对现实有所打算、有所要求，因此必然有所牵绊、有所束缚，也因此精神上不能获取自由。徐复观《中国人性论史》指出，人生之不自由，乃在于受到外力的牵连。此种牵连即庄子所谓的"有所待"③。庄子自由思想最集中的表达在于《逍遥游》，最著名的象征是那只"抟扶摇而上者九万里"的"逍遥游"的鲲鹏。方东美指出，《逍遥游》一篇乃庄子于生活中求得精神之彻底解脱的人生

---

① 范曾：《老庄心解》，华东师范大学出版社2005年版，第145页。
② 陈鼓应、白奚：《老子评传》，南京大学出版社2001年版，第277页。
③ 庄子：《庄子今注今译》（最新修订版），陈鼓应注译，商务印书馆2007年版，第22页"注十"。

哲学之精义所在，而庄子对"自由"最贴切的指谓就是"逍遥游"。陈鼓应也指出："逍遥游，是指的明道者——从必然王国进入自由王国以后所具有的最高精神境界。"① 成玄英也总结了前人关于"逍遥游"的三种见解：

第一，顾桐柏云："逍者，销也。遥者，远也。销尽有为累，远见无为理。以斯而游，故曰逍遥。"

第二，支道林云："物物而不物于物，故逍遥不我待；玄感不疾而速，故遥然靡所不为。以斯而游天下，故曰逍遥游。"

第三，穆夜云："逍遥者，盖是放狂自得之名也。至德内充，无时不适；忘怀应物，何往不通。以斯而游天下，故曰逍遥游。"②

以上人们在解释庄子的"逍遥游"时，无一例外地指明庄子自由观最为强调的就是人"出入六合，游乎九州"（《在宥》）的精神自由。范曾《老庄心解》在分析庄子的艺术影响时也说到了这一点："庄子的自由乃是彻底的情态的自由，他体道合一的境界，'无待'的逍遥，使后来的艺术家们获得了心灵绝对的自由。有心灵的自由才可能有'审美的自由'，也才可能有表现的自由。"③

在庄子看来，达到精神自由的一个基本途径，用现在的词汇来表达就是"超越"，也就是庄子所讲的"内求于己"之际的"心斋"、"坐忘"，即忘欲、忘名、忘利等忘世主义，或外天下、外物、外生的超脱态度，如《天下》篇所云："不累于俗，不饰于物，不苟于人，不忮于众"。《天地》也说："忘乎物，忘乎天，其名为忘己。忘己之人，是之谓入于天"。而后世引用得最多的莫过于以下这段话："堕肢体，黜聪明，离形去知，同于大通，此谓坐忘。"（《大宗师》）以上引语无不说明，超越于物质的、肉体的、习俗的、人为的东西，人才会有合于自然这种精神上的至高自由境界。德国大文豪歌德告诉我们要为了生存而忘却生存，这与庄子所讲的是

---

① 庄子：《庄子今注今译》（最新修订版），陈鼓应注译，商务印书馆2007年版，第13页"注一"。
② 郭象注、成玄英疏：《南华真经注疏》，中华书局1998年版，第1–2页。
③ 范曾：《老庄心解》，华东师范大学出版社2005年版，第131页。

同一个道理，即为了一种更高的自然式的自由生存，应该从社会式的"常人"生存状态中超脱出来。从生存智慧的角度看，庄子所提倡的是一种生活的"减法"。减掉某些物欲，才能提高生活的质量和境界。

但是细析庄子的自由观，我们发现自由在庄子那里的涵义除了精神自由这主要的一面之外，至少还包括一个层面，这就是笔者所概括的"实践自由"。如果说精神自由是一种内在的自由，实践自由则是一种外在的自由，亦即行动的自由。实践自由建立在知识论的基础上，它以掌握客观必然规律为前提。这是庄子的全面和辩证之处。他认为实践自由是精神自由的条件，或者说，实践自由最终获得的是一种精神自由的效果。《养生主》中著名的寓言"庖丁解牛"，就一方面说明自由乃是实践自由与精神自由的合一，另一方面又说明实践自由是精神自由的必不可少的前提。文惠君问庖丁解牛之技巧为何如此高明？庖丁回答说是因为有三年的操刀苦练，这才有了实践中的自由，即"以神遇而不以目视，官知止而神欲行"，这种实践的自由最终带来一种精神上游刃有余的自由快感。

同时，庄子还非常准确地指出，在艺术创造中，有了实践自由，即有了对知识、技巧的掌握，并不必然达到精神的自由，因为要达到精神的自由，尚需心理方面的"无私"，即庄子所谓的"静心"、"凝神"等。这方面最典型的例子是《达生》中"佝偻者承蜩"和"梓庆削木为鐻"的故事。"佝偻丈人"捕蝉如探囊取物，这是因为他"用志不分，乃凝于神"，故"虽天地之大，万物之多，而唯蜩翼之知"。而梓庆制造出来的钟鼓，其声音之所以能惊天地泣鬼神，在于他在制作这种乐器时，能做到静心寡欲，忘形消骨，并以自然为师。

总之，庄子美学博大精深，在思想史上的影响与儒家是不相上下的。拿在艺术方面的影响来说，如果说儒家主要影响了艺术的内容，那么道家主要影响的是艺术的技法、艺术的风貌和艺术的理想等。譬如王维《山水诀》就反映了庄子美学对艺术技法和艺术风貌的影响："夫画道之中，水墨最为上。肇自然之性，成造化之功。"水墨技法的采用和水墨画朴淡风格之形成不是来自别的流派而正是老庄道家浸染的结果。李白《古风》："圣代复元古，垂衣贵清真。"此处的"清真"风格则是庄子重视天然本真思想的体现。当然庄子美学也影响到艺术的内容，譬如对山水的流连，对田园的回归，对自然随性之生活的创造。

庄子美学也对中国古人的人生观发挥了多重而深远的影响。在人类的生活世界中，精神世界的建构是人类永恒的困惑和需求，而庄子美学与儒家的"社会的美学"和"外向的美学"不同，它是一种"自然的美学"与"内向的美学"，恰恰站在全宇宙的高度，以凸现心灵之自由、精神之主体自觉性为最显著的特色，所以引起后世人们无尽地追慕和发挥。中国文人的骨子里充满了庄子的情怀。而且可以预见，在人与世界、人与他人、人与自身之间增加了新的张力和危机的情况下，庄子美学会发挥越来越明显的影响，也会越来越具有启迪性和警示性的现实意义。

三 东坡的人生美学

生命向何处去？"美"如何生存？这几乎成了令当今世人普遍困惑的一个问题。日渐丰裕的物质世界，结出的"果子"之一却是日渐萎缩的精神。如此尴尬的"全球化"，是人类始料未及的。美学的用武之地在今天将要而且应该空前地体现出来。关注人的生存，改善人的生存，是过去、现在乃至未来一切美学研究的根本目的和出发点。国内有许多学者提出要建立生存美学、生命美学或超越美学，姑不论这些提法是否有值得商榷之处，但其美学旨归是正确的，现实的针对性亦显而易见。实现生命的自由，达到生存的超越，是人类自古以来的愿望。如何成功地做到这一点，美学研究的学术资源又何在？我认为，返回历史不失为一个好办法。无数伟人的生命轨迹里蕴含着令人咀嚼不尽的生存智慧，颇多借鉴之处。

苏东坡正是这样一个例子。他是悲天悯人的人道主义者，是独立人格的积极建构者，是世所罕见的幽默旷达的"超人"，非常高妙地解决了"大我"与"小我"、"从众"与"从己"、"悲观"与"乐观"诸多常人难以对付的矛盾。回望苏东坡，我们看到的是一个政治上"失意"然而睿智圆通的知识分子超越自我超越困苦，对自由孜孜以求的一生。以上所论正是苏东坡人生美学最基本（当然并非全部）的内涵。下面，我们拟从上述三对矛盾入手谈谈苏东坡的人生美学。

（一）大我与小我

苏东坡眼中的"大我"主要是指百姓，"大我之利"则主要是指百姓之利（当然，也包括了国家之利、君主之利）。他一生致力于为百姓鼓与呼，而不为一己得失考虑。他是一位悲天悯人的人道主义者，而这主要体现在他的民本主义思想里。更可贵的是，他是一位民本思想高度自觉的身体力行者。他关心民瘼，为苍生之乐而乐，为苍生之悲而悲，竭尽一切力量为民生服务,这正是人道主义者的精髓。展开现实的图景,历数尸位素餐者的斑斑劣迹,我们就会愈益尊敬这位 1000 多年以前的古人。

我们知道,苏东坡是一生浸濡于儒家教条当中的知识分子。其父苏洵信奉儒家理想的生存模式,在苏东坡的早年就对他灌输儒家思想,尤其在苏洵屡考不第之后,更是将全部精力用以培养苏东坡与他的第二个儿子苏辙。欧阳修《苏明允哀辞》中记载的苏洵的一段话,就说明了这一点:"吾尝有志于世,今老矣,二子当成吾志乎!"所以苏东坡在儿童时代就崇拜当代知名学者如欧阳修、梅尧臣等不足为怪了。其《上梅直讲书》云:"轼七八岁,始知读书,闻今天下有欧阳公者,如古孟轲韩愈之徒。而又有梅公者从之游,而与之上下其议论。其后益壮,始能读其文词,相见其为人。"苏辙在《东坡先生墓志铭》中谈到苏东坡早年就"奋励有当世志",此亦不为虚言。但是,苏东坡的仕途极不平坦,几起几落,一生有过三次贬谪,始放黄州,次贬惠州,最后远谪荒僻的海南一隅。他是一个"失意"的士人。可是导致失意的主因,不是政绩的贫乏,而恰恰是由于他的痛民瘼、陈直言。由此我们可以说,苏东坡亦向往"学而优则仕",但不仅仅是向往个人的荣迁、宦途的平稳,而是着意于"治平"天下,为天下苍生鼓与呼。所以他所坚持的儒家信条是儒家的精华所在——"兼善天下",而非为一己之私利蝇营狗苟,阿谀奉承。当然,苏东坡的思想中不乏忠君、"尊主"的成分,但"泽民"的思想是其光辉所在。他主张创作应"有为而作","凿凿乎如五谷必可以疗饥,断断乎如药石必可以伐病"(苏轼《凫绎先生诗集叙》),积极用世的精神体现得很明显。这种精神在其政治生涯里也起着主导作用,它主要就是大胆针砭时世的民本思想。民本思想,在很多人那里只是一个幌子,可是对于苏东坡,却是深入骨髓的信念。这可以从以下几个方面得以说明:

(1) 关心民瘼。兹举几例。苏东坡于凤翔签判任上建喜雨亭,后写成《喜雨亭记》,记载了建亭之因:"弥月不雨,民方以为忧","后大雨三日乃止",可见其悲喜系于民众之悲喜。1072 年,他在杭州签判任上,积极推广青苗法,因法以便民。1074 年,他又亲临蝗灾区临安指挥捕蝗。1077 年,徐州发大水,时为徐州太守的苏东坡,在堤上呆了 40 余日,亲率军民筑堤护城,直到水退为止。1079 年,他因"乌台诗案"的无端诬陷而遭贬黄州,但到黄州不久,他就以罪臣之身写了《与朱鄂州书》,对当地百姓因穷苦而多溺杀女婴一事向上司痛陈肺腑。他对官僚阶级欺压百姓荼毒生灵大加挞伐："20余万虎狼散在民间，百姓何由安生？"（苏轼《论积欠六事并乞检会应诏所论四事行下状》）他对统治者专卖食盐为祸百姓也进行了强烈控诉："盐事星火急，谁能恤农事……人如鸭如猪，投泥相溅惊。"（苏轼《汤封开运盐河雨中督役》）

（2）用心民事。苏东坡一生中架桥铺路、筑亭浚河之事有无数。杭州通判任上，他曾于雨中督役修筑运盐河。元祐年间，苏东坡再次赴杭，任太守，其拳拳为民之心没有因"乌台诗案"这起政治陷害案而灰冷，下车伊始，为了阻止杭州地区瘟疫的流行，就建了一座传染病医院，救活了不少人。后又率人开浚茅山、盐桥二河，派和尚子珪修复六井。1090年建成著名的"苏堤"，长880丈，从而使西湖南北得以贯通。1094年，他远贬惠州，为当地农民带去中原新式农具——秧马。在此期间，他提议修复了数百间营房，以肃军政，以缓兵困；他目睹百姓航渡困难，四处呼吁、募捐，终于建成东新、西新二桥。这个时候的他属戴罪之身，自己尚处累卵之下，无权亦无势，但在极其困难的境地仍坚持为百姓干实事。

（3）与民为友。他说自己"上可以陪玉皇大帝，下可陪卑田院乞儿"（见宋代贾似道《悦生随抄》），这种亲和的心态使他不是高居于众人之上，而是沐浴于普通百姓平凡的友情中。对于百姓，即使是晚年身处流放途中，他也仍时时表现出关怀爱护之心；处处与百姓结下深厚的友谊。他初到惠州，所作《和陶归园田居三首》中云：荔枝初熟，有八十五岁的老农约他前去品尝，他"意欣然许之"。"步从父老语，有约吾敢违"、"有酒持饮我，不问钱有无"等语进一步表明了他与当地百姓友谊之深。因与普通人相处融洽，所以他有时萌生从官场上抽身而退，就在农村终老之念头："愿同荔枝社，长作鸡黍局。"这种友谊后来还扩展到汉族群众，去海南后，他与黎族同胞同样款款往还。其《和陶劝农六首》谴责了大汉族主义，提出"咨尔黎汉，均是一民"的进步思想。当他被逐出官舍，当地人们纷纷助其"泥水之役"，帮他筑造新居；逢年过节，还"只鸡斗酒"竞相馈赠。

苏东坡"伫立望原野，悲歌为黎元"（苏轼《正月十八日蔡州道上遇雪次子由韵》）的民本思想，显现了人性的光辉和博爱的情怀，是他永恒人格魅力的根基所在。难怪当苏东坡的死讯传来，"吴越之民相与哭于市，其君子相与吊于家。讣闻四方，无论贤愚皆咨嗟出涕"（苏辙《东坡先生墓志铭》）。大我与小我价值之区别即体现于此。可以说，苏东坡忘却小我之忧，力争大我之利，正是对狭隘自身的超越！

（二）从众与从己

在是非黑白面前，是"从众"还是"从己"；是仰人鼻息、人云亦云，还是力排众议、独发见解？苏东坡无疑坚持了后者，苏东坡一生强烈要求精神自由，崇尚个性独立，我认为这是其人生美学中最亮丽的部分之一。正是这一点，决定了他在大起大落的人生旅途上，在身处逆流的困顿境况下，还能以天下苍生为己念；也正是这一点，使他在接二连三的打击面前能不消沉，反而笑对人生。其《与千之侄》云："独立不惧者，唯司马君实与叔兄弟耳。万事委命，直道而行，纵以此窜逐，所获多矣。"表明他以有"独立不惧"、"直道而行"的人格为荣，纵然因此而四海为家，也无悔无怨，因为在"身行万里半天下"（苏轼《龟山》）的同时，已筑就了一座文化丰碑，"所获多矣"。

对于苏东坡独立不倚的性格，我觉得最值得颂扬之处体现在政事方面。其《和刘道原见寄》诗云："独鹤不俗惊夜旦，群乌未可辨雌雄"，对自己正道直行的战斗精神是有自勉之意的，可以说他正是宋廷满目"群乌"中那一只高洁的独鹤！熙宁年间，安石变法，引用吕惠卿等人，排除异己。苏东坡明知是鸡蛋碰石头，仍两次上书宋神宗，力陈新法弊病（他反对变法有历史的局限性，但其中一个重要原因是为民着想，从百姓利益出发），以致埋下后来新党构陷他的祸因。这两次上书之后，他被王安石排挤出朝，任杭州通判。表兄文与可对他很不放心，劝他不必再问政事："北客若来休问事，西湖虽好莫吟诗"（见叶梦得《石林诗话》），但他将忠告置若罔闻，对新法流弊、社会惨状仍难捺激愤之情。其《山村五绝》之三写道："老翁七十自腰镰，惭愧春山笋蕨甜。岂是闻韶忘解味，尔来三月食无盐。"对百姓困苦生活满掬同情。其《吴中田妇叹》亦云："眼枯泪尽雨不尽，忍见黄穗卧青泥"，对农村灾情亦秉笔直言。他也因此深遭新党忌恨，到湖州任上才几天就遭逮捕，在狱中几陷死地，后被贬为黄州团练副使。一般人从此只怕会噤若寒蝉，他却议政如初，对丑恶之物不能三缄其口。远放惠州，他又写了《荔枝叹》这样的惊世之作，不避锋芒，大骂佞幸。后人将《吴中田妇叹》与《荔枝叹》并称为"双叹",与杜甫的"三吏"、"三别"相提并论,这是对他独立不倚、大胆批判现实的战斗精神的肯定。

苏东坡刚正不阿、独立不倚的个性气度,中国士人堪与之比肩者极其罕见。故宋孝宗说他"忠言谠论,立朝大节,一时廷臣无出其右"。陆游在《致东坡帖》中亦云:"公不以一身祸福,易其忧国之心,千载之下,生气凛然。"王国维在《文学小言》中亦将他列入中国最伟大文人的行列,称赞其人格"自足千古"。苏东坡何以能一贯不计个人生死得失而力排众议,正国事之非,卓尔不群?我认为非常重要的一个原因就在于:他认为个性的独立,精神的自由发展乃"人情"之常。在《中庸论》中他说:"夫圣人之道,自本而观之,则皆出于人情。不循其本,而逆观之于其末……则非人情之所乐者。"在《辨贾易弹劾待罪札子》中也说自己"好僭议朝政"是"受性于天"。由此可知他非常重视"人情",重视独立人格与意志,并认为它是"受性于天",不应被压制的。在《和陶咏三良》中他说:"顾命有治乱,臣子得从违","我岂犬马哉,从君求盖帏",深感自己有发表独立见解的天职,而非盲目俯伏的"犬马"。其《御试制科策》更大胆地宣称:"夫天下者,非君有也,天下使君主之耳。"所以臣子有"正君主之非"的义务。这种想法也成为他率性而为、无所顾忌讥评朝政的指导思想,使他敢于直话直说,言人所不敢言,行人所不敢行。

(三) 悲观与乐观

前面所论苏东坡的民本思想和独立不倚的个性,都表明他是一个热切期待以身许国、救世济民的积极入世者。但是,他"以不善俯仰,屡致纷纷"(《与张方平书》),一生坎坷重重。可是,他从未在打击面前悲观绝望,而能从容、旷达、乐观地面对人生旅途上的苦痛。这种乐观旷达地笑对人生的生活方式,是苏东坡圆通灵活的生存智慧的一个体现,它表现为一种高超的幽默艺术。下面,我们就来谈谈苏东坡的幽默。

林语堂在《苏东坡传·序言》中说苏东坡是"秉性难改的乐天派",这是十分正确的。可说在任何时候,苏东坡都能笑对人生。善于以幽默的笑作武器去与困难作斗争,正是他富有灵智的生存态度的体现。他的人生中是不乏笑的,其作品同样充满了"笑",如:"知君此去便归耕,笑指孤舟一叶轻。"(《孟震日游常州僧舍》)"笑我无根柳，空中不待年。"(《至真州再和》)"愿君付一笑，造物亦戏剧。"(《次韵王郎子主风雨有感》)"直须谈笑于生死之际。"(《与李公择书》)等等。后人对这一点多有论述。《独醒杂志》云："东坡多雅谑。"明人袁中道《次韵苏子瞻先后事》亦云：子瞻"善谑笑，锋刃甚利"。这些评述暗示了苏东坡的幽默具有多方面的作用。

从他的全部作品来看，他的幽默可分为两类：一为带笑的幽默，表现为轻松愉快，可这类作品很少；一为带泪的幽默，当然它仍以笑的面目出现，但它是假笑、苦笑，带有黑色幽默的味道。后者是苏东坡"幽默"的主要特点。苏东坡幽默的对象有三种：政事、自己和朋友，具有三种功用：刺世、傲世、戏世。带泪的幽默主要表现出刺世和傲世的色彩，而带笑的幽默则主要体现出戏世的一面。刺世的幽默作品体现了苏东坡的济世热情和秉公直言精神，以不太严肃的形式表达了严肃的批判意识、忧患意识。如其诗《读开元天宝遗事》："琵琶弦急衮梁州，羯鼓声高舞臂韝，破费八姨三百万，大唐天子要缠头。"用诙谐语气道出唐玄宗晚年沉湎于声色歌舞导致误国的惨痛历史教训，是以古讽今的佳作。他有时也在嬉笑中用自己的遭遇指责不公的社会现实。譬如其《渔家傲·赠曹光州》："些小白须何用染，几人得见星星点……君莫厌，也应胜我三年贬。"调侃之中表明自己负屈遭贬黄州的事实。又如《洗儿戏作》："唯愿小儿愚且鲁，无灾无难到公卿。"以对儿子反常的寄望来讥讽自己有才反而遭弃的社会现实。正因为这类作品锋芒太露，直刺统治者的敏感区，所以他经常负累于此。宋人叶梦得《石林诗话》就指出了这一点：苏东坡"多以时事为讥诮。……及杭州之谪，正坐杭州诗语。"其次，他傲世的幽默作品表现了他蔑视苦难、傲视世俗的硬骨头精神，有助于他淡化苦难，对抗挫折，这就是其幽默之傲世功能的内涵。他在湖州任上被捕送京时，他要妻子如杨朴之妻一样写诗为他送行，"老妻不禁宛尔"。这表明他心底无私天地宽的坦荡情怀。远贬惠州时，他在《纵笔》中写道："莫道先生春睡足，道人轻打五更钟。"道出了一片磊落的心怀，虽然不磊落的人闻知后，将他又贬到了更远的海南。可是到海南后，他仍然唱道："九死南荒吾不恨，兹游奇绝冠平生。"(苏轼《出城留别》)他在《自题金山画像》中总结自己多难的一生时说："心似已灰之木，身如不系之舟。问汝平生功业，黄州、惠州、儋州。"将人生的成功期定位于贬所，是对社会的最大反讽，又是其傲世情怀的淋漓展现。此外，他也有一部分戏世的作品。戏世不仅仅是游戏人生，不仅仅是单纯地插科打诨，而是活跃气氛，精神彻底放松后的性情流露，表现苏东坡性格中可爱、可亲和善解人意的一面，表明他对生活中的喜剧因素有特殊的敏感，能抓住生活中的闪光点，妙语解颐。如《记刘贡父语》、《录赵贫子语》、《记道人戏语》、《养生难在去欲》等作品都表现了这一点。

可以说，苏东坡的幽默是他率真个性的外化，既是他的一种战斗武器，是笑的投枪匕首；又是一种富有智慧的人生艺术、生活艺术，是净化自己灵魂的一剂良药；还是与人交善的润滑油。它不是纯粹卖笑的俏皮，也不是故显天真的油滑，而是一种高品位、高智商的文化。

做人当如苏东坡，冤屈到死不回头！

四 亚里士多德的音乐美学思想

亚里士多德（公元前384—322）是古希腊最有影响的美学家之一，与他的老师柏拉图一起被看作是希腊思想史上的双子星座。国内对于他的美学思想，多介绍其中的文艺理论，但长期以来对于文艺理论中的音乐美学思想，论述的文章却不多，这影响了我们对亚氏美学的全面认识。事实上，音乐美学是他整座美学大厦中一个重要组成部分，主要包括两方面的内容：一是对于音乐特性的分析，一是对于音乐教育的看法。他认为音乐是审美教育的重要内容，可以发挥重大社会效用，所以他分析音乐特性，主要也是贴近美育来进行。其音乐理论集中表述于《政治学》中，另也散见于《诗学》、《论题篇》、《论宇宙》（此书一般认为是后人伪作）和其他一些残篇里，虽不乏偏颇之处，但许多见解至今犹有启发意义。

亚氏音乐美学隶属于他的伦理学和政治学。亚氏伦理学的核心范畴是"善"，其目的是达到个人至善，即幸福。在他看来，广义的"善"是事物追求的具体目的，譬如医学的善在于保证人们健康，经济学的善在于致富。狭义的即伦理的"善"指整个人生的目的，"作为目的本身而求的目的"①。这就是所谓至善或幸福。他又认为政治学是最高的科学，伦理学研究个人的善，政治学则研究人群的善，所以伦理学附属于政治学。站在中小奴隶主的立场，亚民政治学着眼于建立一个以希腊城邦制度为基础，以自由民中间阶层轮流执政为政体的理想城邦国家。他在《政治学》卷一中说："人在本性上就是一个政治动物"。这就是说，人生来就有合群的要求，人从发展次序、本性上来说都只能是国家的一部分，个人的幸福只能依赖于城邦才能实现。幸福是一种德行，是一种理性行为。没有理性就不

---

① 周辅成：《西方伦理学名著选辑》（上卷），商务印书馆1964年版，第28页。

可能有德行，也不可能有幸福，城邦国家也不可能是"至善的社会团体"①。人都有理性或善的潜能，经过训练和教育，潜能就能成为现实。而音乐的最高效用正在于培植理性，"助长理智"。由此可见他推重音乐教育，是因为音乐可以帮助实现伦理目的和政治目的，是出于挽救逐渐衰落的希腊奴隶制城邦的企图。这是亚氏音乐美学的一个重要特色，也是论述其音乐理论之前应予以说明的。

（一）音乐的特性

古希腊哲学美学的研究视野，从苏格拉底开始，较明显地从自然转向社会和人本身。亚里士多德在《动物的构造》里提到："这一时期，人们放弃了对自然的研究，哲学家们把注意力转向政治科学和有益于人类美德的问题。"② 他本人也基本上如此。虽然他在自然科学多个领域（譬如天文学、动物学、植物学等）中都有卓越建树，但是他的音乐理论，重点不在对音乐作自然科学式的研究，他对音乐语言，譬如音符、节奏、旋律、曲调等，没有过细研究，也无专门的音乐理论著作。他强调的是音乐的效用，关注音乐为什么能成为优良的教育工具。他对音乐特性的分析，主要也是结合这一点来进行的。

首先，音乐是一种和谐。这是古希腊人对于音乐的传统看法。前苏格拉底时期，人们主要是从自然出发，采用数学物理学等自然科学方法来从事哲学与美学研究。人们正是从自然界得到启发，提出秩序、均衡等形式美法则。符合这些法则的比例关系就是和谐、也是美。以形式为美、和谐为美是古希腊对美的传统认识。音乐的美就在于符合这种比例关系。因而音乐是一种和谐。毕达哥拉斯学派就是如此看待音乐的。他们认为，数是万物的本原，和谐由一定的数的比例所构成，音乐的音程就是一种符合比例的安排，"音乐是对立因素的和谐统一，把杂多导致统一，把不协调导致协调"③。后来的赫拉克利特又认为音乐的和谐在于对立、斗争，弓和琴

---

① 亚里士多德：《政治学》，吴寿彭译，商务印书馆1983年版，第7页。
② 范明生：《西方美学通史》（第1卷），蒋孔阳、朱立元主编，上海文艺出版社1999年版，第164页。
③ 北京大学哲学系美学教研室编：《西方美学家论美和美感》，商务印书馆1981年版，第14页。

正是在一正一反的张力中产生和谐。亚里士多德综合他们的看法，也认为音乐是一种和谐，节奏、旋律本身都是一种秩序，节奏和旋律只有在秩序中才能产生怡人的乐音。音乐的和谐不是毕达哥拉斯学派所认为的静态的统一，"和"也不是"同"，而是产生于不同曲调的对立并存，因此他反对"音乐和声夷落而成单调，节奏压平到只剩单拍"①。在《论宇宙》中，他说，自然界喜爱对立，喜爱丰富多彩，和谐产生于对立而不是相似；人类社会需要一定的划一，但厌恶完全的划一，和谐是由于男性与女性结合的结果，而不是同性结合的结果；音乐也是如此，只有高音和低音、短音和长音等不同音调交织起来，才能达于和谐。音乐的和谐首先是一种形式和谐，同时音乐又是对自然和谐、社会和谐和人的内在和谐的表现与反映，因为音乐是摹仿（这一点下文再论）。在《诗学》第四章中他说，人天生就有"音调感"与"节奏感"。这就意味着：人天生有爱好音乐的倾向，这里的"音调感"译自"harmonia"，即和谐。在《论灵魂》中，他也说："灵魂是一种和谐"②。《政治学》卷八中也提出："灵魂本是一支乐调"，"灵魂内含乐调的质素"。所以人能感知音乐，音乐也能渗透灵魂。这里他继承了毕达哥拉斯学派的观点。后者认为，天体之间、自然界中，存在着一种有秩序的比例关系，宇宙是一个大和谐体，能发出谐音。这类似于庄子的"天籁"说。毕达哥拉斯学派又认为人的肉体和灵魂也按比例构成小的内在和谐，人是小宇宙，因而人和自然界，人和音乐就能同声相应，同气相求。后来阿恩海姆等人提出的异质同构说，与此有相似之处。

其次，音乐是一种摹仿。亚里士多德说，摹仿出于我们的天性，人类最初的知识来自于摹仿；并从人的理性出发，认为人和动物的分别之一，在于人最善于摹仿。站在唯物论立场，他认为音乐是对自然中的音响与节奏的摹仿。但音乐仅仅停留于此，则等而下之了。在他之前的自然哲学家，譬如毕达哥拉斯、赫拉克利特、德谟克利特等人，大都认为音乐摹仿的对象是自然界，亚里士多德却认为摹仿对象主要是人，是人的行动，尤其是人的心灵行动，即情感、性格等。他真正将音乐视为情感表现艺术了。音乐摹仿人的精神内在，因而是最真实的摹仿。他说"音乐的节奏和

---

① 亚里士多德：《政治学》，吴寿彭译，商务印书馆1983年版，第57页。
② 范明生：《西方美学通史》（第1卷），蒋孔阳、朱立元主编，上海文艺出版社1999年版，第72页。

旋律反映了性格的真相"①。又认为人的性格和情操只有在音乐中才表现得最为逼真，深刻地论述了音乐这种听觉艺术和人的情感、性格等精神因素的密切关联，认为音乐形象"渗入我们的听觉，实际上激荡着我们的灵魂而使它演变"②。在他看来，听觉器官是最高级的审美感官，听觉艺术也就是最高级的艺术。

色诺芬的《回忆录》记载，苏格拉底认为绘画是可以传神的。柏拉图在《理想国》中也提出，绘画可以表现性格和情操。亚氏却一反古希腊重视绘画的传统，对它进行了贬低。他轻视视觉艺术基于两个理由：其一，它虽然可能表现性格，但反映性格是狭小而肤浅的，对培养性格助益不大；其二，人的视觉大体略同，这意味着人们去欣赏静态的造型，无需思索，不需要高深的鉴赏能力，对助长理性的作用也不大。这些看法无疑有偏颇、片面之处，在他那里，音乐高贵地俯视着"鄙俗"的绘画。但他以否定绘画的方式指明：视觉艺术利用线条、色彩只能勾勒相对静止的事物，再现的只是人的瞬间动作或物的"片断"的态势，因而在传达人的内在精神上存在局限性，这种批评一定程度上说出了绘画的特点及其缺陷，还是可以给我们以启发的。

最后，音乐不是必需品。他是从音乐的存在条件及其效用两个方面提出这一观点的。他把人生划分为两个阶段：勤劳和闲暇。前者是基础，同时又"只是获得闲暇的手段"。他说："只有在全部生活必需都已具备时，在那些人们有了闲暇的地方，那些既不提供快乐，也不以满足必需为目的的科学才首先被发现。"③ 这里他虽然只提到了科学，但实际上认为音乐要存在也必须在生存问题解决之后，音乐起于"闲暇"。这继承了古希腊的传统。德谟克利特就说过："使音乐产生的不是必需，而是奢侈。"④

从音乐的效用来说，它满足的不是人的生存必需，而是精神必需。"音乐不是必需品"，就是讲它不是生存必需品。他强调精神重于物质，灵魂高于躯体。所以他说："事事必求实用，则不合豁达胸襟和自由的精

---

① 亚里士多德：《政治学》，吴寿彭译，商务印书馆1983年版，第420页。
② 亚里士多德：《政治学》，吴寿彭译，商务印书馆1983年版，第421页。
③ 亚里士多德：《形而上学》，吴寿彭译，商务印书馆1997年版，第3页。
④ 伍蠡甫主编：《西方文论选》（上卷），上海译文出版社1988年版，第6页。

神","我们全部生活的目的应是操持闲暇"①。音乐的效用表现于由低到高,由次要到重要再到最重要三个层次(或三个方面):其一,娱乐和憩息;其二,陶冶性情;其三,操修心灵,助长理智(理性)。总观以上三方面的效用,它们主要是对于灵魂(精神)各个部分的效应。他承认娱乐是必要的、合理的,但坚决反对把音乐看作如睡眠和酣饮那样,只有娱乐和憩息的作用。灵魂最高部分无疑是理性,人优于动物,不在于人有动物也具有的生命和感觉,而在于人有动物所没有的理性。符合理性的生活才是最幸福的生活,所以他认定,音乐的价值只在于它是一种操持闲暇的理性活动。他把教育课目分为四门,即读写、体操、绘画、音乐。"读写"有赚钱、管家之实效;体操可使人健康,增进战斗力;甚至绘画也有实效,使人购买工艺品时不致上当受骗。唯独音乐对于这些"实务""全无效用","音乐绝不是一种必需品"②。这些言论表明他对音乐精神性效应的重视。

(二)音乐教育及其施行

由以上分析可知,亚里士多德对美育中的音乐情有独钟是在情理之中的。他提到史诗、戏剧、绘画等对人的感染力,却认为这些艺术形式都比不上音乐,在读写、体操、绘画、音乐四科中,他也以音乐为最后和最高的手段,当然,其他课目既有关实用又有助善德,也属必要而不能偏废。这种重音乐教育的思想并非他独有,毕达哥拉斯就提到,通过感官灌输音乐,是头等重要的事情。柏拉图也说,音乐可使人摆脱低级趣味,比其他一切教育都重要得多。

亚里士多德非常重视儿童和少年教育,这实在是颇具眼光而又给人启迪。他认为,儿童和少年教育是统治者最应关心的事业。因为从治国的角度讲,一个国家如果忽略教育,其政制必将损毁。社会有什么样的儿童,社会就有什么样的未来;民众有什么样的品性,城邦就有什么样的制度。人民的水平决定了一个国家的水平,"政体随人民性格的高下而有异。"③从人的发展来看,一个人要运用某一种技能,就必须先行掌握这种技能。

---

① 亚里士多德:《政治学》,吴寿彭译,商务印书馆1983年版,第412、410页。
② 亚里士多德:《政治学》,吴寿彭译,商务印书馆1983年版,第411页。
③ 亚里士多德:《政治学》,吴寿彭译,商务印书馆1983年版,第406页。

为了日后能从事公民所应从事的"善业",孩童就该先行训练和适应。他进而提出,教育应由城邦负责。孩童在七岁以前主要接受家庭教育,七岁之后就应转入集体教育,由国家统一管理,废除私人教育制度。原因有二:第一,私家各授以自己认为有益的教诲,这有可能与国家整个教育目标产生抵牾。第二,任何公民都是城邦一分子,应该有平等地接受国家教育的权利,全体国民所该受的教育应该施于每一位个体。

为了培养合格的自由民,必须注意教育内容。"教育监导"们应该甄别孩童所倾听的故事、传奇或歌曲,不致流于卑鄙,也不内涵柔靡情调。尤其七岁以下的儿童,容易熏染,任何卑鄙的见闻都可能造成不良的恶习。所以统治者应该下令在全邦杜绝一切秽亵的语言、图画展览和歌曲表演。未成年人也不得观听俚歌或滑稽戏剧。为什么要如此规定呢?因为孩子的心灵是一块白板,第一印象也许就是终生的印象,早期的习惯也许延留一生。他举了一个例子说明这个道理。悲剧名角奥多罗从来不许其他演员先于他登台演唱,即使是小小的配角也不行。因为听众总是爱好他们最初所听到的歌声,从而对旁人就不在意了。同理,生活中,人们对人和事也会有第一印象,它总是"优先"地支配后来的行为。所以人在幼年时期,务使他隔绝淫靡的歌曲或其他艺术,以免耳濡目染形成坏习惯。这些观点直接来自于他的老师柏拉图。后者提出:"早年接受的教育,根深蒂固,不易更改。"①

音乐教育的目的不是培养"艺匠",而是培养具有善德和理性的自由民。任何技术如果使一个人的身体、灵魂或心理降格而不适于操修善德,都带有工匠卑劣的习性。艺匠之所以被鄙薄,原因有二:第一,他以音乐演奏为谋生的手段,金钱就是他追逐的目的,必然"逐技"而影响善德操修,从而丧失艺德,"使乐艺降格"。第二,为了赚钱,必然要专门取悦听众,满足他们"鄙薄的欢娱",演奏者本人日久成习,也"渐渐趋于俚俗","连自己的身体也不得不按照时尚的兴趣而忸怩作态"②。这些观点可以从两方面分析:一方面,他反对艺匠以及"逐技",认为它们对音乐的发展有消极影响。他认为农夫、工匠、商人之类的听众只有庸俗的趣

---

① 柏拉图:《理想国》,郭斌和、张竹明译,商务印书馆1997年版,第73页。
② 亚里士多德:《政治学》,吴寿彭译,商务印书馆1983年版,第42页。

味，也反映了他的贵族精英立场。他的自由民立场说到底就是中小奴隶主的立场。另一方面，他不"重技"，实际上强调了"技"要进乎"道"，进乎"德"，否则就会玩物丧志。不管其主观动机如何，他反对"媚俗"的主张，是有合理性和启发意义的。诚然听众的趣味，并非都低俗，但也并非都高雅。艺术不能一味迁就听众的嗜好，应该有"提高"的职能。在这方面，柏拉图的说法也是可聆听的：艺术家"应该敌视一切迎合观众趣味的勾当。"① 艺术家如果为了大众的低级趣味而创作，结果大众则必然变成艺术家的老师。

亚里士多德反对职业演奏却主张少年要登台实践。他是个经验主义者，强调知识来自实践，来自行动。一个人有道德观念、美好心灵，却从来不付诸行动，不能算有道德的人。一个从未登台演奏的人，很难成为音乐的良好鉴赏家，当然演奏的目的只在于培养他们的评判能力，到了能欣赏音乐，判别雅俗，就不必再行登台了。

这与他对乐调的限定是一致的。他说要达到教育的目的，应采用伦理的乐调，"选择歌词和乐调当以培养品德为主"②。培养品德的乐调不止一种，不同乐调有不同的作用。有的令人心舒意缓，有的令人神凝气和，有的令人热忱奋发。但在少年音乐教育中以令人神凝气和的杜里调最为相宜，这与他提出的"中庸标准"相符合。"中庸"即"中道"，即毋过毋不及。中庸之道是最好的形式，可运用于一切方面。最优良的体质介于竞技选手与娇弱之辈之间。最好的政体是保持在中间形式的共和政体，而非专制（贵族）政体，也非平民政体。最好的统治者是自由民中间阶层，富人易于逞强放肆，穷人流于懒散无赖。伦理上的中道则是勇毅、节制等，他认为杜里调最为庄重，特别适于表现勇毅性情，又是诸调间的"中调"，所以最宜于音乐教育。

如何对儿童和少年以及其他人进行音乐教育？亚里士多德的论述里包含了一些有意义的主张。

其一，寓教于乐。这首先是由古罗马的贺拉斯所提出，但在亚里士多德这里已有先声。他认为娱乐是教育的重要手段。五岁以前的儿童要进行

---

① 柏拉图：《柏拉图文艺对话集》，朱光潜译，人民文学出版社1980年版，第309页。
② 亚里士多德：《政治学》，吴寿彭译，商务印书馆1983年版，第432页。

活动，应该安排成游戏或其他的娱乐方式，年龄幼小的儿童都不愿接受不能引发快乐的事物。他肯定追求感官快适也是合乎人性的自然要求。音乐使人"弛懈"，解人疲乏，都是有益的，情欲应指向理性，但其本身又是自然人性的一部分。这与柏拉图的看法截然相反，柏氏说："音乐的好处在于使我们得到心灵的快感，这话是亵渎神灵的不可容忍的。"① 音乐诉诸情感，但更诉诸理性，所以亚里士多德认为，教育少年的目的，不是使他们停留于娱乐，而在于"心灵的造诣"，在于操修善德，增进理性。完全以娱乐为一生的目的，只不过是"游戏世间"。音乐之所以可用作寓教于乐的工具，可从两个层次来分析。首先，音乐本质上令人愉快。音乐本身就"内含甜蜜而怡悦的性质。"② 所以无论是发于管弦的器乐还是出自歌喉的声乐，"总是世间最大的怡悦"。其次，上文提到，音乐模仿的对象主要是性格或内心世界。所以音乐实际上是一门特殊知识，使人认识性格进而完善性格。《形而上学》开篇就说："求知是人的本性"。音乐的快感更是一种高层次的求知的快感，音乐教育是"性属自由，本身内含美善"的教育。

其二，因人施教。亚里士多德认为音乐教育的对象主要是自由民，但也兼顾其他阶层的人，譬如工匠、商人等。当然奴隶是不包括在内的。人的趣味和水平的多样性要求因人施教。音乐教育要发生功效，有所作为，必须注意两项标的，即"可能标的"和"适当标的"，尤应注意这些标的在可能性与适当性方面确实与本人情况相符合。只有在适当的时间和机会，对于适当的人和对象，保持适当的态度去处理，教育才能成功。年老色衰的人不适宜唱高音乐调，就只能低吟轻柔的词曲。但激昂乐调正须应用于少年时代的音乐教育，因为少年充满活力，它虽不如中庸之调在培养品德上效果那样明显，但也可以使人愉快，陶冶情感。孩童爱好广泛，凡属有益的曲调应一律教授，以发展全面的人性。对于自由民和匠人、农夫之类的对象，教育应有所区别，前者应授以高雅乐调，后者是劳动阶层，整天忙忙碌碌，正想借音乐"息劳解倦"，则需授以"偏异的乐调"和"缓急失常"的音节。面对低水平的听众，"应当允许他们（演奏者）演奏

---

① 柏拉图：《柏拉图文艺对话集》，朱光潜译，人民文学出版社1980年版，第304页。
② 亚里士多德：《政治学》，吴寿彭译，商务印书馆1983年版，第424页。

性质较低而合于俚俗的词曲"①。

其三,分阶段进行。他认为教育(包括音乐教育)应该分阶段进行。教育按年龄可分为儿童期教育(这又分为5岁以前和5~7岁两个时期)、少年期教育(7岁至发情期)、青年期教育(发情期至21岁)以及成人期教育等阶段。从生命的发展程序上说,躯体先于灵魂,灵魂中的非理性(情欲、本能)部分又先于理性部分,所以教育首先应注意儿童的身体,尤其是5岁以前的幼童,不应学习功课,只进行体质训练,接下来要留心他们的"情欲境界",最后及于他们的灵魂。如果违背这一原则,则属拔苗助长,有害无益。人的习惯的形成先于理性思维的成熟,教育儿童时应先把功夫用在他们的习惯方面,然后再及于理性。具体说到音乐教育,也应按这一原则进行。在儿童心智还不健全的时候,就对他们灌输道德观念和进行理性思维的训练,显得过早,而应该首先让他们在娱乐、情感愉悦中形成良好的习惯。由以上论述可知,分阶段进行教育的主张是根据人的身心发育的不同情况而提出来的,包含着富有科学性的因子,可以为后人所借鉴。

---

① 亚里士多德:《政治学》,吴寿彭译,商务印书馆1983年版,第432页。

五　"美"从何处寻

——对"美"的通俗解说

朋友，谢谢您打开这本书①。如果把这本书当作一条走廊，一条名叫"美"的走廊，那么，希望您的阅读是一次审美的散步。

这条充满魅力的走廊将为您展示出一幅幅美丽的画卷。您看，这里有或壮丽或幽美的自然风光：秀媚的峨眉山，青翠的丛林，升腾起川蜀大地的灵气，那金顶眺望到的佛光，分明是自然慷慨的馈赠；雄伟的泰山，巍巍屹立在齐鲁平原，高耸入云，令人仰止；还有黄山，它长满奇松，遍布怪石，云海翻滚，飞瀑奔腾；而华山之险，更具一番登临的享受。"自古华山一条道"，于是可以想见，人们在攀登华山的时候，有一种多么自豪的征服自然的勇气！登山而壮怀，临水而浩叹，是中国人一个悠久的传统。"大江东去，浪淘尽，千古风流人物"，这是宋朝首屈一指的大才子苏东坡咏长江的，咏叹的是它飞扬蹈厉的美；"黄河之水天上来，奔流到海不复回"，这是唐代诗王李白咏黄河的，咏叹的是它一往无前的美。我们完全有理由说，正是旖旎多姿的自然养育了诗人，养育了艺术，养育了伟大的中华文明。

这里也有千姿百态的社会美。社会美具体分为社会事物美和社会生活美。它们或者是经由人类的双手而创造的，是人类辛勤劳动的结晶，或者是从美丽心灵中折射出的精神美、人格美。且看那蜿蜒万里的长城，是中国北方大地——也是整个地球——上的一个奇观，一道永远令人震撼的风景线；那秦始皇兵马俑，记载着一个古老帝国的辉煌与衰落、高傲和沉重，不知是多少能工巧匠智慧的产物。这些都是社会事物的美。而社会生

---

① 本节是若干年前写给青少年看的"美学入门知识"，曾以《追寻维纳斯》为题，作为单行本由湖南少年儿童出版社于1999年出版。文字力求简单明了，今录于此，以资存证。录入本书时，部分文字有删减、修订。

活的美同样是多种多样的,其中最让我们敬佩的,无疑是那些伟岸的身影、高尚的灵魂,他们是人类精神最完美的体现。像杜甫、岳飞、焦裕禄、孔繁森等等,他们"先天下之忧而忧",却没有时间去"后天下之乐而乐"。亲人的泪光里,寄托着所有国人的哀思和敬意。英雄们的画像,挂在走廊的最高处,每一个人走过,想必都会仰头注目。

艺术的天地,诸如文学、美术、音乐、舞蹈,更是美集中的所在,或婀娜妩媚,或刚健挺拔。听听马思聪(中国著名钢琴演奏家)的黑键白键,音乐的精灵好像就在我们掌中起舞;看看朱耷、齐白石的写意山水,自由的、奔逸的内心仿佛跳跃在山石间、水纹里。

朋友们,当您面对一幅幅神奇的美的画卷时,您会情不自禁地感叹:"多美啊!"感叹之余,您也许会问:"美是什么?它是怎样产生的?"如果您向我请教,我可不能马上给出您满意的答案,因为您提的问题,学问大着呢!很久很久以前的古希腊和古罗马就有了美的女神——维纳斯(在古希腊时,"维纳斯"还被叫作"阿芙洛狄忒"),那时的人们就提出了您这样的问题。从那以后,不管是外国人还是中国人,都一直在追寻着答案。答案各式各样,里面隐藏着人们对"美"的不同的思考,这许许多多的思考,在后来就凝聚成了一门学问——美学。美学是一门科学。作为科学,它有严谨、深奥、枯燥的一面;但同时,它也有"温情脉脉"的一面,因为它毕竟是对大千世界里"美"的整理和思索。所以,走进美学,也可以当作"散步"。我愿意做个毛遂自荐的向导,尽量让大家在轻松愉快中,增添些许美的知识,促发更多美的遐想,结出更多美的果实。

(一)"埃斯特惕卡"是什么东西

为了促发朋友们认识美、创造美,有必要介绍一番研究美的学问——美学的相关问题。首先要了解的是:美学是何时确立的?它的研究对象又是什么?

要谈美学这门学科的确立,我们必须谈到鲍姆嘉通。他在美学史上独特的地位是别人不能替代的。

美学是一门既古老又年轻的科学。说它古老,是指它的起源可以追溯到两千五百多年前,甚至可以延伸到我们的祖先在原始社会里萌发的那些朴素的审美意识。公元前六世纪古希腊的毕达哥拉斯就以论美而出名,两千五百多年前的孔子也论述过美的问题。但是经过两千多年的发展，美学还不是成熟的学科，有许多根本问题如美的本质、缘起等等，还未得到圆满的说明。古希腊的柏拉图在概括纷繁复杂的美时只能哀叹"美是难的"；德国大文豪歌德也认为给美下一个准确定义是自作多情、自讨苦吃。现在很多人未尝没有这个烦恼，可是人类没有哪一天停止过对美的追求和追问。但是真正把美学独立出来，作为一门科学进行研究并冠以"美学"名称的，则要首推德国人鲍姆嘉通。

鲍姆嘉通以前的美学家虽然也研究美，却没有把美学和其他学科结合在一起。有些人也写过专门论美的著作，却没有从美学学科的高度去研究美，更没有以"美学"作为自己研究美的专著的标题，而且没有摆脱对其他学科依附的痕迹。真正第一个给美学以特定概念的是鲍姆嘉通，第一个以"美学"作为专著名称的也是鲍姆嘉通，而第一个把美学作为独立的学科门类进行研究的还是鲍姆嘉通。

鲍姆嘉通出生于一个牧师家庭，后来成为大学哲学教授，是当时的一个理性主义者。他发现人类社会虽有很多专门知识，却有一个很大的缺陷。在人类的知识体系中，理性认识有逻辑学在研究，人的毅力、意志、品德有伦理学在研究……而人的感性认识却没有一门科学去研究。他认为感性认识也应该成为科学研究的对象，因此他建议成立一门新的科学去专门研究感性认识，研究人们对大千世界中那有如万花筒般多彩多姿的美的现象的直观感受。他把这门新的科学就叫做"埃斯特惕卡"，即美学。"埃斯特惕卡"这个词按它本意来看，是"感觉学"的意思，说明鲍姆嘉通认为美学的着重点在于对人的感性认识的研究，为此，他给美学下了个定义："美学是研究感性认识的科学。"后来，他就用《埃斯特惕卡》这个标题出版了他谈论美学的著作，这一年是1750年。从此，人们把1750年当作美学创立的时间，鲍姆嘉通也被人们称为"美学之父"。

那么，美学的研究对象到底是什么呢？它包括三个方面：第一，从客观方面研究现实美的本质，研究美之所以为美的根源以及在生活中创造美的原则和方法；第二，从主观方面研究人怎样认识、欣赏美，也就是研究人的审美心理、审美意识；第三，研究作为自然美、社会美以及美感集中表现的艺术美。简单地说，它的研究对象有三个：美的本质、审美心理和美的形态，或进一步说，其研究对象是一切审美现象。

弄懂了美学的研究对象,您,还有我、他,就应学好、用好"美学"这个武器。可不是吗?因为世界的"色彩"还不是非常谐和,表明美学并不是玄谈,许多现实问题在召唤着美学去指导人们(包括每一位少年朋友)面对它们,解决它们。

人类生活的地球,是需要美的,是需要美学作为指导的。我们深爱我们生存的地球,同时,我们也必须深爱我们生存的地球,因为人类的吃穿住行、繁衍生息都依赖于它。且不说雄伟的山川可以拓展我们的胸襟,单说那碧绿茂盛的森林,一望无垠的青翠植被,它们是地球的外衣,是空气的保姆,是风调雨顺的保证。可是,人类已把地球弄得千疮百孔,再加上工业污染,有时我真担心,我们赖以存活的氧气,一不留神,会在哪一天"断子绝孙"。再说黄河吧,这条中华民族的母亲河,曾经养育出肥沃的北中国,养育出辉煌灿烂的华夏文明,而现在,黄河中下游一年里断流竟达七八个月之久!黄河痛苦地裂出一道道缝。失水的黄河在痉挛,人们也难免痉挛的命运,但事实是,黄河最早的断流只不过发生在20世纪70年代,距今才40多年!几千年的浩浩荡荡终止了,不能不令人扼腕痛惜、深刻反省!让大地重新披上绿衣,也许是黄河再次欢唱的唯一机会。黄土高坡虽然粗犷,但在我看来,远不如"绿土高坡"美丽迷人。

1. 地球曾经是太阳的——美学与哲学的关系

这个标题怪怪的,先别急,让我从美学和哲学的关系谈起。美学和哲学有着最为直接的联系,当然,前面说过,美学作为一门专门学科,有着自己特殊的研究对象,但美学的基本问题——美的本质、审美意识与审美对象的关系问题正是哲学基本问题在美学中的具体体现。为什么这么说呢?因为关于美的本质,美学上有两种传统观点:一种认为美是客观存在的,美的东西之所以美是由于它本身符合美的规律。比如说黄山美,是因为黄山上有千奇百怪的松树,有的弯弯曲曲如盘龙,有的挺立不屈像勇士;还有怪状迭出的石头,赋予人们很多想象;也有变幻莫测的云海,一会儿聚合,一会儿又消失,云遮雾罩,使黄山更显神奇;更有飞腾奔溅的瀑布,有的直下千尺,有的一线如带。再比如说西湖美,美在它有"西湖十景",美在它岸边有杨柳轻拂,湖心有波光荡漾。宋人苏东坡在诗里说:"水光潋滟晴方好,山色空蒙雨亦奇。欲把西湖比西子,淡妆浓抹总相宜。"这意在说明西湖胜景令人流连,任何时候都是美的:晴天,西湖波平浪静，湖水碧绿清澈；雨天，湖上一片迷蒙，山水都在有无之中，若隐若现。西湖真像古代美女西施一样，不化妆时，她以素面朝天，美得朴素，美得自然，如出水的芙蓉；扑一点脂粉，抹两条口红，画一笔眼影，又别有一番妩媚妍丽，顾盼流波，美不胜收。可见，美学上的客观派认为美的东西（即审美对象）决定人们对美的认识（即审美意识），美的事物是第一性的，具有决定作用，主体（即人）的审美意识来自对客体审美对象的反映。

另一种认为美是主观的，美的东西是人的脑或人的心想象生发出来的，也有人认为美是由上帝或神秘的所谓的"绝对观念"派生的。这一派认为美的事物是由人心或上帝、绝对观念决定的，人的审美意识是第一位的，决定了美的存在。比方说吧，明朝有个老头子叫王阳明，学问很高，他认为人心是天地万物的主宰，用他自己的话来说是"心生万物"，"心外无物，心外无事"。有一次，他同一个朋友去游玩，走到一个深山中，他朋友指着山谷里一棵开得花团锦簇的树，调侃他："既然天下万事万物都是人心决定的，那么这一树的似锦繁花在深山幽谷中自开自落，跟人心又有什么关联呢？"王老先生不慌不忙地说："您没有看见这些花时，这些花和您的心同归于寂；您来看这些花，那么这个时候，花的美丽姿容就一下子显现出来，这便可知花的美丽离不开人心。"在王阳明看来，人不赏花，花无所谓美与不美，花的美是人心赋予的。这个观点是否属于所谓的唯心主义呢？今天来看，结论不可下得太简单。

美学上的这两种观点正是哲学基本问题的反映，所谓哲学基本问题就是物质与意识、客观存在物与人的认识谁为主、谁为客的问题。凡是认为物质决定意识的就是唯物主义，反之，则为唯心主义。我们认为，一个人的美学观点是由他的哲学观点决定的，同时，以前的"唯物"还是"唯心"的简单对立，并不完全适用于对"美"的判断。

这只是我们要谈的问题的一个方面，另一个方面，美学研究在方法论上也受到哲学的影响。真正科学的哲学告诉我们，不管做什么学问，都要坚持理论联系实际；认识世界既要看到部分的现象又要联系整体，既要看到一个事物的表面，又要透过表层看清本质，否则就会闹笑话。拿鲸鱼和鱼来说吧，它们表面相同，都有鳃，有鳍，但您如果凭这些认识就认为鲸鱼就是鱼的话，是会让人笑掉大牙的，因为鲸鱼在本质上属于哺乳动物。

现在我们回到标题上。"太阳曾经是地球的……",这个省略号表明古时候的人认为太阳是地球的"仆人"、"儿子"……反正认为地球的地位比太阳高,地球是宇宙的中心。因为表面上太阳每天东升西落,它不是围着地球在打转转吗?这个认识就犯了看问题只看表面不看实质的错误。现在我们都知道真相并非如此,实际上,太阳才是地球的中心呢,地球,只不过是太阳的"仆人"罢了。可见,我们看问题是应该要从哲学那里拿来方法论供我们认识世界的,看待美学现象也应如此。

2. 世上只有妈妈好——美学与心理学的关系

"世上只有妈妈好,有妈的孩子像块宝,投进妈妈的怀抱,幸福享不了;世上只有妈妈好,没妈的孩子像根草,离开妈妈的怀抱,幸福哪里找?"这首歌是一部台湾电影的主题曲,后来脍炙人口,唱遍了海峡两岸,唱出了每一位儿女对母亲的依恋与深情。记得我在观看此片时,被剧中的母子情深感动得泪眼婆娑。是的,母爱是深沉的、无私的,天下的母亲为自己的子女倾尽了全部心力。

她们的乳汁是世上最甜美的养料;她们的胸怀是儿女最宁静的港湾;她们也许布满老茧的双手永远牵引着我们迈过一道道沟坎,闯过一次次风雨;她们渐显浑浊的老眼在儿女心中永远那么动人,永远那么慈爱,可以穿过长长的山水,抚慰千里外游子的心灵。在母亲面前,我们可以无所顾忌地耍小脾气;在外面受了委屈我们也只会跑到母亲面前哭诉,母亲的双手一揽,我们的烦恼就不见了。

世上没有哪一个人——除非他(她)是忤逆子——不在内心深处认为自己的母亲是天底下最慈祥最好的母亲,这是由于人们对自己的母亲怀有一份特殊的感情和心理。母亲是子女生命的创造者,和子女朝夕相处,对子女嘘寒问暖、无私照顾,做子女的当然会涌起"世上只有妈妈好"的想法,而且还可能是"只有自己的妈妈最好"。这是可以理解的。不过,我们都知道,实际情况并非如此,其实,世上绝大多数妈妈和自己的妈妈一样,都有一颗无私的心、一双温暖的手和慈爱的眼睛。

透过"世上只有妈妈好"这种心理现象,我们可以知道,一个人的感情、心理状况可以改变他(她)对某种社会现象的认识,可以加强对人的美、对物的美的感受程度。所以这个心理现象也可说是美学现象,证明美学和心理学密切相关,美学是离不开心理学的。前面说过,人的审美心理、审美意识是美学重要的研究对象。所谓"审美意识",是主体(人)对客体美的反映、感受、认识,正是特殊的心理活动的过程和结果。对心理学有很好的研究,肯定可以加深对某些美学现象的认识,反之,如果缺乏心理学知识,对某些美学现象就可能产生误解,甚至出现张冠李戴的现象。比如"情人眼里出西施"这种现象,有人认为,它说明情人眼里的对象就是美的。这样一来,您眼里的"对象"美,他眼里的"对象"也美,这就造成美可能因人而异,失去统一评判的标准,这不太说得过去。诚然,美是社会实践的产物,但一经产生,它就具有客观性、普遍性的一面,存在评判美之为美的标准。究其实,"情人眼里出西施"说的只是一个美学上的心理现象,一个审美感受问题,而人的审美感受当然有因人而异的一面。另外,人的审美感受虽然是美的东西在人的头脑里的反映,却不一定是正确的反映,更何况,在人的特殊心理和感情的支配下,人甚至对丑的东西也会产生美感。总而言之,经过人的心理与情感过滤,人们可能对所反映的东西拔高或丑化。在"情人"眼里,对方与自己爱好相似,趣味相投,所以对对方的一切就有了好感,产生美感,既欣赏对方的优点,又容纳对方的缺点,无意之中就把对方美化了,所以对有情人而言,对方就成了一个美西施,但在外人看来,也许并非如此。

人的心理对人感受美产生影响的例子还有很多,比如一个人去看花展,不期然会对自己的熟人或亲人送展的花感觉格外亲切,从而细细观赏,认为它格外美;又比如看演出,看到某节目是同班同学表演的,则会看得格外认真,并期盼它博得满堂彩。这些例子说明心理状态可以加强人对美的感受。其次,人的心理也可减弱人对美的感悟。鲁迅先生说:"桃花的名所,是龙华,也是屠场,我有好几个青年朋友就死在那里面,所以我是不去的。"因为鲁迅先生的朋友柔石、殷夫等"左联五烈士"被国民党杀害在龙华,所以即使龙华的桃林有无限风光,他也无心观赏。

3. 如今敲门,总之非常累人——美学与伦理学的关系

"如今敲门,总之非常累人",这是我在《读者》上读到的一句诗,联想到许多社会现象,我认为它写得形象而贴切。

不是吗?看看城市里一排排楼房,哪家哪户的阳台不是用钢条或铝合金严严密密地焊住了!门边装着锁,且是双保险带链条的;门上装着"眼",是那种外面看得不清不楚里面看得清清楚楚的所谓猫眼;门外面再

装上据说是坚不可摧的防盗门。想想看，住在这样的房子里是不是有点像住在铁笼子里？敲门者来到这样的门前，首先就得镇静镇静精神，清爽清爽喉咙，以作自报家门的准备，还得忍受一番来自猫眼那边的"明察暗访"，可见敲门之难，有点类似精神折磨了，访客的好心情还剩多少呢？这种局面的形成当然也怪不得房子里的主人。——这是敲门之累的第一种情况。

第二种情况是说敲门要用钱物才能敲开。且听民谣："抽支烟不办事儿，喝顿酒管一阵儿，不送东西办不成事儿。"这是老百姓对社会世相的愤激与讽刺，当然，这绝不是我们社会的主流，更是我们应该反对的，不过，这却是对标题一个很好的注解。

第三种情况是说人与人之间交往减少，所以敲门嫌累。随着经济的发展、社会节奏的加快，人们在很大程度上失去了从前那种互相串门子谈天说地的闲情雅兴，来去匆匆的身影里挂满为生活奔波的疲累，人与人之间的交往、关注日渐减少已是一个不争的事实。有一个故事也许可以形象地说明这个问题：故事里，两个青年人在电脑上聊开了，聊生活，聊理想，聊志趣，觉得性格相投，大有相见恨晚之感。最后，他们都想和对方见上一面，就在电脑上相互报了自己的地址。这时，两个人不禁惊住了，原来他们竟是在同一幢楼里住了好多年的老邻居，可是——却从未说过一句话！故事未免夸张，却并非完全虚构。

"如今敲门，总之非常累人"这句话，总而言之，说明了人情冷漠的社会现实。如何改变这种社会现实？这就对美学和伦理学提出了艰巨的任务。我们知道，美学是研究美的学问，而伦理学则以"善"为核心范畴。美以善为前提，所以，美学与伦理学密不可分。这一点，18世纪的欧洲就有人认识到了，当时，有人把美学甚至当成了伦理学，这固然片面，但却说明了两者是可以互相促进、不可分割的，两者都有意识地强调真善美的统一，并以此作为一个人的德操标准。现在的社会主义社会，更要求人们去追求真善美，这不仅使得美学和伦理学的独立研究日益迫切，也告诉我们要抓住两者之间的联系进行探讨，从而让它们共同指导人类去改变社会冷漠的一面，使温情洋溢在人与人之间，让世界变成美好的人间。诚然，美学是不同于伦理学的，但伦理学的目的在于以全社会共同认可的道德规范去指导人们的行动，散发善的种子，催出美的果实，而美学最终也着眼于指导人们开创一个美的世界。可以说，它们的根本目标是一致的，都致力于杜绝丑恶，弘扬美德。

（二）走进"美"的历史

在中西历史上，无数的伟人们在思索"美"的过程中，给后人留下了很多可资借鉴的智慧。

1. 孔子：三月不知肉味

孔子，是对中国思想文化影响最大的一个人。他一生没有做过大官，一辈子醉心于宣传他的思想、传播他的学问，是儒家学派的开山祖师，被后人尊为"孔圣人"。孔子的学问博大精深，即使到今天，他的许多思想还是很有用的。

孔子重"仁"，"仁"的意思是人与人之间要友爱。这种思想在今天不是应大力提倡吗？做官的就应该"为官一地，造福一方"，古代七品小县令尚可以做到"做官不为民作主，不如回家卖红薯"，现代官员更应为党工作，为民做主；为人子女的，也应孝敬父母，鸦有反哺之德，羊有跪乳之恩，而作为人，毛发受之于父母，血肉源之于父母，父母到了桑榆晚年，就应让他们得到温馨的天伦之乐；普通人之间也应互相友爱。孔子说"主雅客来勤"，主人和气，客人才会经常来。"君子成人之美，不成人之恶"，说明好人之所以是好人，就是应与人为善，而不落井下石，这样才能做到"四海之内皆兄弟"。

孔子也是一个优秀的"人民教师"，他有教育方法，主张"因材施教"，冉有懦弱，就培养他的勇武精神，子路性急，就引导他走向稳重。他富有爱心，对穷人富人一视同仁，不用青白眼取人，因此广开师门，广纳贤才，所以才有"弟子三千，贤人七十"的佳话。他为人师表，"学而不厌，诲人不倦"，教导学生要"敏而好学，不耻下问"；要有"知之为知之，不知为不知"的诚实态度，为人求学来不得半点虚假。

至于孔子的美学思想，是以"仁"为核心来展开的，所以，他认为美从属于善，美的东西兼顾了善，就可以令人如醉如痴。他说《韶》乐就是这样的作品，因为《韶》乐是歌颂尧舜的音乐，尧舜以仁德著称，所以《韶》乐内容"尽善"，又由于《韶》乐的声音宏壮动听，所以又"尽美"，以至他在齐国听到演奏《韶》乐，竟然三月不知肉味。

同时，他指出美的不一定是善的，善的不一定是美的，他说《武》乐就是如此，因为《武》乐是歌颂周武王的音乐，他以武力定天下，不符孔子政治主张，所以内容未"尽善"，但《武》乐极威武雄壮，动人心魄，所以又称得上"尽美"。

　　孔子既认为美不同于善，又认为美从属于善。这个认识看似矛盾，其实却包含了一个重要思想：内容决定形式。归根结底，孔子是主张美善统一的。由此出发，他提出做人要"文质彬彬"。一个人如果道德很好，但外部形象不佳，未免有点粗野；反过来，一个人外表不错，颇善于打扮，但品质不好，修养很差，则显得浮浅；只有心灵与外表相得益彰，才称得上是君子。这是"文质彬彬"一词的一种意思，另外，这个词也可以指文艺创作上内容与形式的完美结合。

　　此外，他还提出"中庸"的为人原则，"中庸"这个观点常被后人批评为保守，其实它有一定的道理，指明办事要符合规律、常理，要使自己处于恰当的正确的地位，要采取恰当的正确的态度。

　　孔子也热爱山水之美，爱好旅游，所以他说"智者乐水，仁者乐山"，认为美丽的山川可以陶冶人的情怀。他的衣食住行也很注意风度，这种风度既是合乎"礼"的，又是很美的。比如他很注意衣服的颜色、质料，对饮食也颇有讲究，他说，"食不厌精，脍不厌细"，吃肉不可过量，喝酒不能贪杯，这里面既有一定的礼制，又符合饮食卫生学和饮食美学。

　　2. 庄子：妻子死了，他却笑了

　　儒家和道家是对中国人影响最大的两个学派。如果说孔子（再加上孟子）是儒家代表人物，那么道家的代表人物则是春秋时期的老子和战国时代的庄子。我认为，道家思想充满智慧，只要我们善于分析，是有可能披沙拣金，获取裨益的。

　　从古到今，很多中国人推崇那种"外儒内道"或"儒道互补"的生存方式。这种生存方式的内涵是：人们对待现实，奉行积极进取的儒家思想，致力于为国家为人民建功立业；在内心修养方面，追求淡泊名利的道家情怀，不把个人得失、成败看得太重，这样，当苦难来临时，人们就不会陷于消极沉沦、自暴自弃的境地。道家最早形成于春秋时期的老子。据说老子还是孔子的老师呢。在老子看来，人们应把滚滚红尘看淡一点，他希望未来的社会是"小国寡民"的理想社会，君臣和睦，人民友爱，没有欺诈，看不到弱肉强食的残暴图景。后来战国时代的庄子继承和发扬了老子的主张，让道家影响进一步扩大。庄子那里充满了人生的睿智与幽默，时不时露出一个调侃式令人轻松的"鬼脸"。"庄子鼓盆而歌"这个故事即是如此。

话说庄子妻子去世了。开追悼会那天，庄子的三姑六姨、亲朋故旧一个个都来了，他们走进灵堂，双目红肿，话语哽咽，气氛一片凄凉。这时却见庄子披头散发，赤脚垢面，大大咧咧地爬到了棺材上，费力地把一只陶制大盆拖了上来，还把盆子翻成底朝天放在膝盖上，一边敲打，一边唱歌，还一边笑呢。唉，真是莫名其妙，不可理喻！灵堂里的人都愤愤然起来，为庄妻鸣不平：她尸骨未寒，您就开怀大笑了。人群中有人实在忍不住了，上前指着庄子的鼻子骂道："您这个老不死的家伙，别人说'一日夫妻百日恩'，我看您的良心让狗吃了，您的妻子同您生活了这么多年，为您煮饭浆衣，拖儿带女，您这个疯子才能满世界疯疯癫癫，她没有功劳也有苦劳呀！现在倒好，妻子刚死，您连鳄鱼眼泪都没一滴，还敲敲打打，不是太过分，太不成体统了吗？"这个人越说越激动，唾沫星子快溅满了庄子一脸。

可能是担心众怒难犯吧，庄子跳到了地上，不慌不忙地说："唉，你们都错了，我和妻子相濡以沫这么多年，她死了，我能不悲伤吗？"

"那您现在为什么痴痴傻傻，敲敲唱唱？"

"我已经想通了，一个人本无所谓生，也无所谓死。一个人不但无所谓有没有生命，甚至连形状也没有。"

"满嘴胡言，信口雌黄！"众人听得一头雾水，不免又骂开了。

"是这么个道理，"庄子有板有眼地说，"人只不过是混杂在混沌之中的一团气。气慢慢地凝聚合拢，就产生了形状，然后有了生命。人是气，气终究要散，这时人就死了，也可以说人并没有死，只不过是回到气那里去了。我老妻来自于气，现在又回到气中去了，在天地之间安然入睡，我应该为她感到高兴。"

这个故事点出了庄子一些重要的美学思想：一方面是天人合一，即人与自然关系的和谐；另一方面是自然是人最后的家园。庄子认为妻子死了是回归到了自然的怀抱，在天地之间安然入睡了，所以应为她高兴。可见庄子的"天人合一"思想强调的是"人的自然化"、人与自然的合二为一。

怎样达到"天人合一"？庄子强调人对社会事物要采取"无为而无不为"的态度，不要过于执着于功名利禄的追求，要求彻底舍弃人事才能与自然合一。这样的人才是自由的人、快乐的人，才能作"逍遥游"。所谓"逍遥游"，是对世事"无所待"，即保持超脱的心态，从而取得心灵自由。庄子这种思想对人的内心修养具有积极作用，但不可否认，它也具有消极的一面，会使人逃避现实甚至使人懒散无为。后一点，是大家在学习庄子思想时应极力避免的。

庄子还认为美是相对而言的，事物无所谓大小、美丑、成毁，小草与屋柱、癞子与西施、甚至人与"屎溺"都没有什么区别。很多人认为，庄子在这里由相对主义走向了虚无主义，导致在美学上也由相对论走向否定美的存在。我以前也是这么认为的，但经过仔细思考，觉得这里面虽然有片面、极端的一面，同时有包含了庄子一个非常超前、非常宝贵的思想，这就是：在"道"的高度，万事万物都是平等、独立的，是没有高低贵贱之分的。凭什么人就一定要做万物的主人？这不过是人自己的想法而已。所以，人应珍爱万物，与万物交朋友，这样，人与万物才可以和谐共处，美的境界才会产生。

3. 苏格拉底：我是天底下最美的男人

苏格拉底是古希腊人，出生于公元前469年，死于公元前399年，他生活的年代比我国的孔子略晚。他的家在雅典城（现在希腊的首都）附近一座小山上，父亲是个石匠，母亲是接生婆。苏格拉底从小跟随父亲学石匠活，所以后来在雕塑方面很有造诣，可算是子承父业，并青出于蓝而胜于蓝。据说陈放在雅典卫城的雕像——《着衣美神维纳斯》就出自他的刀下。然而他向往的是从事科学和哲学研究，把雕塑只看作自己糊口的工具。苏格拉底热爱学习，博览群书，他把古代所能见到的哲学书籍都阅读过了，当然，由于年代久远等原因，他没有留下什么哲学作品。他曾三次参战，为保卫自己的祖国而出生入死，因此获得勇敢战士的荣誉。可是他又是个淡泊名利的人。一次，他看见一位海军将领受了伤，被敌人重重包围，他奋不顾身，杀开一条血路，把这个将官救了出来。事后将军们要给他颁发一个花冠，他拒不接受。苏格拉底也是个不计报酬的教育家。他在雅典城里当了20多年的老师，常到闹市区或有人聚居的地方发表他的演说，有时人少也不介意，他觉得只要有那么一两个人在听他讲话，他就很高兴了。他说:"做人要做仁慈的人,我希望把自己一肚子学问都送给别人,假如没有人向我学习,我情愿自己出钱买他们来学。"所以他从不向门徒收费,自己甘愿过贫苦日子,吃便宜酒肉,穿破旧衣服,即使冰天雪地也赤着脚走路。因为孜孜不倦地献身教育,所以他培养了很多得意门生,其中有大军事家、大政治家、大哲学家,柏拉图无疑是其中最出色的一个。可是,苏格拉底这个老好人却没有好命,统治阶级说他思想反动,毒害了青年,最后判处他绞刑。他的亲戚朋友、门人同僚都劝他写一份悔过书就可以获得自由,但他坚持自己的信仰和原则,喝一杯毒酒自尽了。苏格拉底对待死亡是视死如归的,其精神令人敬佩。

苏格拉底对哲学和伦理学作出了很大贡献,他对大量社会问题、伦理道德问题进行哲学式思考,创立了社会科学和伦理学。他反对研究自然科学,认为物理、生物学等等研究毫无意义,又干涉了神的事务,是对神的反对。同时,他重视人,重视人的思维,认为在一切动物当中,只有人是值得称道的、是名符其实的,因为只有人对他周围的一切可以进行观照。他认为作为一个人应该好好发挥思维的作用,不能像动物那样苟且偷生地活着,应当有目标有理想,他有一句名言叫"认识自己",说的就是这个意思。由于重视人,他认为伦理学的中心问题是"善","善"是世界的根本,除"善"以外,一切哲理和科学都微不足道,都是空洞的学问,与人的自我完善没有关系;作为人,只应当认识什么叫善,追求对人有益的东西。可见苏格拉底是个善良、慈爱的老头。

从他的伦理观出发,苏格拉底将美等同于善,认为善与利、与福、与美都是一样的,将有用东西当作美的,无用的东西当作丑的。他说,如果一个粪筐有用,而一面金盾不适用的话,则粪筐是美的,金盾是丑的。在古希腊的一次美男子比赛中,苏格拉底大言不惭地说:"我是世界上最美的男子。"为什么呢?因为他有一双鼓起来的金鱼眼睛,能平视,又能斜视,看东西很方便,不像别人的眼睛只能平视;他有一只朝天的扁平的大鼻子,闻起气味来很方便,四面八方的气味都可以闻到,又不像高高的希腊型鼻子成为视力的障碍;他有一张奇大无比的嘴巴,男子嘴大吃四方。所以嘛,他的五官比别人的五官有用得多,他应该是天底下最美的男人。但是他的美即有用的美学观并没有帮他在比赛中取胜,因为他实在是太丑了,连很尊敬他的学生柏拉图都对自己老师的相貌颇有微词,把他比作林神。林神可是很丑的，头发竖立，鼻扁而圆，鼻孔朝天，耳尖如兽。

其次，苏格拉底还否定艺术。他从美是善的、是有用的出发来研究艺术，以为艺术作品并不像农业手工业那么有用，只是给人提供娱乐消遣而已，所以主张艺术无用论。他说看一个画家所画的漂亮女人的肖像时所给予他的快乐，抵不上他默想眼前一个女人的美德时所得到的快乐的一半。可见他是注重善注重美德的，而不欣赏艺术。后来柏拉图的艺术否定论就直接来源于苏格拉底。

4. 柏拉图：让艺术和诗滚蛋去吧

柏拉图是苏格拉底的学生，又是雅典最后一个国王的后代。他母亲出身名门，是雅典历史上最伟大的政治家梭伦的后人。柏拉图可谓门庭显赫，只可惜幼年丧父，这样，他母亲就改嫁给他叔叔。他的青少年时代是在继父家度过的，却受到了良好的教育。在受教育的过程中，他老师给他取了"柏拉图"这个名字，意思是前额宽广，体格丰美，从这可以推知他是个身材魁梧的人。20岁时继父带他到苏格拉底那里求学，他在苏格拉底那里一直学了8年。他擅长体育运动，也画得一手好丹青，在音乐方面也颇有修养，并且还写诗歌和戏剧，他的才能是多方面的。但他无意成为诗人、文学家，认为诗人作家对社会没有多大贡献，拜苏格拉底为师后就把自己的诗稿统统烧毁了，一心想献身政治，可是并没有青云直上，未能实现自己的政治理想。苏格拉底死了以后，他就逃到了意大利、埃及等很多地方。柏拉图和他老师一样，也很仗义执言，据说他逃到一个国家，竟和国王争吵起来了，所以被送到奴隶市场插上草标当作奴隶出卖，幸亏一个熟人认出了他，就把他买下，并送他回了家。这时他已40岁了，一生的大半年华蹉跎已过，他心灰意冷，干脆退出政治舞台，办起了学校，课余则从事他的哲学研究。很奇怪，西方哲学家有独身的传统，80岁时，独身一辈子的柏拉图去参加一个婚礼，坐在屋角，不想竟那样静静地死去了。

柏拉图是个大哲学家，可是他的哲学思想又存在着比较大的缺陷，即陷入了头足倒置的泥潭，颠倒并割裂了现象与本质的关系。他在哲学上直接继承了苏格拉底的衣钵，深刻地指出，本质重于现象、精神重于物质。由此可见柏拉图是一个贵族式的精英主义者。关于他的哲学思想，最主要的是所谓的理念论。理解了他所讲的"理念"，就基本理解了他的哲学。

"理念"本质上是人的大脑在归纳世界的基础上而虚构的一个概念，但这个概念一旦形成，又成为我们理解世界的"指挥棒"，在人的精神上可以发挥以后"上帝"所发挥的作用，而"理念"本身，确实也由后人发展为"上帝"。"理念"本是对于"现象"的总结，本是源于现象的，而柏拉图的错误却在于：他认为"理念"不是来自"现象"的，却是决定"现象"的。在这里，柏拉图是属于"过河拆桥"类型的，他将形成理念的"桥"——现象——最后毫不留情地拆掉了，因而犯下了头足倒置的常识性错误。按道理，这么高深的一个思想家不应该犯下如此低级的错误，但他偏偏就犯了，这只能说明：他太重视"理念"的重要性了。他认为，人对于世界和现象的了解与把握，都是由"理念"演绎出来的。木匠如何造出一张桌子？这一定是因为他脑海中首先有一个关于桌子的"理念"（概念），所以木匠才能造出现实的桌子，现实生活中的桌子，来源于关于桌子的理念。这么说，当然是正确的。问题是：第一个关于桌子的"理念"一定是来自对于生活中桌子这种"现象"的概括；然后，关于桌子的"理念"（概念）越来越完善，而造出的桌子也越来越符合"理念"。在此，现象与概念是相互促进、相互完善的。但是，柏拉图丢掉了从现象到理念这一环节，而只抓住由理念到现象这一过程；前一半是柏拉图的错误所在，而后一半是柏拉图的合理和深刻所在。

柏拉图的美学思想是很复杂的，也是他从哲学中推出来的。他认为世界中处处有美，有剽悍的马，有清幽的花，有挺拔的树，有精美的瓷器，也有漂亮的女郎，但是，这些都只是美的现象。美的现象之所以美，一定有美的根据，美的本质，或者说，美的理念。美的"理念"是决定美的现象之所以美的根据。所以说，美在"理念"。但是，这个理念是什么呢？他提出了种种设想，最后又都一一否定了。这就是说，要思考清楚美的"理念"或美的本质问题是非常困难的。我们能一两句话就说明白美的本质、美的理念是什么吗？很难。即使您一两句话觉得说明白了，要得到别人的认同，同样很难。因为美的现象太丰富了，人们对美的看法也太多样了。所以，关于美的"理念"到底是什么，柏拉图最后说了四个字："美是难的"。即便如此，这依然无损于人们去持之以恒、前赴后继地创造美和思考美，并启示人们拨开现象的迷雾去把握美的本质，从最普遍最抽象的高度去追问美的性质。

总体上说,柏拉图的哲学导致他轻视表象,重视实质;轻视肉体,重视精神;轻视感性,重视理性;同时,他有一个坚定维护贵族统治的立场;这一切使得他坚决地反对现实存在的艺术和诗(在西方,很长历史上"诗"是"文学"的别名),因为他认为这些东西有三个缺陷:一是它们胡乱地嘲笑神,有渎神的倾向;二是它们令人感动,专门挑逗人的感性,于是无助于理性的成熟;三是它们距离真实和真理很远,因而是虚假的,不能反映"理念"。所以,他认为艺术和诗是有害的。他说,诗人擅长于把谎言说得好像真理一样,艺术作品没有一点实用价值,是对人的弱点唱赞歌,专门讨好世人。所以他把诗人赶出他设计的那个理想国,要艺术和诗从他的理想国滚蛋,而主张艺术作品要符合政治和道德标准,这些标准又主要是服从统治阶级的需要的。柏拉图对艺术的看法比较偏激,遭到了后人的反对。不过话又说回来,虽然柏拉图的很多观点后人难以苟同,但他的思想又是博大精深的,里面隐藏着许多闪光处,对于后世影响很大,不同意他观点的人也可以从他那里获得很多启迪。

唉,这个渊博却爱钻牛角尖的老头!

5. 亚里士多德:挑战柏拉图

亚里士多德是欧洲古代最伟大的思想家,德国人黑格尔最崇拜他,说他是自古以来最多才最渊博的科学天才之一,是一个在历史上无与伦比的人。这个评价是恰当的。他和他的老师柏拉图是希腊文化史乃至世界文化史上最有名的一对师徒,既以他们的渊博学问而出名,又以他们学问的截然相反而著名。亚里士多德在他所涉及的几乎所有领域都对他的老师发出了挑战,专和他老师唱对台戏。亚里士多德有一句名言:我爱我师,但我更爱真理。这便是他敢于独发己见的表白吧。如果说柏拉图是西方唯心主义的创始人,而他则是古希腊最伟大的唯物主义思想家。亚里士多德之于柏拉图,可说是长江后浪推前浪,是真正的青出于蓝而胜于蓝。亚里士多德在西方历史上的显著地位,相当于孔孟等人在中国思想史上的影响力度,他的科学理论的很多方面、他的哲学、他的美学在西方历史乃至世界历史上产生了巨大影响。

亚里士多德的父亲是国王身边的一位御医,懂得很多生物和解剖学方面的知识,这是亚里士多德后来对生物学钻研甚深的原因。他的童年比柏拉图更不幸,柏拉图早年丧父,亚里士多德早年却是既丧父又丧母,是由亲戚抚养成人的，可是他并没有荒废学业。他17岁成了柏拉图的学生，一直到柏拉图逝世才离开老师。他爱好广泛，博学多才，思考问题深入，所以深得柏拉图的夸赞，周围的人因此很忌妒他，他不得已就到了马其顿王国，做了王子亚历山大的侍读教师。亚历山大后来成为了声震亚非欧的国王，骁勇善战，足智多谋，建立了一个庞大的帝国。亚里士多德教育生涯最大的欣慰，可能就在于培养了这样一位名垂青史的大人物。当然，这位国王也给了他老师很多帮助。相传亚里士多德跟随亚历山大四处征战，常命令士兵中会打猎的、会捕鱼的等等人去为他采集标本，收集资料，这使他知识异常丰富，因而他在哲学、自然科学、辩证法、修辞学、演讲术等方面都留下了著作。可是这些作品生前并没有公之于世，死后被人埋在地窖里，一直埋了几百年，烂得一塌糊涂，使后人不胜惋惜。

亚里士多德的美学思想极为丰富，下面择其一二进行介绍。

第一，美在于秩序和完整。有秩序的东西才能给人和谐感，所以，认为美在于秩序，这实际上是古希腊很有传统的"美在和谐"的观点的继承。同时，有秩序的东西也能给人整齐感，所以，美也在于完整。美在于完整还意味着：一个东西要使人觉得它是美的，还取决于它体积的大小。只有使人能够完整把握的东西，使人能够完整地看出它的全貌的东西，我们才能判断它是不是美的。人像一只蚂蚁一样站在大山或大海的前面，您能够判断出大山或大海到底美还是不美吗？不能。人只能对落入眼帘的东西做出美不美的判断。所以他说，一个非常小的东西不能说它美，因为人的肉眼看不到；一个非常大的东西例如一个一千里长的东西，也不能说它美，因为人不能将它一览无余，看不到整体。这么说来，中国人所说的"神龙"是不美的，因为神龙见首不见尾嘛。这一说法其实是很深刻的。

第二，肯定艺术的作用。柏拉图认定艺术品不可靠、不真实，不利于统治阶级的政治统治，所以反对艺术进行摹仿。亚里士多德则认为艺术摹仿生活、反映生活又高于生活，认为艺术作品中的美比现实生活中的美更震撼人心，而现实中的丑也会在艺术作品中彻底露出狐狸尾巴。他还说，人之为人，就在于人最善于摹仿，人类的所有知识，都来自摹仿，这是一个真知灼见。正是在不断的摹仿中，人类一天天走向更文明的生活。柏拉图反对艺术描写丑恶，认为这样会败坏人的道德，弄假成真，而亚里士多德从审美的角度肯定丑在艺术中的价值，认为艺术表现丑不但无害，反而有益，有求知的作用。如果一件艺术作品对丑描写得惟妙惟肖，就可以帮助人们认识什么叫丑，从而杜绝丑、创造美。这种认识在今天仍有指导意义。如果艺术不能描写丑，其实质是对丑的纵容、包庇，其结果只能是丑恶现象肆无忌惮地蔓延，这是一种不负责任的态度，是缺乏良知的表现。比如一个人杀了人，这是丑事、坏事，却不准艺术家去揭露、去批判，只能造成坏人横行的可悲局面。丑的东西只有通过艺术作品集中地体现出来，让更多的人知晓丑的真面目，才能使人们更自觉地去惩恶扬善，美化我们的生存环境。

6. 康德：三点半

欧洲美学史有两个高峰时期：第一个是古希腊美学时期，两个杰出代表是柏拉图、亚里士多德；第二个是德国古典美学时期，两个著名人物是康德、黑格尔。康德是第二个时期美学思想的奠基人，下面就来谈谈他。

康德是个大哲学家，他的作品一向被认为难读难懂。据说他有个朋友，是专门研究哲学的，但读康德的书常常只读到一半就退回去了，说："如果再读下去，我就要发疯了。"但是后人为什么还是那么爱读他的著作？这是因为他的著作思想深刻影响巨大。康德曾经很自豪地把他的一部哲学著作比作哥白尼的"日心说"，说是和哥白尼在天文学上的发现一样影响深刻，这当然不无自我得意的成分，但他的作品的确在社会上产生了巨大的震动。德国大诗人海涅曾对康德作品所引起的震动作过这样的描写："从这本书（指《纯粹理性批判》——作者注）的出现起，德国开始了一次精神革命。这次精神革命和法国发生的物质革命（指法国资产阶级革命——作者注）有着最令人奇异的类似点，并且对于一个深刻的思想家来说，这次革命肯定和法国的物质革命同样重要。"歌德也称赞他："纵然您不读他的书，也要受他的影响。"我们可以说：近代西方的美学家，差不多每一个人都受过康德的影响。

与柏拉图一样，康德也独身一人活了八十多岁，他家乡是德国一个叫哥尼斯堡的小镇。父母都是虔诚的宗教徒，父亲还是一个马鞍匠。康德十六岁进入大学，大学里的他热爱学习，尤其喜欢钻研自然科学，例如物理、数学、地理等等，也学过哲学和神学。大学毕业之后他当了九年的家庭教师，后来进入大学教书，就再也没换过其他职业。他教过数学、物理、逻辑、形而上学、伦理学、地理、人类学、神学等，证明康德学问很大。这么大的学问怎样来的呢？这可能在于他一辈子的生活就是读书—教书—写书这么一个以"书"为圆心的"一部曲"的生活方式，把生命的全部时光和精力都献给了他苦苦思索的哲学和美学，甚至为此终身不娶，以追求学问为乐。除了教书、写书外，他很少参加其他的活动。据说在他八十多年的人生里，他只走出过小镇一次，且离他的家也只不过二十来里地。他一辈子的生活范围就是哥尼斯堡这个小镇，甚至更小，就是他的那间房子、他工作的学校和一条常常散步的幽僻的小路。在外人看来，这样的生活真是太单调了，可是，康德并不这样想，他每天的生活，过得平静丰富，很有规律，什么时候起床，什么时候就餐，什么时候写作，什么时候散步，等等，都作了严密安排。传说每天下午，小镇的人们一看到康德戴好他的礼帽，拄起他的拐杖，走在了那条小路上，不用看钟表，就知道是三点半了，几乎是天天如此，年年如此，且分秒不差，以至有时如果谁忘记了时间，就可能说："唉，去看看那个老头出来散步了没有？"

我们可以说，康德比任何哲学家都更像哲学家。海涅在一篇文章中这样描述他：

> 康德的生活史是难于描述的，因为他既没有生活，又没有历史。他住在德国东北边境一个古老城市哥尼斯堡一条僻静的小巷里，过着一种机械般有秩序的，几乎是抽象的独身生活。我相信，就连城里教堂的大时钟也不能像它的同乡伊曼努尔·康德那样无动于衷地、按部就班地完成他每日的表面工作。起床、喝咖啡、写作、讲学、吃饭、散步，一切都有规定的时间。邻居们清楚地知道，当伊曼努尔·康德穿着灰色外衣、拿着藤手杖，从家门口出来，漫步走向菩提树小林阴道的时候，就是下午三点半钟。由于这种关系，人们现在还把这条路叫做哲学家路。一年四季他每天总要在这条路上往返八次，每逢天气阴晦或乌云预示着一场暴雨的时候，他的仆人——老兰培，便扶着一把长柄雨伞作为天意的象征忧心忡忡地跟在后面侍候他。

海涅的这段描述，很形象地写出了康德一生的生活方式和生活面貌。康德是西方近代美学思想主要的代表人物，我想，这和他长期脱离社会、自我封闭于个人内心生活的小天地是不无关系的。同时，由于他长期孤立于世人之外，一门心思作哲学式的苦思冥想，所以他的作品充满思想的睿智与光辉，却缺乏具体的生活论证，以致变得抽象晦涩。可是，康德在对哲学和美学进行玄思妙想的时候，他让自己的内心走向无限充实，从而让个人的精神世界并不抽象，让单调呆板的表面生活显得那么微不足道。

说到康德的美学，它是和他的哲学相互生发的，都比较难懂，这里，只对他的美学思想作一简略的交代。康德的美学是从他的哲学的整体结构出发的。他认为人的内心有三种能力：知性（理论理性）、判断力、理性（实践理性）。于是他写了著名的"三大批判"来分别研究它们。

他先写了《纯粹理性批判》来研究人的认识能力（知性），研究人类知识产生的条件，结论是人自己而不是认识对象为我们的认识、知识确立根据，即人为自然立法；人自己先验的认识形式放之于感性经验上，我们就获得了关于此事物的知识。

然后写了《实践理性批判》来研究人的行为原则与伦理原则（实践理性），结论是人自己是道德的"主人"，即人也为道德立法。一个真正有道德的人听从的是自己内心的"道德命令"而不是外在的"道德规范"。仅仅遵守社会规范而不做坏事，当然是有道德的，但不是最高的自觉的道德，真正有道德意味着不管有没有人在您面前，您都不会做一丁点坏事，从而真正做到如毕达哥拉斯学派所告诫的：无论是别人在跟前或者自己单独的时候，都不做一点卑劣的事情。所以真正的道德是"自律"，而不是"他律"。自律的人才是自觉的人、自由的人。

最后他写了美学专著《判断力批判》，结论是人也为审美立法，人是审美的"主人"，即认为一个东西美不美的决定权在"人"的手里。他依据质、量、关系和模态四个方面，对美进行了如下界定：

第一，质。从美的性质（"质"）来说，美是一种精神的快感。他认为，一个东西令我们产生快感，然后我们就判断它是美的。但是审美的快感不是生理方面的快感。譬如欣赏一朵花产生的快感不同于肚子饿时吃了一碗饭的快感，前者是审美的快感，后者是生理的快感，前者是形式欣赏产生的快感，后者是内容消耗产生的快感。审美快感也不同科学研究中理性判断产生的快感，还不同于做好事产生的快感。所以，审美快感是一种与实际生活没有利害关系的快感，这就叫做无功利性的快感。从这方面讲，审美快感就是美，无功利、无利害的快感就是美。因此，美不美的根据主要取决于"人"。

第二,量。从范围("量")来说,一个人觉得美的东西,其他人也要觉得美,才能说这个东西是美的,用康德自己的话来说,就是,凡是无关乎理性判断而"普遍令人喜欢的东西"就是美的①。这里突出的是美的普遍性。个人感到美而别人并不认同的就不是美的。美必须有普遍的和广泛的认可度,审美不是纯粹个人主义的行为,美也不是单纯由个人决定的,而是由"大家"决定的。

第三,关系。从美与人之间的关系来说,美是无目的的合目的性。"无目的"是讲美的东西不能满足人的实际生活目的。肚子饿了还是得吃饭,看电影、读小说能解决肚子饿的问题吗?这就是说,美没有客观的功利性目的;但是,美的东西却令人特别喜爱,让人内心产生各种各样的精神享受,这就是说,美的东西又能够满足人的主观精神需要,具有主观的合目的性。所以,美是无(客观功利)目的的合(主观)目的性。这里既突出美与人的关系,即美是为人而存在的,这是美之为美的价值;又突出美在于形式而不在于实际的内容,这是明显的形式主义观点,对后世影响极大。

第四,模态。通俗地讲,所谓"模态"即发生的概率。从概率来说,美的东西不是可能会而是必然会让人产生精神的快感。什么是美?美就是必然让人产生快感的现象。这里突出的是美的必然性而不是美的或然性。我们在面对美的东西的瞬间,无须借助概念推理,凭直觉就必然使人感觉自由舒适,产生精神愉悦。在天气晴好的时候,站在云麓宫前,看着一线北去的湘江,看着湘江对岸的万家灯火,无需搜索枯肠,也无需思索推理,只要是个正常人,就必然发出美的赞叹。

康德的看法在200多年来,一直发挥着重要的影响。此外,他还深刻论述了崇高之美和艺术上的天才论,限于篇幅,这里就不跟大家详细谈了。

用一句话总结康德,可以说:他是德国专制制度下正直的老实人,是一个渊博的哲学老头和美学巨匠。

---

① 康德:《判断力批判》,邓晓芒译,人民出版社2002年版,第54页。

7. 黑格尔：美学高峰上的孤独者

我要对着遥远的黑格尔说："您是个伟大的孤独者。"他似乎笑了，在九泉之下对我点了一下头。

为什么说他是伟大的孤独者呢？

这一方面可从他的业绩看出来：不管是在哲学上还是在美学上，他都取得了他那个时期最出色的成就。恩格斯说过，近代德国哲学在黑格尔的体系中达到了顶峰。这说明黑格尔站到了德国近代哲学发展的最高峰。拿美学来讲，如果说康德是德国古典美学的奠基人，那么黑格尔则是这一时期美学思想的集大成者，是最高成就的获得者，因此我称他为美学高峰上的孤独者。恩格斯还称赞他不仅是个富于创造性的天才，而且是一个学识渊博的人物，所以他在每一个领域都起了划时代的作用。我们完全可以说：黑格尔是他那个时代学术思想方面当之无愧的第一人，这怎么不可以说他是个伟大的孤独者呢？不知黑格尔老先生会不会觉得"高处不胜寒"？

另一方面也可以从他生平看出来。黑格尔生于德国一个美丽的城市——斯图加特，与德国伟大诗人席勒、哲学家谢林是同乡，他从小热爱学习，虽说成绩出色，但父母望子成龙心切，仍给他请了家庭教师。他18岁到一个只有两三百学生的神学院读书。学校管得很严，一个个身穿黑衣，城里人管学生叫"黑鬼"。黑格尔烦透了神学院死板枯燥的生活，也不想当牧师，就离群索居，沉浸在除神学书以外的书海中。您看，日后这个伟大的孤独者此时已露出异于旁人的痕迹了。同学们管少年深沉的黑格尔是"小老头儿"，还偷偷地给他画了一幅漫画：黑格尔驼着背，拄着两根拐棍，旁边还写了一行字："愿上帝保佑这位老头儿。"23岁时，黑格尔从神学院毕业，四五年的神学院生活，他得到了这样一句评语："看来不是一位优秀的传教士。"当然不是一个优秀的传教士，因他早就心有他图了，所以，他边当家庭教师边猎取书籍埋头苦读，积下了深厚的文艺功底，因而后来写哲学和美学著作不像康德那般抽象深奥，而是充满形象的波涛、动人的微笑。他讨厌抽象的说教，说迂腐的哲学家是可恨的，毫无美感可言。他还说一个人如果没有美感，那么做什么都会无精打采，用中国俗话说，那就是"霜打的茄子——蔫了"，甚至谈论历史也无法谈得有声有色。黑格尔欣赏有思考能力的人，认为一个人丧失了思考能力就等于死。

黑格尔一辈子主要所干的事，像康德一样，也是读书—教书—写书，当然他不像康德那样封闭，而是到过很多地方，也做过其他一些事。教书对黑格尔来说尽是伤心的记忆，可能他就是我们中国人所讲的那种人："茶壶里煮饺子，肚里有货，嘴里却倒不出。"他初登讲坛的那个学期只有11个学生听他上课，后来也很少超过30人，所以学校里很多人不理他，校长也跟他过不去。他干脆出走，去当报纸编辑，空余时间就努力写书，终于在晚年名气如日中天，被国王直接任命为一所大学的校长。

可见黑格尔的一生是孤独的一生，但最终，他是个伟大的孤独者，在世人的白眼里，在长期的孤独中，他把铁杵磨成了针。

谈到黑格尔的美学思想，那可是极为丰富、自成体系的。它是以一个美学定义为核心建立起来的。这个定义是："美是理念的感性显现。"其内容包括以下几个方面：

第一，美是理念。这种认识和柏拉图一样，当然他对理念的解释与柏拉图有不同的地方。柏拉图所讲的理念是永恒不变的，不运动的，而黑格尔所说的理念是运动变化发展的，符合黑格尔所讲的辩证法。另外，黑格尔认为不反映理念精神的运动变化是不美的，反之则是美的。他举例说懒虫爬起来艰难，整个生活习惯显得没有剧烈运动和活动的能力，这种懒散，叫人讨厌，所以懒虫不美。由于他认为美在理念，所以他主张艺术创作要从理想出发，而不是从生活出发，因而反对艺术摹仿生活，认为摹仿是欺骗。他说古希腊有一个画家画葡萄画得像极了，骗得鸽子也来啄食它，这样的画是应该受到谴责的。这种观点有局限性。

第二，美是内容与形式的统一。黑格尔认为"美是理念"[①]，意味着美是真，因为理念作为绝对精神，是最高的真理。但是真并不等同于美，"真与美却是有分别的"，就是说，理念是美的源泉、依据，但单有理念，还无法让"美"拥有充分条件，真、理念要具有形式才美。这就是他极其有名的关于美的完整定义："美就是理念的感性显现。"理念作为内容，感性显现作为形式，真的内容以形式表现出来就美。这是他哲学观点的推演。美的必要条件是理念，而美的充分条件却是理念加上感性显现，即美在于内容与形式的统一。

第三，美是艺术。黑格尔将美与艺术等同，看出艺术是高度的美，这

---

① 黑格尔：《美学》第1卷，朱光潜译，商务印书馆1979年第2版，第142页。

有合理性，但由此出发，他虽然认为存在自然美，但又轻视、忽略它的存在，认为对于艺术美之外的审美现象，不值得花很多精力去研究它。他为什么会有这样奇怪的想法呢？最主要的原因在于黑格尔重视精神，重视精神性因素的存在，他觉得精神的存在才是可宝贵的，而艺术正是精神的产物，也是精神的形式，而自然美却没有什么精神性因素。

他的美学思想还有很多，这里就不一一注明了，只期望本文是一个开端，引发大家去攀登黑格尔美学思想这座"宝山"的兴趣。

（三）维纳斯，掀起您的盖头来——美的本质与特征

维纳斯是美神，出自罗马神话，在希腊神话中，她叫阿佛洛狄特。说起维纳斯，话可长啦，且听我慢慢道来。

希腊是一个很古老的国家，位于地中海的东北部。它在欧洲文化史上的地位，相当于咱们中国的黄河流域。我们知道，黄河流域是中国文化的发祥地，而希腊则可算是欧洲文化的发源地，在那里，曾诞生了辉煌灿烂的欧洲古代文化，神话就是其中非常有魅力的一个部分。

希腊神话对天和地的形成有一个美妙的想象：宇宙间最初是一片混沌，然后从一团混沌中出现了大地，地母叫该亚。大地下面生出黑暗，大地上面生出黑夜。黑暗和黑夜结合，就产生了光明和白天，地母该亚又生出天空。主管天空的神叫乌拉诺斯，这是第一代天神。天神与地母结合，生出了六男六女十二个神，这十二个神之间彼此结合，就产生了太阳、月亮、星星等等。后来，第一代天神被他儿子（十二神之一）推翻了，他儿子就当上了第二代天神，这个天神害怕子女又把他推下宝座，就把自己的子女吞进肚里，最小的儿子宙斯出生时，被母亲保护起来，因而免遭被父亲吞进肚内的厄运。宙斯长大后，设下圈套让他父亲把吞下的子女都吐出来，然后团结兄弟姐妹们推翻了第二代天神，因此宙斯就成了第三代天神，当上了众神之王（相当于中国神话中的玉皇大帝）。

以宙斯为家长的这个神的大家族有十二位主神。宙斯既是众神之王，又是雷电之神。波塞冬是海洋之神，哈得斯是西方的阎王爷，阿波罗是太阳神，雅典娜是智慧女神，当然也有美神维纳斯。维纳斯无疑是这个家族中最受欢迎的神，因为她是美神嘛。您看，米洛岛上的那个断臂维纳斯不是已走遍全世界了吗？

有关维纳斯的故事多着呢,这里就给大家说一个吧。希腊历史上有一场著名的战争,发生在希腊和特洛伊城之间。这场战争据说和维纳斯大有关联。原因是这样的:当时有一个人结婚,请了很多神参加,唯独忘了请不和女神,她气不过,就想报复一下,所以,举行婚礼那天,她在酒席上丢了一个苹果,上面写着"献给最美的女神"。这下可热闹啦,宙斯的妻子赫拉、雅典娜、维纳斯三个女神都争着要金苹果,"爱美之心,人皆有之"嘛。她们争来争去,也争不出个结果,就去请美男子特洛伊城的王子帕里斯作裁判。宙斯的妻子许诺说:"您把苹果判给我,我就让您成为天下最有权利的人。"雅典娜则答应他成为天下最聪明的人,可惜王子皆不为所动,而维纳斯则答应他可以娶到天下最美的女子,他就把苹果给了维纳斯,所以维纳斯就帮他拐走了美女海伦。海伦是希腊一个小国的王后。王后被拐走,这还得了,所以希腊就联合起来攻打特洛伊城,这一打就打了十年。您看,维纳斯不简单吧。

　　更不简单的还在后头,您看,维纳斯这个美神虽然很早很早就在传说里出现了,但是她却捂着面纱,披着盖头,很不愿意让凡人看见美的真面目,这惹起了人们无限的求知欲。美虽然到处都是,然而美的本质是什么?那么多美的东西,肯定有美的共同点,这个共同点又在哪里?世人可是猜了很久,但正如歌中所唱:"猜来猜去也猜不明白",以致把美的本质问题称为"司芬克斯之谜"、"哥德巴赫猜想"。司芬克斯是一个狮身人面的怪物,它站在渡口边,要过往的行人猜一个无人能猜的谜语,谁如果猜不出,就成了它的口中美味。后来人们就把千古难题称为"司芬克斯之谜"。"哥德巴赫猜想"是数学领域的一个难题,号称数学王国的皇冠,我国著名数学家陈景润积一辈子功力,离摘取皇冠上的那颗明珠也还有一步之遥,可这已是数学领域最了不起的成绩啦。人们把"美到底是什么"称为"司芬克斯之谜"、"哥德巴赫猜想",可见美的本质是复杂的,需要人们努力去把握。

　　1. 大脚西施是怎么美起来的——美的本质

　　可是,美的本质问题再怎么复杂,人们也还是愿意纷纷地去接近、探讨它,前面介绍的那些历史上著名的老头就是如此,也因此让后人对这个问题看得越来越清楚。那么,美到底是什么呢?这个问题可能不能用一句话就说清楚,而应该从多个角度来解释。我们觉得,美的本质或美的定义主要可从以下几个方面来说明：

第一，"美"是"审美"。这是从动态的方面来把握"美"。"审"是个会意字，意思是用心地细察详问；"审美"发生在人与对象之间，是指人用心地沉浸在对象当中，人与对象互相融合的状态；这种融合的状态就是美。没有具体的"审"的过程，没有这个过程中的"融合"，人就没有愉悦的感受，对象也没有美的蕴涵。在融合的状态下，我们才发现自然界中有"美"的存在，这种美我们把它叫做自然美；也是在融合的状态下，我们创造出各种社会美，而将融合的状态用文字或其他符号体现出来，于是又有了所谓的各种艺术美。

从传统的角度来讲，我们要说一个东西是美的，我们首先也必须走近它，并且与它"融合"在一起。比如，一本书写得再好，但如果没有人去打开它、阅读它，或者只是把它摆在书架上装点门面，那么这本书与一个杯子、一个书包一样，也只是等于一个"物"。这本书可说是"明珠暗投"了，即使它有"美"，在这种情况下，也等于是没有。所以，美就是审美。但是，人的审美的层次又是多样的，所以，美也是多样的、相对的。

总而言之，美都是人走进对象，人和对象互相交融、紧密"合作"的结果。单有西施或黄山，而从无走进、欣赏西施或黄山之人，西施不过是个"人"而已，而不是一个美人，黄山不过是座"山"而已，而不是"名山"。西施之美，源于夫差和她"亲近"过，勾践和她"亲近"过，范蠡也和她"亲近"过，而另外的人透过历史和传说，在想象中与西施"亲近"，于是，我们忘记了西施的大脚和心脏病，甚至把她的心脏病也一并美化了，真所谓"爱屋及乌"，一人得道，"病痛"升天。西施的美是文化的结果，是想象的结果，是人与西施主动配合的结果，是人与西施亲密交往的结果。西施的美，既美在自身，又美在他人，美在社会、历史和文化，终归一句话，西施的美源自西施这个"对象"与人这个"主体"之间的亲密合作。黄山也一样。我们姑且按照传统的观点，认为黄山是美的，那么，它也有赖于游人的"光临"；没有游人的光临，它即使有"美"，也只是潜在的，而不是现实的。只有当人"走进"黄山，黄山才可能真正是"美"的黄山，否则黄山和一个小山包毫无二致。越来越多的人走进它、亲近它，又使它变成了美的化身、美的符号，于是，黄山在人们的心目中就越来越美了。

我们这里强调的是美的现实性、动态性，简言之，美是一种人类的特殊存在状态。只有在人和他者打交道的具体过程中，美的意义才能呈现出来，人的本质力量才能被"唤醒"，世界的意义才能得到"敞亮"。世界离开人，其意义是晦暗的；人离开世界，其存在是"无根"的。唯有通过两者的交往和融合，它们各自的力量才会被启动，各自存在的境界才能被提高，各自的有限性才能被超越。山之美是要人去"看"的，水之美是呼唤人去"游"的，文字之美、线条之美、形体之美、音响之美也是等着人去"打开"、去"赏玩"、去"击节称叹"的。北宋李觏（1009—1059）《遣兴》："境入东南处处清，不因词客不传名。屈平岂要江山助，却是江山遇屈平。"这就是说："美不自美，因人而彰"。"美"，或者说"审美"，是一个开发人的灵性也开发物的灵性的循环过程。

第二，美是一种"爱"。有"爱"才有"美"，"美"又催生我们更多的"爱"。在具体的审美过程中，"爱"有多种表现形式：喜爱、关爱、珍爱、同情、悲悯、呵护、理解、感动等。爱，让人们在没有出路的地方有了出路，在没有可能的时候有了可能，在没有生机的当口有了生机。因为有"爱"，人们才有发现，才有惊奇，事物也才有活力和魅力，而这些，对心中无爱的人来说，是不存在的。一个事物，只有在喜爱它的人面前，它才是美的，或者说，它才是"现实地"美着的。对于不觉得它美的人来说，它不过是块石头或是一些纸罢了。某部电影的台词说：对于世界来说，您可能只是一个人；而对于某个人来说，您却成了整个世界①。这就是"爱"的力量。无"爱"，一切不过是死寂的存在。世界的"可爱"，首先在于人要去爱他；人去爱它，它也就自有可爱之处。"爱"是同情与投入的过程，同情催生更深入的"爱"、更广泛的"爱"。于是，"爱"变成一种可爱的"传染病"。"爱"使得世界的存在是有价值的，使得人的存在是充实的。从此，世界不再晦暗，人生不再空虚。罗马尼亚一个叫阿列柯山德鲁的人，写过一首诗，叫做《爱》：

爱，就是——
人世间最纯洁的和解。

---

① 英语原文是：To the world you may be one person, but to one person you may be all the world.

> 关心它的人，请后退一步，
> 给神圣的玫瑰让出一条路。
>
> 爱，就是——
> 百合花盛开的芳香，
> 别让香魂消沉泥土，
> 请把它带到您要去的地方。

可见，唯有"爱"，才有"亲近"，才有"感动"，才有全身心地"投入"，从而才有"美"，东西因此也才不会仅仅是个"东西"。所以，"美"就是"爱"。

第三，美是人的各种能力得以生动体现的产物，美是体现人的本质的生动形式。哲学上可以把它叫做"人的本质力量的生动地对象化"。社会上的各种美，包括行为美、语言美、文学美、绘画美等等，都是人的智慧、汗水的结晶。所谓人的本质力量，就是人之为人的各种素质，通俗地说，主要就是指人的智慧和能力。

美的东西都是人的能力、智慧、情感、精神、技巧等的体现。这意味着，美是对人的肯定，是对人的本质的肯定。一切客观存在的美，都以其特殊的形式和内容对人作出了肯定。美的特殊性体现在要么形式新颖、生动、独特，要么内容真挚、深刻、丰厚，要么二者兼具。而这些都是人们努力的结果。

这里需要注意两个问题：一方面，并非人的一切本质的体现都是美的。人的本质有自然的、生理的、动物的方面，如人有一副"臭皮囊"——肉体，人还必须要吃饭、保暖等，但人之为人，更在于人有社会性的精神素质和精神需要，有心灵、意识、情感，从而使人的本质具有自觉性、目的性、创造性等特点，使人能够突破自然的束缚，向着精神的自由王国迈进。可见，人的本质是多元的有层次的，它们构成有机的生命整体。一般而言，美只能是人的正面的积极的本质的体现，而有些本质的体现并不美，譬如人饥饿了就要吃饭，但狼吞虎咽的样子就谈不上美。另一方面，体现人的本质的形式应该生动、鲜明才是美的。比如写文章，无论您写得怎么样，都体现了一个人的本质；而人的本质呈现的方式是不一样的，因此有的人写的文章只是口水话、流水账，这也就谈不上美了。

关于美的本质的认识，人们还发表了许多观点，这里就不一一介绍了。下面，我们主要谈谈美的特征。

2. 岳麓山上好风光——美的形象性

一个从来没有到过岳麓山的人，虽然会道听途说它的美，但这种认识毕竟浅显有限。俗话说，百闻不如一见。如果您在岳麓山上驻足停留过，那么您对它的认识就会具体形象得多。禹王碑现在已落满了岁月的沧桑，但仍会令人想见非常久远的那个好帝王，他匆匆的身影奔波辗转，为了治水，三过家门而不入，游人停步于碑前，自有一番心的潮动，美的遐想；蟒蛇洞里如今当然是没有蟒蛇了，但游人仍会想起这样的情景：古岳麓山林深叶茂，雾气氤氲，上有百鸟争鸣，下有兔走狐奔；古木掩映下的云麓宫，是中国著名的道教圣地，现在它还在山顶安详地望着人间万象，难怪有诗赞道："直登云麓三千丈，来看长沙百万家。"有着一千七百多年历史的麓山寺，门前古树林立，门内香烟缭绕，具有一番静谧之美；更有那爱晚亭，自杜牧一唱"停车坐爱枫林晚，霜叶红于二月花"，据说它就成为观赏满山秋枫的最佳所在了……看，身临其境，美就会使人应接不暇，心潮起伏，它是形象的，令人惬意的。

是的，任何美的事物都是形象可感的，而非抽象空洞。那么，美的事物怎么个形象法，也就是说，美的形象性体现在什么方面？

第一，美的形象性是指美具有直观性。

什么叫直观性？就是指客观事物映入视觉的程度，或者指人的视觉的可感性。且看皎洁的月亮、闪烁的星星、澎湃的大海、奔腾的江河，这些东西具有相对稳定性和持久性，人的眼睛可长久停留，因而直观性是很强的，可使人大饱眼福，因而成为人们讴歌的对象。在历代文人笔下，具有直观性的自然风光经常得到生动体现。"飞流直下三千尺，疑是银河落九天。"这是李白笔下瀑布的那种壮阔之美。"天上一轮才捧出，人间万姓仰头看。"这说明月亮具有美的直观性，使得人们翘首凝望，并寄托相思之情。

第二，美的形象性还指美具有具体性。

具体性是指事物的生动性、可感性。美是可以捉摸的，是形象生动的，使人看了顿时神清气爽。拿文艺作品来说，美的具体性是指作品中的人物、风景、事物描写得形象逼真，使人如闻其声，如见其人，如历其境。在屠格涅夫的文章里，我们可以看到美丽神秘的俄罗斯大草原；在海明威的笔下，我们可以看到波澜滔天的大海；在鲁迅的散文中，我们可以看到美丽宁静的江南小镇，一派迷人的水乡风光。

第三，美的形象性还指美具有鲜明性。

鲜明性是指事物表现出来的新鲜感和"色彩"的明显性。仍以文艺作品为例。在文艺作品中，它要求客观事物以自己所应有的形式明确地突现出来、活跃起来，从而构成一幅幅鲜明而确定的图画。绘画时，画家应抓住事物或人物最生动的一刹那，把握表现对象最鲜明的特征，才能使绘画作品具有震撼力、表现力，如法国人凡·高画《向日葵》，画的是向日葵迎日怒放的时刻，表现了向日葵旺盛的生命力；达·芬奇的《蒙娜丽莎》也是抓住一个女人面部表情最鲜明突出的眼睛来表现，所以这幅作品迷住了无数人，人们因此把蒙娜丽莎的笑称为是"最迷人的笑"。

3. 着装的学问——美的和谐性

着装的学问大着呢。鲁迅先生曾经对一个女作家说："方格子的衣裳胖人不能穿，但比横格子的还好；横格子的，胖人穿上，就把胖子更往两边裂着，更横了。胖子要穿竖条子的，竖的把人显得长，横的把人显得宽。"这段话说明人们对服装的选择应与人的体型相联系，把它放在美学上考虑，我认为说出了"美在和谐"的道理。胖子穿了横条的衣服与瘦子穿了竖条的衣服，都与身材不和谐，所以穿起来不美。

鲁迅先生就北方人与南方人的性格也说过一句话："北人爽直，而失之粗；南人文雅，而失之伪。"当然，鲁迅先生当时说这句话时是有所指的，并非说所有的"北人"或"南人"都如此，现在的北方人或南方人都不应生鲁迅的气。但这句话说明了一个道理：做人应表里和谐一致。北方人生得高大，爽直的性格与之应是和谐的，所以北方人好交往，但失之于"粗"，就不和谐了；南方人生得相对矮小些，文雅可说是与这种体型相和谐的表现，文弱书生，怕多是南方人吧（这是一句玩笑话），但失之"伪"就不和谐了。总而言之，做人要让人有好感，就该言行一致，表里如一，懂得和谐为美的道理。

那么，什么是和谐呢？和谐就是事物各因素各部分之间的协调一致。不过，这种协调一致是有条件的。比如说吧，红色在有些场合中是和谐的，有些场合又不和谐。西班牙的斗牛士，在斗牛场里，常手舞一面红帕子，为的是激怒牛，让牛兴奋起来，说明红色能让动物躁动，红色在激烈的斗牛场是和谐的。人对红色也感到激动。在万众欢腾的日子里，在声势浩大的游行队伍中，人们就会贴上红标语，打着红旗子，让红色映照人们热烈激越的神情。在这种场合，红色是美，是和谐的。但是，如果在医院里，让这种令人躁动的红色充满病房或其他地方，那么，我想每个病人都会心绪不宁，说明红色在医院里对病人的病情是不利的，与医院这种环境是不和谐的，所以换以蓝、白两色，因为蓝白两色能使病人感到安宁。病房里的墙壁，一般在下部涂以蓝色，是为了给人以宁静之感，有利于病人康复。医院里常见的白色，一是从卫生方面考虑，二是有利于调节病人情绪。以上说明蓝白这样的色调才是和医院相协调的，也说明和谐之美的产生是有条件的。

再举个例子：身材苗条的女孩子，穿着旗袍或连衣裙，缓步而行，有一种袅袅婷婷的和谐美，特别是在夏日的黄昏或在小桥流水旁边低吟沉思，或徘徊踯躅于绿荫花影下，更有一种说不出的韵味；倘若是到了运动场里跑步或投掷，再是这种装束，那就会不伦不类、大出洋相了。

上述种种例子说明，不同的事物之所以和谐或不和谐，是和特定环境相联系的，随着特定环境的变化而变化。

那么，产生和谐的原因是什么呢？

我们认为，任何事物都有不同的地方，又有相同的地方，不同的地方可以统一到相同的一面上，求同存异，就产生了和谐，用一句术语来说就是"对立的统一"。比如一个班上，同学们之间个性不同，但只要互相体谅、互相理解，就能达到和谐的友好相处的局面。西方哲人讲："世上没有两片完全相同的树叶。"同时，任何不同的事物又都存在相同的一面，美的和谐性，就是从不同之中的相同之处体现出来。拿我们生存的地球来说，正是因为有了巍峨的高山、广阔的平原、起伏的丘陵，才组成了一个统一的能生长万事万物的地表；也正是因为有了鲜艳的花、青翠的树才出现了一个五彩斑斓的大自然。拿人类社会来说，正是因为有了三教九流、各色人等，才构成这个协调的社会。人们的工作各有不同，才能满足各个层次的需要，共同创造一个越来越文明、生活水平越来越高的社会。

4. 别让您的嘴巴太大——美与真

"只有真才美，只有真才可爱"，这句名言深刻揭示了美与真的关系，说明美的东西首先应该是真的。可是有很多人不懂得这个道理，他们故意把嘴巴涂得发亮，有如血染，以为这就是美，其实破坏了人的自然朴素之美，打破了脸上五官和肤色的和谐，使嘴显得太大，从而让人只看见一只大嘴巴，还怎么美得起来？当然我们不是反对适度的涂脂抹粉、修眉描影。

古时候的"东施"也不晓得这个道理，以致成了丑女的代名词，甚至因她而出现了"东施效颦"的成语。其实，东施未必就没有一点美的地方。她被人讥讽嘲笑为丑，最根本的原因就在于她"效颦"，学西施皱眉头，由真走向不真，由追求美而表现为丑。她明明没有西施的气质，却偏偏要忸怩作态去学西施的样子，反而把自己固有的特色丧失殆尽。清人李渔对东施的行为发表过一番意见，我们把它翻译成现代语言，就是："东施之貌，未必丑于西施，只因为学着西施皱眉头，所以蒙上千古讥嘲；如果她当初便知有今日，那么就是别人劝她去像西施一样皱眉，她也会不屑一顾了。"

而唐代的"虢国夫人"就比东施聪明得多。她是杨贵妃的姐姐，据说也是个美人，但她朝见皇上时，常不扑粉不化妆。《杨贵妃外传》中写道："虢国不施朱粉，自有美艳，常素面朝天。"这指出虢国夫人的审美观是崇尚自然朴素的美，追求"清水出芙蓉，天然去雕饰"的效果。她不爱化妆一事，唐人张祜的绝句也给出了证明："虢国夫人承主恩，平明骑马入宫门。却嫌脂粉污颜色，淡扫蛾眉朝至尊。"虢国夫人不事修饰打扮的故事告诉我们：美，贵在天然，贵在真，美以真为前提。

我国著名作家老舍说："真正美丽的人是不施脂粉，不乱穿衣服的。"这个意思古人也讲过，如苏格拉底，他讲了一个故事，反映了他认为美是以真为条件的。故事是这样的：一个人有一天看到他妻子擦粉涂脂大为不快，对妻子说："您要知道，我可不愿看到白粉和胭脂，而宁愿看到您真正的肤色，正像神要马爱马、牛爱牛、羊爱羊一样，人类也认为不加伪装的人是最可爱的。像这种无聊的装饰，或许可欺骗外人，但生活在一起的人如果打算互相欺骗，那一定会现出真相的。"这段话虽然偏激，但承认美是建立在真实的基础上的，人的美，不需伪饰和过分做作，这使我们又想起了十七世纪法国拉封丹一首叫《乌利斯的旋律》的寓言诗：

> 乌利斯跑到熊那里说:"不幸的弟兄!
> 您从前的美到哪里去啦,
> 您的模样怎么那样吓人!"
> 熊嗥叫着回答乌利斯:
> "嘿!就为这么一件事吗?!
> 相貌和我有什么关系?熊就是熊相,
> 就要这么个傻样,
> 为的是证明,比美更重要的,
> 是有一个恰如其分的面貌,而不是别的。"

这只熊真是一位美学家了,它并不以自己的相貌自卑,而理直气壮地宣称:"熊就是熊相!"因为他认为"恰如其分的面貌"最重要,它不想像"狼外婆"那样,把自己伪装成"熊妈妈"。

正因为真是美的前提,才有那么多人追求真,进而显出一种美来,法国作家罗曼·罗兰就是如此。他说:"真诚是跟聪明与美貌一样少有的天赋。"他认为真诚是文明人基本的素质;唯有真诚的人,才能具有高尚的品行和高贵的灵魂,才能称得上美。他在《约翰·克利斯朵夫》这部伟大小说中,就塑造了一个追求真的人物——约翰·克利斯朵夫。真诚是克利斯朵夫最主要的性格特征,他憎恨虚伪,最不能原谅的缺点是不真诚,最不安的是自己替荒谬虚伪的剧本配音乐,最气恼的是谎话,最大的愿望是为"真"写作,最无保留的是流露自己的真性情,最不满意的是不近人情的恭维。

最后说一句:美的必然是真的,但真不等于美。因为真是事物表现出来的一种规律性,而美不是规律本身,而是运用规律改造世界的人的能动性的实践活动的实现;美具有形象性、诱惑性等特点,而真不具备这些特征。

5. 老鼠过街,人人喊打——美与善

大千世界,无奇不有。我这里就要说一"奇","奇"在何处呢?世上竟有人把老鼠当贵宾一样招待。这个故事是唐人柳宗元说的,我就转述如下。

话说古时有一个人,清规戒律很多,他出生那一年正是鼠年,就把老

鼠看得可贵气啦，说老鼠是"子神"，即子夜时分的神。他生怕怠慢了老鼠，家里从不养小猫小狗。万一猫狗把老鼠叼了那可怎么得了？！也不准仆人捉鼠，于是老鼠家族就得意了，一传十，十传百，老鼠们就浩浩荡荡地开进了这里，把他家当成了大本营。光天化日之下，鼠辈们也不抱头鼠窜，还滴溜溜瞪着一双鼠眼对望着人眼；夜深人静时，鼠辈们更不安静，打架啦，吵闹啦，还吱吱吱地乱叫，凄厉得很，扰人清梦。所有的家具都在老鼠们的嘴巴里变得千疮百孔，所有的衣服也在箱子里碎片纷纷，可是主人不生气，甚至连家人的一日三餐都是吃老鼠嘴巴里的残菜剩羹。

几年过去了，属鼠的主人搬了家，鼠辈一点也不知末日来临，以为新主人还会对它们青睐有加，依旧鼠气冲天，可是老鼠怎么样还是老鼠，人人都欲赶尽杀绝而后快，除了那个糊涂主人。于是新主人找来了几只老猫，还请人钉上门板，堵住鼠洞，又是火烧，又是水灌，不到一天，鼠辈们就全都呜呼哀哉了。

故事就这样结束了，我们书归正传。

这个故事提出了一个美学问题：美的东西是因为它具有生活的肯定性，而丑的东西不具有这种特点，所以要被人消灭。什么是生活的肯定性？就是指美的事物或美的行为在现实生活中所显示出来的积极的正面的有益的属性。这种肯定性具体表现为对人类有益无害的品质。正因为对人有益而无害，美的东西和行为才能博得人的欢心，被看作是美的，人才能产生美感、愉悦感。而老鼠不是这样，所以要问老鼠美不美，大家会异口同声说："不美！"老鼠这东西，整天躲在暗无天日的角落不敢见人，昼伏夜动，扰人睡眠，啮人衣物，吃人食粮，传播疾病，危害人类，使人讨厌，使人痛恨，所以凡是带鼠的字眼，大多不动听："老鼠过街，人人喊打"，"老鼠爬秤钩——自称自"。另如鼠窃狗偷、鼠目寸光、獐头鼠目等等，都看出人们对鼠的蔑视。

美的肯定性，在社会和自然中，其表现程度是不一样的，形态也千差万别。总的说来，只要是有益的或无害的，事物就具有肯定的特质，就拥有了成为美的一个条件。当然，这不是说凡是具有肯定性的事物就是美的，而只能说，凡是美的事物必具有生活的肯定性。一个事物有了生活的肯定性，还得具有美的其他一些特点，我们才能说这个事物是美的，生活的肯定性，是美之为美的一个条件。

自然美是具有生活肯定性的。人们都爱登山临水，这也因为在美丽的山水面前，人们可以开阔眼界、陶冶性情、驱除疲劳、松弛神经，这就是自然美肯定性的表现。杜甫登临泰山，因而发出了"会当凌绝顶，一览众山小"的豪情；李白面对黄河，因而唱出了"天生我材必有用，千年散尽还复来"的浩歌，这些不是自然美肯定性的表现又是什么？

社会美也具有肯定性。且让我们来看看这些英雄人物：屈原关心国家大事，关心民生疾苦，即使被赶出朝廷，还是初衷不改，虽然最后自沉于汨罗江，以身殉国，但"路漫漫其修远兮，吾将上下而求索"的进取精神永远激励着后人；文天祥英勇抗敌，最后抱着幼小的皇帝跳入大海，他这种"人生自古谁无死，留取丹心照汗青"的大无畏的精神同样令人钦敬；陈胜、吴广起于草野，但坚信"王侯将相，宁有种乎？"他们这种抗争态度推动了历史的发展。中国历史上是不乏这种具有肯定性的人物的，他们身上永远闪耀着迷人的光彩。

说美的东西具有肯定性，也就是说美的一面就是善。我们认为，善是一种对人类社会的肯定性、有用性或有益性，但美不完全等于善，只能说美与善有着直接的联系，不善的东西，对人类没有用处的东西是不能称作美的。人们游览山水，就是因为山水可以散心怡情，如果山水使人厌恶，谁还会去观赏它们？

文学家和艺术家正是在"善"的驱使下留下了感人至深的文艺作品。宋英宗时期，有个叫郑侠的画家，关心民间疾苦，敢于为民请命。有一年久旱不雨，赤地千里，农民啼饥号寒，流离失所。郑侠目睹惨状，忧心如焚，决计以画当疏（疏是臣子写给皇帝的意见书），上书朝廷。他把自己所见的种种悲惨场面，凝缩成一幅高度写实的画——《流民图》，宋朝皇帝看到这幅比文字更直观、形象的图画后，连连叹息，一夜没有睡好觉，然后马上采取措施缓解灾情。翻开灿烂辉煌的中国文学史，这样具有人类良知的文学艺术家还少吗？杜甫在安史之乱中，颠沛流离到了成都，靠亲友接济才建起了几间草屋。每当吹大风下大雨时，便遇屋漏又逢连夜雨之苦。但他想到的不是自己，而是"安得广厦千万间，大庇天下寒士俱欢颜"，挂念着清贫的知识分子有没有房子住，挂念着天下百姓生活得好不好，"穷年忧黎元，叹息肠内热"，为天下黎民愁肠百转。正是秉承着为民呼吁的创作精神，才成就了他"诗圣"的美名，与李白一起站到了唐代文学的最高峰上，一起成为唐代诗歌领域的"双子星座"，名彪史册，令人千载追慕。德国哲学家尼采说过，一切书籍中他最爱读的是用血写的那一类，只因这血流自作家火热的心肠、博大的爱心、深广的良知。的确，那些慷慨悲歌的爱国诗歌，是诗人们用自己的热血写成的血性文章，是生命琴弦上发出的最强音，如岳飞的《满江红》词，陆游的《示儿》诗等等，都出自他们最真最善的心灵，这如一根红线贯穿在中华民族的历史中。正是由于追求"善"，"美"的诗篇才千古流传。

但是美与善毕竟又是不同的，我们可以说，美的必然是善的，而善的不一定是美的，比如一床破絮的棉被，它是有用的，具有保暖的善的一面，但似乎谈不上有多美。

6．丑陋的敲钟人及其他——美与丑

大千世界，对立的现象处处可见：有英勇刚烈的忠臣，也有奸邪歹毒的小人；有蓬门蔽户、衣不遮体的穷汉，也有竞豪逐奢、日掷千金的"富爷"；有悲壮深沉、令人扼腕长叹的悲剧，也有幽默诙谐，使人会心一笑的喜剧……当然，有流光溢彩、让人赏心悦目的美的存在，也有芜秽粗陋、使人退避三舍的丑的并存。丑和美相对立而存在。如果说美的事物具有合目的性、合规律性，与真、善密切相关，丑则不合目的不合规律，与假、丑紧紧相伴。这么看来，枯草横陈、腥气冲鼻的池塘，未老先衰、仪表不端的人体，行为不正、举止粗俗的恶少等等，都是丑的。

美与丑容易混杂，这就需要我们睁大眼睛。有些东西表面上看起来美，实际上却是丑的，有些东西表面上看起来丑，实际上却又是美的。动物中的猫头鹰常被人冤枉为讨厌的东西，因为猫头鹰的叫声让人感到恐怖，给人带来凄厉、不吉祥的感觉，有些迷信的人一听到它的叫声，就认为有灾祸临头，这是完全没有根据的。诚然，猫头鹰的外形是丑的，它那灰褐色的羽毛和夜半难听的声音不令人喜欢，但它其实是一种益鸟，是人类的朋友，我们不能因为其外表而忽视其内在的美。该为猫头鹰平反昭雪了！

雨果的《巴黎圣母院》中有一个敲钟人叫加西莫多，长得奇丑，他的全身差不多就是一个滑稽相，一个巨大的头顶上长满红色的头发，两个肩膀之间隆起一个驼背，这使他深感自卑，与世隔绝，受尽人们的嘲笑与辱骂，后来人们就把加西莫多作为"丑男子"的代名词，但是人们的这种评价是不公正的,加西莫多也不必要自卑,因为他有一颗极美极善良的心。他的养父是一个道貌岸然、人面兽心的人,想占有一个纯洁美丽的吉卜赛姑娘,而他义无反顾地站起来反对他的养父,成了姑娘的守护神。当姑娘最终以莫须有的罪名被推上绞刑架的时候,加西莫多愤怒地把陷害姑娘的凶手即他的养父从钟楼上推了下去。所以我们说,加西莫多的灵魂是高尚的,尽管他的外貌那么吓人,他是那种表面似丑实质极美的人。

正因为美丑容易混杂,所以生活中也有以丑为美的人,他们像古时候的赵高一样指鹿为马,媸妍不分,最终只能传为笑柄。南朝有个叫刘邕的人不正如此吗?他有个奇怪的爱好,就是特别喜欢吃疮痂,自认为味美如鳆鱼。有一次,他去拜访他的朋友。他朋友正生疮躺在床上,脓血和烂皮肉结成一块块黑色的疮痂。刘邕坐在床边,顾不得谈话,双眼发直,双手忙个不停只顾拾取四处散落的疮痂,一片一片丢进嘴里。他吃完了之后,竟伸手去剥他朋友身上的疮痂吃,以至于他朋友血流满身。看,刘邕这人真令人恶心,把流脓带血的秽物当成可口的美味。这故事或许有点夸张,但生活中以丑为美的人是确实存在的。山西作家赵树理写了一本小说叫《小二黑结婚》,小说里有一个人物叫三仙姑,她就不太清楚什么叫美,什么叫丑。且看赵树理的描写:"已经四十五岁,却偏爱当个'老来俏',小鞋上仍要绣花,裤腿上仍要镶边,顶门上的头发脱光了,用黑手帕盖起来,只可惜香粉涂不平脸上的皱纹,看起来好像驴粪蛋上下了霜。"这一段文字,惟妙惟肖地写出了三仙姑以丑为美的性格行为。对美的追求值得提倡和赞美,但过分追求,就会走向以丑为美,惹人讥笑。

盲目崇拜也很有可能走向丑,搞得美丑莫辨。美是有民族性、地域性的,人体美还有一个与人体本色符不符合的问题。朴素自然本色是美,过分地装饰打扮有时反倒损害了美,让人觉得别别扭扭,怪里怪气。比如一个中国姑娘,将一头青丝染得金黄,把眼眶涂上蓝色,还费心费力地安上假睫毛,让双目关在门帘子里,脸上当然得敷上白粉,不留神敷得厚了,还会扑朔朔地掉下来,这样,她自认为是"洋"味十足、光彩照人了。但在大多数外国人和中国人眼里,不但不以为美,反而觉得丑。当然,现在这个社会逐渐变得宽容了,以上的行为现在人们也逐渐见怪不怪了。我们并不反对人对美的适度追求和表现,但如果弄清了美的真正内涵,人们也许就会知道怎样真正打扮自己。外表的打扮从来只是二流的打扮,唯有心灵的打扮、对生命本身的打扮才是一流的打扮。

盲目崇拜还会闹出笑话。清代皇帝溥仪在《我的前半生》一书中，写了自己出过的一个洋相：他十几岁的时候，从照片上看到一种外国服装，感到惊奇，就叫人做了一套穿起来，可是，当他的外国老师看见后，却气得说不出话来。原来溥仪感到好看的那套洋装，却是那个国家流浪汉的装束。

宋明时期，虚伪迂腐的道学成了一种时髦，很多人像现在某些追星族一样，对道学家的风度羡慕得不得了，那些封建卫道士的一言一行都成了普通人的模范。有一个人也是道学家的盲目崇拜者，有一天，他到城里去。一路上，他都学着道学家的样子恭恭敬敬地弓着腰、背着手，慢悠悠地踱着四方步，每一步都不超过规定的角度和距离。走着走着，他觉得腰也酸了，背也痛了，疲惫不堪。他左右张望了好久，才回头小声问仆人后面有没有人？仆人说："没有。"这个人方才敢挺直腰杆，长吁一口气，迈开大步，放肆走了起来，觉得畅快极了。盲目崇拜以致自累至此，真是何苦呢！

还有一个人，有一天他正在路上学道学家的样子缓缓而行。忽然乌云翻滚，下起瓢泼大雨，他慌忙跑了起来，跑出一段路，只见他忽然抬起手来，猛拍脑门，口中哎呀大叫，痛悔地说："不好，不好，我失足了。君子知过便改，为时不晚。"于是，他又冒雨回到起跑的地方，又开始一步一步学着道学家的样子缓缓地踱将起来。唉，真是"活作孽，受死罪"！

如果道学家是"星"，这两个人就是自讨苦吃的"追星族"了。

7. 横看成岭侧成峰——美的丰富性

衡山，我们来了，我们要去看您的春花、夏云、秋日、冬雪。

春天的您，是一片花的海洋。看那漫山遍野的花哟，流光溢彩，芬芳馥郁。山崖边，沟涧中，树阴下，哪里不是花的笑脸，何处不睹花的媚态！杜鹃、玉兰、山茶、牡丹、百合、紫荆，一个个竞赛似的跑了出来，争先恐后地向我们招手。感谢千姿百态、斑斓缤纷的花朵们，为古老而年轻的您披上了一件奇艳无比的新衣。

夏天，奇幻多变、美妙无比的烟云又来凑热闹了。天空澄碧如洗，一轮朗朗的太阳照着，只见山间白云缕缕，悠悠然在树梢间游荡，时而像天女散白花，时而像雪莲展羞容，时而又像隐约的绢纱，在风里飘摇。走进团团白云，我们似乎可以伸手牵住它们，这不是神奇的境界么？我们要像李白一样了，真想化身而去，摘几颗星星当玩物。而当山风卷来，云腾雾翻，高低起伏的七十二峰好似一条蛟龙在雾中舞动，若隐若现的山峰恍如大河中的扁舟无语地晃荡。大雨到来时，雾气蒸腾，湿重的云如点点小花，又似瀑布急流下飞溅的白沫；大雨过后，云海涌动，肆虐于山头、树丛，抱成云团，撕成云块，扯成云丝，似奔马，如蘑菇，时而顽皮地扑向深涧，时而啸傲着冲向高空，时而又于苍松翠柏间嬉戏。

秋天，您那壮丽的日出让人惊叹！晴空万里，天宇澄碧，晨光熹微里，上望日台去看太阳吧。极目东方，那是灰蒙蒙的一片。慢慢地，我们发现周围有了一点轮廓，太阳似乎不易觉察地以慢镜头的方式露出一点鱼肚白，祥云偎着黛色的山峦，层层濡染，渐渐形成五彩云海，波光摇荡。这时蛋黄色的太阳冉冉升起，轻捧而出，红霞朵朵，光芒四射。

冬天的您更奇特：山上，白雪皑皑，冰天雪地，银装素裹，极目处，有条条银龙处子般静卧，又似蓬莱仙岛醉眼矇眬；山披白冠，坡缠白巾，树立如玉，叶白似珠；种种白色，纷至沓来。

就这样，我们粗粗浏览了南岳的四时美景。一年四季的南岳，季季的颜色和美貌都不相同。

这样，就涉及本节所要谈的美学问题，即美的丰富性多样性问题。苏轼在《题西林壁》中说："横看成岭侧成峰，远近高低各不同。不识庐山真面目，只缘身在此山中。"这说明了事物的美（包括山的美）是多方面的，衡山也如此。横看侧看，远看近看，高处看低处看，同一座山就会有不同的美态。

鲁迅先生说，不同的人看《红楼梦》会有不同的感受，道学家看见淫，才子看见缠绵，革命家看见排满，流言家看见宫闱秘事。这段话主要是谈美感的，但也从一个侧面说明《红楼梦》蕴藏着丰富的美：有风俗人情方面的，有饮食娱乐方面的；有对社会黑暗大胆的批评，有对真挚感情执着的追求；有对小民百姓的同情，有对满清贵族的讽嘲，等等，呈现出艺术美的多重性和永恒魅力，达到了中国古代文学的最高峰。

8. 养肥姑娘好嫁人——美的民族性、地域性

美的民族性是指美的表现形态在不同民族、种族和国家是不一样的。美的民族性可在很多方面看出来，且让我们作一蜻蜓点水式的浏览。

在身材相貌、穿着打扮方面：现在大多数民族的女孩子追求身材苗条、腰肢纤细，而在非洲有些地方不是这样的，他们以肥胖丰满为美。那里的女孩在没有出嫁以前，很少做事，父母命令她只管坐在家里吃喝，力图把她养得肥肥胖胖的。为什么会有这种奇特的习俗呢？因为女孩出嫁时，男方是以女子的体重来计算聘礼的，难怪父母要挖空心思管束女儿的饮食。

西方的白种人以头发金黄、眼睛湛蓝、鼻子挺拔为美，以男子而言，欧洲白种人还喜欢留大胡子、长头发，著名的马克思、恩格斯就是如此，把大胡子、长头发当作男人成熟的标志，看作是男人魅力之所在，所以大胡子、长头发在西方司空见惯、习以为常；中国男人很少见有留长发、蓄大胡子的，这是美的民族性的体现。不过古时候的中国男人是有长发的，但不像西方那样披着，而是如女人一样攒成髻，用布巾包起来，这在古装戏里是常见的。而清代满族人却以男人扎辫子为美，清初推行辫子主义，让许多汉族人成了冤魂，因为他们不肯留辫子，视辫子为民族的奇耻大辱。《桃花扇》中的秦淮歌女李香君很有气节，把男人扎辫子当作是丧失民族气节的表现，所以她的意中人侯方域归降清廷之后头上拖了条辫子，她怒不可遏，拂袖而去。

印度电影《大篷车》是表现吉卜赛人流浪卖艺生活的。那里面的吉卜赛姑娘衣服穿得色彩斑斓，还独独喜欢把肚脐眼露出来，这在吉卜赛民族看来是美的，而我们中国人却不这么看。咱们周围现在也有很多女青年喜欢穿短上装，以露肚脐眼为美，旁人却不这么认为，以为有碍观瞻，不美，这是由于民族审美心理、审美观不同所致。古代埃及妇女以戴高冠峨帽为美；阿拉伯国家直到今天还要求妇女时时处处蒙着头巾，只露出两只眼睛，尤其是未婚少女，不准随意到街上溜达，不能到处逛商店，不能和陌生男子交谈，甚至不能看电视，脸蛋要一年四季捂在纱巾下，这是他们信奉伊斯兰教的原因；我们中国的妇女尤其是古代妇女则以发髻为美，把头发高高盘起，美其名曰："云鬟"、"云髻"，现在的女郎也有这种装扮的。这也是美的民族性的表现。

在建筑方面：欧洲基督教堂，有的是拜占庭式的圆形，有的是哥特式的尖顶。教堂内部体积浩大，有的能容纳整个城市的人口，以便人们来礼拜，尤其是哥特式教堂，高高的尖顶直刺蓝天，人一走进里面，就感到一种威严。人在这里相对于浩大的空间会霎时觉得渺小，仿佛感觉到上帝的垂询、祝福和怜悯；而中国寺院，平面展开，往往里三层外三层，人体察到的是一种宗教的神秘。

美的民族性还可以在很多方面看出来，比如很多西方人讨厌"三"、"十三"这样的数字，认为不吉利，而中国却钟爱"三"、"六"、"九"这样的数字，在中国古代诗歌中常用"三"、"六"、"九"指代"多"。

美还有地域性，比如南方人爱看越剧，认为女性风流倜傥、温柔儒雅，女演员演贾宝玉，别具一番风味，上场一声"林妹妹"，可以声惊四座，掌声迭起，但一些北方观念对此不以为然，认为越剧女演男是"娘娘腔"。

美虽然有民族性、地域性，不同民族、不同地方有不同的美，有不同的审美观，但各民族、各地方独具特色的美又可以互相借鉴、互相促进。只有互相学习、互相提高，才能既坚持美的民族特色，又丰富美的民族特色。我们中华民族是善于学习的，且善于在学习中扬长避短，从而丰富我们民族的美，如服装，现代人爱穿的筒裤、短裙、高跟鞋等就是外来样式；艺术领域的话剧、芭蕾、油画、电影等也是外国传入的。

9. 苦命的维纳斯——美的时代性

女神维纳斯的裸体雕像，在不同的时代，其命运是跌宕起伏的。古希腊时期以至后来很长一段时期，维纳斯作为顶礼膜拜的对象进入了雕塑王国之中，但到了中世纪，她却被诬为是有伤风化的女妖，遭到了"粉身碎骨"的厄运，谁叫她是赤身裸体的呢?！到了后来的文艺复兴时期，她又被当作反对封建神学和人性压制的武器，被誉为白种女性外形美的理想典范，几百年来一直被人们所垂青。不料在中国的十年动乱中，维纳斯又遭到了新的灾祸。"四人帮"粉碎后，"美神"才重新回到我国人民中间，被摆在客厅、卧房，成为人们欣赏的对象，当然还有极个别人认为裸体维纳斯的雕像是下流之作，不堪入目，这是缺乏艺术修养的表现。维纳斯在不同时代的遭遇告诉我们，美和审美观具有时代性。

美的时代性的原因，一是因为美的事物本身也有一个由低级到高级、由简单到复杂的发展过程，每个时代的美是不同的；二是因为人的审美观也是发展变化的，这个时代被认为是美的，另一个时代可能认为是丑的，反之亦然。

夹缝中的文化与美学

我们还是回到古希腊吧,古希腊许多著名的雕塑作品,如《阿波罗》、《掷铁饼者》、《米洛岛的维纳斯》等,都是裸体或半裸体,这和古希腊的历史条件有关。当时的希腊人,为了抵抗外侮,十分重视军事和体育活动,人们视健美的体魄为美,身体有缺陷的婴儿一律处死,男孩一律编队、上操,青年人则把大半时间花在练身场上的角斗、跳跃、拳击、赛跑、掷铁饼等,或脱光衣服参加竞走。由于当地是地中海气候,温暖湿润,所以不穿衣服也不会受到寒冷的威胁,当时的人们也并不以裸露身体为耻。希腊人在许多公开场合,例如体育或酒神节,常赤身裸体作体育表演。对于优胜者,人们报以雷鸣般的掌声,并将他们抛到空中以示庆贺,诗人为之歌颂,雕塑家为之塑像,如《掷铁饼者》就是表现运动场上勇士的健和美的。这种以裸体为美,就是美的时代性的具体体现,而另外的时代人们却以裸体为丑。

是的,时代不同,美的表现形式就不同。民国初年,汉人中广为流行着戴瓜皮小帽、穿长袍马褂,但这种风气到解放前就差不多旗偃鼓息了,现在如果有人这样穿戴,则是咄咄怪事。

中国古代有两个著名美人:赵飞燕和杨贵妃。赵飞燕以秀美轻盈著称,据说可以在手上的小托盘上跳舞,而杨贵妃则显得丰腴肥胖,这就是中国人所说的"燕瘦环肥",反映了汉魏人和唐人对美尤其是人体美的认识存在着时代的差异。当然,这种差异是有时代原因的,汉末魏晋时期,战争频仍,民不聊生,因此人们大多瘦骨清相,相应地,当时人们就以清瘦为美。盛唐时期,国力强大,生活富足,人们的审美趣味相对汉魏时期有了变化,崇尚肥硕丰满,所以杨玉环成了美人的代表,唐太宗李世民的画像也比别时代的帝王像要丰满些。在唐代周昉等画家的笔下,仕女图上多是面如满月、体态丰腴、雍容华贵的美人。就是那时的花鸟图,也看出花的肥硕艳丽、鸟的体圆颈粗。唐代著名画家韩干画的马,也是以圆构图,注重画出马的身躯的圆滚、壮硕。

眉,历来是中国人尤其是妇女重视的修饰部位。战国时代开了画眉之风,天然的眉毛变得不好看了,要把它剃掉,然后用一种叫黛的青绿色矿石颜料画上两条假眉,人们认为这样才美,但今天,倘若谁还把眉毛剃掉,画上两条青绿色假眉,则一定会像剃掉黑眉装上外国人的黄眉一样传为笑柄。古时汉族成年男子蓄长发盘于头上,剪短头发被视为蛮夷之人,所以只有犯法之徒才处以剪发的刑罚，称之为"髡"。无疑那时的人们认为长发美，短发丑。明末清初剃发留辫，很多汉人死都不肯剃，认为留辫丑。但随着时间流逝，男人留辫又是正常的、美的了，剪辫反而会把家里人吓个半死。解放初期，妇女以留长辫和垂耳短发为美，20世纪60年代却以更短的运动员发型为美，80年代则风行各式各样的烫发、披肩发和"马尾巴"式的发型，而近年来，更有女子以剪男式短发为新潮，比男人头更男人头，比"板儿寸"更"板儿寸"。以上例子都说明美的表现形态随时代不同而发生变化。

　　正因为美具有时代性，所以，我们如果超越特定的时代和生活，就无法衡量美。比如文身，如果我们不联系原始社会的生活情况那就无法理解当时的人们为什么将它当作美。近代澳大利亚某些部落还沿袭着原始社会的这个习俗。那里的年轻女人特别欣赏小伙子用红色石文身，政府曾下令禁止，当地人竟因此发生暴动。何以如此？正如当地年轻人说："这样一来，姑娘们就不爱我们了。"

六 关于"美的规律"的论争及辨析

马克思的《1844年经济学－哲学手稿》(即《巴黎手稿》，以下简称《手稿》)自1932年全文公开发表以后，西方和前苏联、东欧许多学者对它进行了研究，出现了长达几十年的国际性的"《手稿》热"，存在抬高和贬低《手稿》历史地位和美学价值两种倾向。同时，《手稿》对于国内美学界的影响也是不可小觑的，20世纪50年代美学论争的一个重要内容就是围绕《手稿》展开的。

（一）论争概况

近十几年来，国外已将视野主要投向文化研究和现代性、后现代性诸问题，《手稿》研究趋于冷寂。国内的《手稿》译本最早的是何思敬译本（1956年由人民出版社出版）。它引发了五六十年代我国的第一次"《手稿》热"。这场持久的讨论无疑有助于我国美学研究在以后的拓展和学术队伍的壮大，但是，(1)当时的时代气候又使之呈现出浓烈的意识形态性和政治倾向性；(2)各家各派都以《手稿》为阐发自己美学见解的依据，有些人的"前理解"就造成对《手稿》美学思想（譬如"美的规律"）作削足适履式的阐释。当时普遍存在以为美学研究可以直接贴上唯物或唯心的标签这样的简单化思路，导致有些论者忽视美的本质和人的本质的联系，作出了只有坚持美的规律的客观性而且是纯粹的客观性才算是坚持唯物主义的片面认识。新时期以来，随着"方法论热"的出现，"美学热"与"《手稿》热"相互催生，第二次《手稿》研究热潮一直贯穿了20世纪80年代的前半期。① 前期的局限性虽然还存在，但学术争鸣不再被当作

---

① 这场热潮一直从上世纪70年代末期延伸至80年代中期。关于"美的规律"的文章可参见《美学论丛》（中国社会科学出版社1979年出版）、《美学论丛》（湖南人民出版社1983年出版）、《马列文论研究》第二集和第八集（中国人民大学出版社1982年、1987年出版）。

意识形态领域的斗争，美学研究视野无疑是扩大了。综观这两场探讨，人们主要围绕"内在尺度"和"美的规律"、劳动（实践）和异化劳动与美的产生、美与人性、人道主义的关系、审美感觉等论题而展开，其中"美的规律"更是热中之热。

近年来，国内对《手稿》的讨论虽大为降温，但在更平稳、踏实的心态中继续进行，且仍旧将注意力更多地放在"美的规律"上。首先引发争鸣的是陆梅林先生 1997 年发表的《〈巴黎手稿〉美学思想探微——美的规律篇》（《文艺研究》1997 年第 1 期）一文。陆先生承续蔡仪先生而来，认为内在尺度是客体尺度，属于对象，因而美的规律只是客观的，与人的目的和需要无关。美是物的客观属性，并认为否认这一点就是没有"把唯物辩证法贯彻到底"。随后，应必诚先生和朱立元先生紧扣马克思的实践观点，先后对陆先生的观点提出了商榷意见，论证了美和美的规律与人这一主体尺度密切相关。[①] 曾簇林先生近年来接连撰文对陆先生的主要观点予以支持。[②] 总的来看，学者们论争的焦点仍然集中在两个方面：（1）内在尺度是主体（人）的尺度还是客体的尺度？（2）如何理解美的规律的客观性？笔者以为，产生歧义的根本原因不仅仅是语义理解的偏差，而在于美学和哲学观点的不同甚至相反。笔者也认为有些论者的观点（譬如认为"内在尺度"是客体尺度，规律只有客观性一个尺度等）有违马克思的原意，实在叫人疑窦丛生，不能苟同，所以不揣浅陋，联系近年来的论争文章，也说出我对"美的规律"的粗浅认识，以就教于方家和同道。

---

① 参见应必诚：《〈巴黎手稿〉与美学问题》（《中国社会科学》1998 年第 3 期）；朱立元：《〈巴黎手稿〉与"美的规律"问题》（《学术月刊》1997 年第 12 期）、《关于"美的规律"问题的再思考》（《学术月刊》2000 年第 3 期）以及《美的感悟》（华东师大出版社 2001 年出版）中的有关文章。

② 曾簇林先生对"内在尺度"和"美的规律"的客观性的看法与陆先生完全一致，却在对"美"的见解上与朱立元先生相类似，表现出令人困惑的明显的矛盾。可参见她的文章：《马克思关于"美的规律"的客观性》（《湘潭大学学报》1998 年第 4-5 期）、《马克思关于"美的规律"的客观性再说》（《文艺理论与批评》2001 年第 3 期）、《马克思关于"美的规律"的客观性论辩》（《文学前沿》(4)，首都师大出版社 2001 年出版）以及《三说马克思关于"美的规律"的客观性——并致朱立元同志》（《马克思主义美学研究》第 5 辑，广西师范大学出版社 2001 年出版）。以上诸文的观点一直都没有什么变化。

(二)"内在尺度"的归属

国内对"内在尺度"这一段话有多种译文,其中为人熟知、引用较广的是何思敬、刘丕坤、《全集》三家译文。兹引《全集》译文:"动物只是按照它所属的那个种的尺度和需要来建造,而人则懂得按照任何一个种的尺度来进行生产,并且懂得怎样处处都把内在的尺度运用到对象上去,因此,人也按照美的规律来建造。"① 可见马克思是在提到三个"尺度"之后才提出"美的规律"的,说明"尺度"(尤其是"内在尺度")与"美的规律"密切相关。这就是美学界争论不休的所谓"两个尺度"与"美的规律"的关系问题,其中尤其是对于"内在尺度"的归属形成了两种有代表性的看法。

一种看法是:"内在尺度"和"物种的尺度"(即引文中"种的尺度")一样,都是属于对象客体本身所固有的尺度,两个尺度实际上就是一个尺度,都指客体的尺度。朱光潜、蔡仪、曹葆华、程代熙、陆梅林等人都持这一观点。② 曾簇林教授也强调"'内在尺度'属于对象客体确凿无疑","美的规律"只有绝对的客观性,加入主体尺度,则滑入了历史唯心主义的二元论。③

另一种看法是:认为"物种的尺度"是客体的尺度,而"内在尺度"是主体人的尺度。持这一看法的有:李泽厚、蒋孔阳、朱狄、周来祥等。应必诚先生和朱立元先生基本上也持这种观点。对于"物种的尺度",他们两人既看到了尺度是人从物种中归纳出来的,有属于物种的一面,又看到了尺度与人的关系,尺度离不开主体,张扬的是人把握尺度的能动性。对于"内在尺度",他们都认为理解为主体尺度更切合这一段话的整个意思。朱立元先生认为,内在尺度"完全依属于人这个以自由自觉的实践活动(人的本质的对象化活动)为本质的主体"④。

---

① 《马克思恩格斯全集》第42卷,人民出版社1979年版,第96-97页。
② 朱光潜先生虽认为"内在尺度"是客体尺度,但并没有于此出发,如同蔡仪先生、陆梅林先生那样,认为美是客观的,而主张美是主客观的统一。
③ 曾簇林:《马克思关于"美的规律"的客观性再说》,《文艺理论与批评》2001年第3期。
④ 朱立元:《关于"美的规律"问题的再思考——兼答曾簇林教授》,《学术月刊》2000年第3期。

这两种看法是截然相反的,这与马克思在写这一段话时的用语省略有关。也就是说,马克思本人并没有在"内在的尺度"前加上一个表示其归属的代词,没有指明这一尺度是属人的还是属物的。何思敬译文和《全集》译文都译自德文,但都没有明确"内在尺度"的归属,这就可资证明。朱光潜先生也直接从德文两次译过这句话,把明确的译文后来改得又不明确了,这表明他后来对德文原文的忠实,也说明马克思没有明确交代归属问题。①

　　所以,笔者认为,要对"内在尺度"作出符合马克思原意的理解,应从以下两方面来进行:首先,从《手稿》中对人、对人的实践的重视这个总体思想出发。② 俞吾金先生认为,人文关怀是马克思哲学的重要维度。③ 而《手稿》"研究的中心是人,是作为类的人(社会),是人的本质、人性、人与自然的关系"④。人与自然的关系又如何生成呢?只能生成于劳动实践及其他实践活动中。而人类进行实践活动的根本动力又来自人的需要和目的这一内在尺度。有了需要和目的,人们才会去努力发现规律、掌握客体尺度,从而使实践活动得以开展。前者是实践的主观动力,后者是实践的客观外在限制。在进行实践活动时,这两者缺一不可。这就是马克思所说的劳动的两个要素:"劳动的简单要素和基本要素是,有目的的活动和劳动对象、劳动资料,即人和物。"⑤ 这里,马克思明确地表达了两个尺度的含义。《手稿》中,马克思正是在论述人的生产实践时提出"两个尺度"的。所以此处将"内在尺度"理解为主体的尺度,符合《手稿》的基本思想和马克思的整个思想体系。

　　其次,从对"尺度"的理解来看。很多论者将"尺度"理解成"本

---

① 他 1960 年在《生产劳动与人对世界的的艺术掌握》一文中将"内在尺度"这一句话译为"并且还会到处运用对象的内在标准"(《新建设》,1960 年 4 月号)。但后来,他又改译为"而且知道怎样把本身固有的(内在的)标准运用到对象上来制造"(见《美学拾穗集》,天津:百花文艺出版社 1980 年版,第 111 页)。

② 马克思的哲学有人道主义的精髓,这在《手稿》中亦体现出来,当然又远在费尔巴哈人本主义思想的水平之上。原因就在于马克思用实践唯物主义来发扬人道主义精神。可参见邹诗鹏《马克思人学与西方当代人学的关联性》(《江苏社会科学》2001 年第 1 期)以及参考文献中俞吾金先生的有关文章。

③ 俞吾金:《人文关怀:马克思哲学的另一个维度》,《光明日报》2001 年 2 月 6 日。

④ 陈望衡:《20 世纪中国美学本体论问题》,湖南教育出版社 2001 年版,第 285 页。

⑤ 《马克思恩格斯全集》第 23 卷,人民出版社 1979 年版,第 202 页。

质"、"特征"、"法则"、"规律"等。这样理解是有一定道理的,"尺度"无疑是对一切客观存在物作符合规律的总结和把握;但这一理解又是片面的,因为"'尺度'范畴从来与主体人的目的、需要紧密相连,当然,与客体对象的本质特征也直接相关。"① 可以说,人是尺度的发现者、使用者、甚至制定者,所以有理由把"内在尺度"看成是主体的尺度。如果从"本质"、"特征"、"法则"等这一方面来看"尺度",则"内在尺度"更宜理解为主体人的尺度,因为"任何一个种的尺度"已经是指客体的本质、特征,是对客体内容和形式的归纳,本质、特征当然是客体内在的、固有的。将"任何一个种的尺度"看成是对象客体的尺度,又将"内在的尺度"看成是对象客体本身固有的尺度,这是令人难以理解的,是许多论者所认为的同义反复。主体人的尺度之所以说是内在固有的,是因为客体(人这一特殊的客体除外)尺度对于人而言是外在的,非人所固有,而人本身的尺度则是内在固有的。

(三)"美的规律"的研究思路

"实践"既是辨别"内在尺度"归属问题的大语境,又是理解"美的规律"的含义时可靠而必须的思路。实践作为人的本质的对象化活动,包括主体和客体两个要素,是主、客体之间不断发生关系的过程,所以理解"美的规律"又要从这一关系范畴出发。离开历史唯物主义的实践观,则有可能对"美的规律"产生误解,从而偏离马克思的原意。

之所以要扣紧实践观点来认识"美的规律",原因在于:其一,马克思哲学就是实践唯物主义,"实践概念在马克思哲学中起着基础性的、核心的作用。"② 实践唯物主义虽成熟于《关于费尔巴哈的提纲》,但于《手稿》中就已萌芽,此时马克思就已充分认识到实践观念在整个哲学立场上的重要性。"实践观点,是贯穿《手稿》的一条红线"③,理应成为研究"美的规律"的基本出发点。《手稿》对美学问题的阐述,归根到底是建立于人的本质的对象化这一实践活动的基础之上的。众所周知,《手稿》虽

---

① 朱立元:《关于"美的规律"问题的再思考——兼答曾簇林教授》,《学术月刊》2000年第3期。
② 俞吾金:《马克思的实践唯物主义及其当代发展趋向》,《江苏社会科学》2000年第6期。
③ 朱立元:《美的感悟》,华东师范大学出版社2001年版,第140页。

然并非一部专门的美学著作，但依据唯物史观，尤其是实践观点，在经济学、哲学的宏阔背景下对美的本质、美的规律等许多美学问题提出了带有根本性质的看法，从而奠定了马克思主义美学的基石。其二，在关于"内在尺度"的这一段话里，马克思正是在论述人类劳动实践的特点时提出"美的规律"的。这一段话出现在［第一手稿］"异化劳动"一节中。这表明美的规律与人类的实践（主要是生产劳动实践）有紧密联系，实践是形成美的规律的现实条件和基础。

这一段话里，马克思首先指出："创造对象世界，即改造无机界"的"实践"是区分人和动物的标志，因为"证明了人是有意识的类存在物"。他还说：实践这一"有意识的生命活动把人同动物的生命活动直接区别开来"[1]。这都说明实践是专属于人的活动。在比较人类生产和动物生产的区别后，马克思推出"人也按照美的规律来建造"。诚然，马克思在这里不是联系审美活动来专门谈美的规律的，也没有具体说明什么是美的规律，而是在说劳动的特点时提到"美的规律"的。这就是研究者们对于"美的规律"聚讼纷纭的原因。

其实，只要抓住"实践"，抓住人类生产劳动实践的性质，就可以从马克思的行文中寻绎出"美的规律"的内涵。马克思说："人的类特性恰恰就是自由自觉的活动。"[2] 这种实践活动使本来合一的自然界分化出主体和客体，实践的自由自觉性，就体现于主体与客体不断发生关系的过程中，体现于人对"两个尺度"的把握上。第一个尺度是"任何一个种的尺度"，即客体的尺度。"人懂得按照任何一个种的尺度来进行生产"，说明人有把握规律和客体尺度的能力，可以超越外在"种的尺度"的限制，这主要是说人类生产的自由性，也表明人作为有意识的类存在物的自觉性。而动物生产缺乏这种自由，不是真正意义上的生产，它只能适应规律，而不能把握规律，因而只有本能活动，"只按照它所属的那个种的尺度和需要来建造"。陆梅林先生将此句中的"按照"改译为"适应"是贴切于原意的。第二个尺度是"内在的尺度"，即主体人的尺度，包括人的本质的全部内涵，主要指人的目的和意图。人"懂得怎样处处都把内在的尺度运

---

[1] 《马克思恩格斯全集》第42卷，人民出版社1979年版，第96页。
[2] 《马克思恩格斯全集》第42卷，人民出版社1979年版，第96页。

用到对象上去",说明实践的动力是主体人的目的和意图,正是在人确定了目的和意图,"人的本质"要求"对象化"之后,主体和客体才发生关系,实践活动才得以进行,对象世界从来不会主动去满足主体的各种需要。这主要是说人类生产的自觉性,说明主体对客体的能动改造和创造力量,"处处"二字也表明人在把握主体尺度时的自由性。指出了人类生产的两个"懂得"之后,马克思顺理成章地说:"人也按照美的规律来建造"。这就证明实践的规律(包括劳动的规律)是"两个尺度"的统一,"美的规律"也至少是两个"尺度"的统一,美作为人的本质力量对象化的产物,是在实践活动中现实地生成的,美的本质离不开人的本质,美的规律也绝对离不开主体尺度,这便是《手稿》中历史唯物主义的实践观对美以及美的规律的本质规定。

　　有些论者得出结论:美的规律只包含对象客体这一个尺度,只有绝对的客观性。这涉及美学见解的分歧,但其根本原因是没有结合实践来认识美的规律。有论者还提出,只有这种理解才算是坚持了历史唯物主义的一元论,而笔者认为它恰恰违背了历史唯物主义,因为历史唯物主义的核心范畴就是实践,因而返回到了马克思所批评过的费尔巴哈式直观唯物主义的认识水平。马克思的唯物主义的实践特征正是在批判传统的直观唯物主义的基础上形成和发展起来的。① 何谓"直观唯物主义"?就是指不从人的历史的实践出发,而以静观的、被动接受的方式来考察一切,即马克思所说的:"不是把感性理解为实践活动的唯物主义"②。直观唯物主义也就是"抽象的唯物主义"。后者等同于唯心主义,等同于"抽象的唯灵论"。"抽象的唯物主义是物质的抽象的唯灵论。"③ 因为它把抽象的物质视为人类的全部意识或精神活动的基础。认为美的规律只包含客体一个尺度,内在尺度也是指客体的尺度这些观点就是停留在直观唯物主义、抽象的唯物主义的认识水平上,因为这根本无视"实践",将实践排除于唯物主义之外了,

---

① 俞吾金先生对马克思的实践唯物主义有深入的剖析,认为马克思哲学有三大特征,即实践性、历史性和人文性。可参见他的《马克思的实践唯物主义及其当代发展趋向》(《江苏社会科学》2000年第6期)、《论马克思的唯物主义学说的基本特征》(《上海行政学院学报》2001年第1期)等文。
② 《马克思恩格斯选集》第3卷,人民出版社1995年版,第5页。
③ 《马克思恩格斯全集》第1卷,人民出版社1979年版,第355页。

也无视主体人这一内在尺度在实践中的作用，而只是"静观"自然界（曾簇林教授扩大为"对象世界"）来谈"美的规律"，忘记了"美的规律"是在人类历史实践中从无到有、从简单到丰富，不断生成、发展的，也根本忘记了人与"美"的联系以及人对于"美"的意义。马克思说："被抽象地孤立地理解的、被固定为与人分离的自然界，对人来说也是无。"[①] 自然界是如此，美以及美的规律也是如此，这也可佐证内在尺度应理解为主体人的尺度。

（四）"美的规律"的客观性辨析

"美的规律"的客观性是学者们论争的一个焦点。这个焦点的关键不在于是否承认美的规律有客观性，而在于美的规律是否只有客观性。事实上，论争各方都未曾否认美的规律有客观性。但有些论者，譬如陆先生、曾先生认为美的规律只有客观性，与人无关。笔者对这一认识不能苟同。陆先生的观点，应先生、朱先生等人已有令人信服的辨析，我在此仅对曾先生的看法作一简单的评述。她一方面说，美的规律只有一个尺度，即对象客体的尺度，只有客观性。另一方面又说，美是人的本质力量的对象化，是一种社会现象；美与劳动实践是同等的概念范畴；美的本质离不开人的本质，美的规律是人类社会出现之后才有的规律，审美的规律性是人类特有的。笔者认为，她的论述貌似公允、调和，对陆先生和朱先生的观点"亦捧亦杀"，但由于逻辑不清，观念模糊，呈现出令人困惑的矛盾：首先，将"美的规律"与实践割裂。她承认美是实践的产物，那么，美的规律不是对实践活动的揭示和概括吗？但曾先生却认为美的规律只是对象客体的规律，与人无涉。这样的认识是不合逻辑的。其次，把美的规律与美、美的本质对立起来。美是人的本质力量的对象化，美的规律又怎能不包括"人的本质力量"这一主体尺度在内？美的本质离不开人的本质，那么，美的规律又何尝离得开"人的本质"？难道本质与规律不是同等的概念范畴吗？曾先生的认识颇使人产生疑问：她是否弄清楚了美与美的规律的内在逻辑关系？另外，将主体和客体相互孤立。她一方面认同朱立元先生关于"美的规律属于社会历史规律"的观点，另一方面认为，自然、社

---

① 《马克思恩格斯全集》第42卷，人民出版社1979年版，第178页。

会、思维都是属于"对象"的客体。物质产品和思维成果都是固定在某个"对象"之上的。① 可见曾先生关注的是人类实践活动的结果，即她所谓的"对象世界"，这一看法是有一定的合理性的。但她将主体一律简单地看成社会客体，只注意到实践产物的客观性，而未注意产物本身所融入的"人的本质力量"，也忽视了实践是主体和客体发生关系的双向的活动，对主体、人的目的和意图在人类活动中的作用有意地忘却了，因而这一看法又有片面性，其实质是隔绝了主客体之间的联系，不是别人而正是她自己混淆了"主体"和"主观"这一对概念，担心"美的规律"一加进主体尺度，就减损甚至取消了规律的客观性。

我们认为，"主体"和"客体"有联系，又不是纯粹意义上的"社会客体"；它是特殊的社会客体，是主客观的统一。不能说将主体转换成社会客体，主体就不成其为主体了；也不能说承认美的规律具有客观性，就该抹掉主体尺度在美的规律中的地位。所以，我们对规律以及美的规律的客观性应该有辩证的全面的认识。首先当然必须承认规律具有客观性，但规律又必然和人相联系，具有属人的特点。"美的规律"也是一样，而且它作为人类社会活动的规律，比之于自然规律，更是和主体人的内在尺度紧紧地联在一起。规律以及美的规律都不存在绝对的客观性。美的规律离不开客体尺度，同样，也与主体尺度须臾不离。关于规律以及美的规律的属人的特点体现于：（1）美的规律是社会历史规律，是人类实践活动的规律，它当然是对实践和主客体关系的揭示和概括。实践活动虽是客观的活动，但实践活动作为人的本质力量对象化的活动，不能脱离人这一主体而存在，没有主体人，就没有美，也没有美的规律。美的规律不能只揭示"对象"，而不包含"人的本质力量"，不体现人的目的、意图。（2）人对规律和美的规律可以去认识、把握、运用、甚至改变。规律的天然内在性，决定它不是自动显现出来的，而是由人去发现、总结出来的。没有人去发现、总结，规律的存在只是一种"潜在"。规律对生物界甚至一切对象世界都有价值和意义，因为规律决定它们的生存或存在，但这种价值和意义，是只有人类才能觉察和了解的。规律对绝大部分的动物而言，从来

---

① 曾簇林：《三说马克思关于"美的规律"的客观性——并致朱立元同志》，《马克思主义美学研究》第5辑，广西师范大学出版社2001年版，第269、285页。

不会改变。但是，规律的价值和意义的大小却因为人运用规律的能力而发生变化，规律只对人具有真正的意义。随着科技的发展和人类的进化，人类不仅可以越来越多地认识和运用自然规律，也可以在越来越广的范围内改变自然规律，对于人类而言，从来就不存在自然规律不可改变的神话，当然，这种改变的对象和范围是有局限性的。美的规律作为社会历史规律，更是可以被人所改变，既受到个人能力的影响，又随着整个人类社会实践活动的深入而产生变化。

正因为美的规律也是对人的有意志、有目的的自觉活动的概括，规律以及美的规律可以为人所掌握和改变，所以它们无所谓绝对的客观性，而且其客观性内涵不是一成不变的，而是随着主客体的变化而变化。因而，笔者以为，美的规律是两个尺度的结合，其中体现了人的本质力量，这种观点是能动实践的唯物主义；认为美的规律只有客观性，只包含一个尺度，这恰恰违背了历史唯物主义的实践观。

七 高校审美素质教育及其功能

高校审美素质教育是提高各级各类大学生的审美素质和综合素质的关键一环，是促进大学通才教育的基本手段。具体言之，它是促进个人身心健康、保证社会和谐发展的重要途径，同时可以很大程度上纠正应试教育过于功利的偏颇，有利于技术型、片面型人才向能力型、全面型人才的转变，使人才培养更适应社会发展的多元需要。

（一）什么叫审美素质

谈论高校审美素质教育，首先应该说明什么叫审美素质。所谓审美素质，是指人感知美、发现美、认识美、辨别美、鉴赏美和创造美的潜在能力，以及实现这种能力的心理因素和知识结构。它包括审美感知、审美想象、审美情感、审美理解、审美态度、审美趣味、审美观念、审美理想、审美知识等方面。审美素质一方面包含先天的或遗传的成分，譬如审美所需的生理感官基础，在审美欣赏和审美创造尤其是艺术创造方面，也存在天才，有些人比常人具有更高的先天禀赋，例如被称为音乐神童的莫扎特。另一方面，审美素质更是后天养成的，刘勰讲"操千曲而后晓声，观千剑而后识器"，说的就是"养成"的作用。更多的人经过长期训练可以在审美能力和审美创造上达到天才般的境界。孟郊、贾岛作诗常常"苦吟"、"推敲"而在"诗唐"中有了一席之地，曹雪芹写《红楼梦》是"披阅十载，增删五次"方才作罢，从而成就了这部绝世之作。

审美素质是人的本质的重要部分，并且在人的各种本质中，审美素质是人的一种高级本质，是只有人才具有的各种高级心理能力和因素的复杂组合。

人的本质和审美素质有什么特性呢？

（1）自然性，包括物质性和动物性。这是人最基础的特性。因为人类本身是自然中的一员，又是从自然中进化而来；作为客观存在的物种，人类具有与其他动物一样的物质性和动物性，具有动物般的本能欲望和生存需要。审美素质同样具有自然性的因素，人的五官感觉所具备的感知能力是审美素质的一个部分，而且这种物质性的感官是其他审美素质得以进行的物质基础和首要前提。满足人的自然性需求是正当的，但应该在此基础上有所升华和超越。今天媚俗的大众文化强调身体叙事和欲望展览，很大程度上是为了满足人的自然感性需求和生理欲望，这种现象很复杂，但我们认为大众文化不能仅仅被大众所"化"，还要发挥"化"大众的功能。

（2）人的本质和审美素质更高级的性质是社会性和精神性。人是社会的动物，朋友、家庭、团体、党派、国家等是层次不同的社会形式，又是体现人的本质力量、实现和证明个人价值、获得精神情感认同安慰的不同场所。同时，人更是精神性的，人作为一种精神性存在的最突出的证明在于人的超物质性和超动物性，在于超越物质需求和动物式生存，简言之，在于人的超越性。这种超越性体现于在社会中张扬自我的存在价值，在有限时空内中求取无限的人生意义，在各种束缚中获得自由，在时间的历史性中筑就永恒，等等。拿审美素质来说，它虽然具有自然性的因素，但主要是社会性和精神性的，是在人类社会实践中产生的。审美素质更包含了超越感官欲求而富有自由创造性的的精神品质。

（3）人的本质以及其中的审美素质具有历史性。一方面，人的本质包括审美素质是人类历史活动的产物，马克思因而说："五官感觉的形成是以往全部世界历史的产物。"① 人的本质的外在表现就是文化，就是文化的各种形式，而文化是在人类的历史活动中积淀凝聚而成的。审美素质的对象化则构成美的各种形态。另一方面，人的本质和审美素质又随着历史的发展而发展，没有一成不变的人性。因为人是一个精神性的存在物，因此随着历史之河的向前流淌，人性、人的各种能力经过历史的积累而不断进化和丰富，进而保证经济、道德、艺术、文化等物质生活和精神生活不断发展、提高。人的审美能力在历史进程中也不断提高和丰富。史前社会的绘画历史就经过了以动物为主要描画对象转向以植物为主要对象的过程，说明人类生活从狩猎时代进化到了农耕时代，也说明人的审美能力在逐步

---

① 马克思：《1844 年经济学哲学手稿》，人民出版社 1985 年版，第 84 页。

发展。

  提高审美素质是人的一种高级精神需要。美国心理学家马斯洛曾经对人的需要做过一个系统的层次划分。他认为人的需要共分为两个等级七个层次①。两个等级是低级需要和高级需要，属于低级需要的有两个层次，生理需要（如人的吃、喝、睡眠等）和安全需要（生活有保障而无危险）两个层次。属于高级需要的有五个层次，依次为归属和爱（与他人接近，受到接纳，有所依靠等）的需要；尊重的需要（如胜任工作，得到认可和赞许），认知的需要（求知、理解和探索未知世界），审美的需要（对美的追求，包括提高审美素质），自我实现的需要（实现个人的全部潜在能力）。值得注意的是：人的低级需要较之高级需要更加强烈迫切，要求首先得到满足，这是人产生高级需要的前提。正如墨子所说"食必常饱然后求美"，管子也说"仓廪实而知礼节"。亦如马克思所指出的，忧心忡忡的穷人甚至对再美的景色也毫无兴趣。因此提高审美素质作为人的一种高级需要，性质是"奢侈"，是在人满足了基本的生理需要以后的一种需要，同时又是标明人之为人标明人的精神性存在的一种普遍性追求。

（二）审美素质教育的功能

  在说明了审美素质的概念之后，我们再来看看高校审美素质教育的具体功能。我们认为，它至少有四个方面的功能，这是高校审美素质教育之所以值得进行的四个合法性依据。

  1. 以美养性

  审美素质教育通过美的熏陶能够使人的人格、性情健全、丰富、完整，满足感性需求，促进理性发育，提高个人生活质量和精神境界。这是审美教育的基本功能。此处的"性"主要指感性，但也包括理性，总之是个人的全面人性。审美素质教育应该致力于人的全面人性的和谐健康的发展，因此它不能只关注感性或者是只发展理性。

  毫无疑问，审美素质教育首先是感性教育。它在具体生动的美的事例中，使人的感性欲求获得满足，感性能力得到发展，从而提高人感受世界的能力。细腻的感受力是我们发现美的第一步。在现代科技社会，工具理

---

① 马斯洛：《动机与人格》，华夏出版社1987年版，第40－68页。

性和科学理性已经成为一种霸权,所以通过审美素质培育感性能力,具有重要的现实意义。马尔库塞提出的"新感性"概念,就意在纠正科技工具理性的片面性,借艺术来提高人的感性能力,反抗现代社会"单面人"的局面。

但是,审美素质教育作为一种教育,就必然承担理性指导的任务,从而匡正感性的肤浅和芜杂,促进理性的合理发展。说到底,人是感性与理性的统一体,又是私己性与社会性的集合体,审美素质教育应该积极运用理性来修饰、升华感性,从而使二者和谐共存,相互促进。没有感性享受和对于世界的感性敏感力而只有理性追求,人则会萎缩、单调、枯燥;同时,只有感性追求而没有更高的理性生活和精神目标,人又回到了动物;因此既要给予感性合理的地位和发展空间,又得承认人是理性的动物。

2. 以美启真

审美素质教育虽本身不是求知行为,但可以为求知活动准备主体条件,即促进人的观察能力和认识能力的发展,训练提高人的智力因素,从而为人类的真理追求之旅开辟新空间,提供新思考。按照李泽厚的说法,审美素质教育对于真理认知的作用在于两个方面:"理性的内化的普遍智力结构和自由直观的个体创造能力"①。据此,著名科学家海森堡说,美是真理的光辉。

我们知道,审美是人的情感、想象和理解相互交织的活动,它通过训练人们敏锐的感受力和广袤的想象空间来丰富我们对外界的认识和理解能力。具体言之,审美素质教育可以训练科学研究所需要的想象力,提高人们对事物的直觉能力以及人的认识能力和认识范围,从而促进人们去把握和领悟事物的内在规律性。因此它对人类的认识活动和科学实验可以起到很大的促进作用。很多科学家因而十分注重加强审美和艺术修养。数学家苏步青就有较高的艺术修养。杨振宁、李政道等则都提出艺术和科学密不可分。而爱因斯坦终生喜爱小提琴,认为世界是由两种符号即数学符号和音乐符号组成的。据他自己讲,这种音乐的修养为他的科学思考提供了许多灵感。

从美本身来说,审美素质教育之所以可以提高人的认知能力以及对世

---

① 李泽厚:《李泽厚十年集·批判哲学的批判》,安徽文艺出版社1994年版,第482页。

界的认识,在于美本身就包含了真,美本身就是合规律的,美乃是真的形式。这个"真"既指"客观的真",即美体现了对世界规律的把握,又指"主观的真",即美是人类真挚情感的内化。海德格尔说,艺术是真理自行设置入作品,所以审美素质教育足以让人们去发现存在的微言大义。美的世界内化了情感也易于激发情感,所以审美素质教育又是爱的教育,即培育人类对世界的爱,对一切生灵的感动,从而激发人与世界的交往,提升人与自然对话的兴趣,最终为人类的求知创造条件、开辟新的途径。

3. 以美储善

从广义来说,以上所讲的各种功能就是审美素质教育"储善"的表现:以美养性体现在个人精神素质的全面协调发展,因而是有利于社会主义建设所需人才的培养的,是有利于社会进步的;而以美启真体现在直接促进个人智力因素的发展,能够更显著地推进社会发展。而从狭义的伦理学意义上讲,审美素质教育可以促进社会整体道德风气的好转,通过提高个人德性修养来优化社会道德水准。

总之,审美素质教育对社会道德教化和个人德性培养具有重要作用。拿自然美来说,它可以开阔人的心胸,扩大人的视野,提高人的情操。拿社会美来说,它本身必须是善的,因此其伦理学价值自不待言。拿艺术美来说,一切优秀的艺术作品都有利于道德实践。艺术对丑恶的鞭挞和对美好的讴歌具有异常动人的感染力量,因而非常有利于人的自觉的道德意识的培养。《钢铁是怎样炼成的》曾教育了无数青年。古罗马的贺拉斯提出"寓教于乐"的口号,就是看到了美育的强烈教化效果。

从美本身来说,审美素质教育之所以可以发挥道德效果,在于美除了要合规律之外,还必须合目的。所谓"合目的",是指美要么符合社会发展的客观要求,要么符合人的精神愉悦和精神提升的主观需要。这种合目的,即善。美以善为内容,也以善为最终目的之一,在此意义上,高尔基说:"美学是未来的伦理学",德国哲学家康德则说:"美是道德的象征。"

在当代社会,我们更要强调审美素质在精神教化方面的作用,充分发挥它对失落的人文精神的拯救功能。今天,人们的实用主义心态相当明显。诚然这种心态有一定的合理性,但不应过度。当一个民族大部分人只沉溺于功利世界和物欲世界,其后果就应该引起我们的反思。

4. 以美构形

高校审美素质教育的最终目的是让所有的大学生在社会建设和个人生

存方面去发现美并创造美，这是审美素质教育的落实。所以它的最后一个功能是提高人们按照审美规律去发现现实、改变现实、美化现实、创造新的现实的能力。所谓"构形"，即构造形式、构造现实。教育不能直接"构形"，而是为"构形"准备条件，为"构形"所需的人才提供成长的途径。

说到底，审美素质教育在构形能力的培养上，其具体任务是培育审美感受力、审美鉴赏力和审美创造力这几个基本方面。审美感受力是感知美、发现美的能力。法国雕塑家罗丹说，美是到处都有的，对于我们的眼睛来说，不是缺少美，而是缺少美的发现。所以培养以美构形能力，首先是培养美的感知和发现能力。如何发现美，这是能力和素养问题，也是艺术家之为艺术家的最初的关键一步。很多人可能游山仅是游山，玩水也仅是玩水，而苏东坡则无论是游石钟山还是访赤壁水，都能有所新的发现，将山水与人生之思、自然宇宙之奥秘联系起来。

如果说审美感受力解决的是"哪里有美"的问题，审美鉴赏力则致力于回答美在"哪里有美"的问题，从"所以然"就走向了"之所以然"，而审美创造力则实践"美在人手中"的问题。审美创造力不仅是复制现实的能力，更是创新现实的能力，即审美创造力的重要方面是创新能力。这种创新能力在文化艺术的实践问题上显得意义重大，尤其是对于艺术创造来说，没有创新，就没有艺术的历时性繁荣。唐诗臻于极致，由于创新才有了柔媚的宋词；宋词的风光过后，因为创新才又有了俚俗的元曲。总之，审美素质教育的一个根本任务是提高人们在现实生活中发现美创造美的能力。

综上所述，高校审美素质教育对于树立大学生正确的人生观、审美观，提高其审美潜能，丰富其个性与本质，培育其完善人格，提升其人生境界诸方面来说，必将发挥重要作用，从而必将为当代大学生的生命质量的改善，为中国社会主义的精神文明建设以至物质文明建设作出突出贡献。

中编 文论篇

八 孔子与柏拉图文艺思想之比较

孔子和柏拉图都生活于雅斯贝尔斯所说的"轴心时代",分别为中国美学和西方美学的奠基人,他们的美学思想在各自文化圈内具有巨大而深远的影响,朱东润说:"其时之思想家,与后代以最大影响者,则有孔子。"① 奥地利当代哲学家波普尔则说:"人们可以说西方的思想,或者是柏拉图的,或者是反柏拉图的,可是在任何时候都不是非柏拉图的。"② 所以,分析他们美学思想中的重要组成部分——文艺思想,不仅有助于了解他们的美学思想,也可以加深我们对中西美学和中西艺术的认识。

(一) 文艺的本质

在对文艺本质的认识上,孔子和柏拉图表达了很不相同的看法。

首先,孔子的文艺思想有一个突出的特点,就是将艺术的内容与伦理的"善"紧密地联系在一起;柏拉图虽然也看到了文艺与"善"的关系,但与孔子明显不同的一点是,强调了文艺内容与知识的"真"的联系。

在笔者看来,孔子美学主要是一种内容美学而非形式美学。"善"、"仁"、"合礼"就是孔子对"美"的本质性规定。孔子说:"里仁为美"(《论语·里仁》,下引该书,只注篇名),意指邻里、群体之间和睦相处即是一种美德。又说:"礼之用,和为贵,先王之道斯为美。"(《学而》)这

---

① 朱东润:《中国文学批评史大纲》,上海古籍出版社2001年版,第4页。
② 范明生:《西方美学通史》第一卷《古希腊罗马美学》,蒋孔阳、朱立元主编,上海文艺出版社1999年版,第247页。

都是从伦理行为、伦理结果方面来规定美的。艺术美与"善"的联系则体现于：孔子以内容的好或坏来判定艺术作品之可否存在。这从"删诗"和"正乐"上可以看出来。孔子将三千余首前代诗歌删定为《诗经》中的305首，是因为"诗三百，一言以蔽之，曰：'思无邪'"（《为政》）。孔子推崇雅乐，因为它是合礼的，表现仁人之德的音乐，所以他以"合礼"为标准来删乐："吾自卫返鲁，然后乐正，《雅》、《颂》各得其所"（《子罕》）。他厌恶"郑卫之音"，根本原因在于"恶郑声之乱雅乐也"（《阳货》）；《史记·孔子世家》的记载表明：他拒斥"夷狄之乐"，也是因为它是不合礼的，是化外之民的音乐。

以上论述说明，孔子其实是将艺术论置于伦理学之下来展开的。而柏拉图居于知识论的立场，从哲学上推衍艺术论，将文艺与"理念"，与本体的"真"联系在一起。后者认为，艺术是对世界的反映，应有利于发育人的理性认识，以接近"理念"这一最真的知识。"理念"（eidos，又译为"理式"、"相"）是世界的本体，是独立于人的主观意识和客观事物之外而存在的精神实体，它是"美理念"、"善理念"，同时又是"真理念"。从本体论意义上求美和善，将美、善与本体的"真"紧密联在一起来讨论，是西方知识论传统的一个鲜明特色，而恰恰是中国古代学术传统所少有的。西方的知识论和认识论是一致的，其目的指向本体论。在柏拉图那里，知识论的归宿是认识理念，提升理性。理念是最高的真实体，就是真理、理性、智慧，是最真的知识。《巴曼尼得斯篇》中柏拉图就提出，知识自身（即"真"的理念）是最精确的知识，属于神所有。他还认为，理念是万事万物的本源，也应该是艺术的本源，是艺术的表现对象。理想的文艺只能表现神，"神所做的只有好的，公正的"[1]。这里的"神"即永恒的"理念"。理想艺术应传达人们对理念的认识，满足人们追求知识、追求真理的需要。在此，柏拉图将艺术内容和知识的"真"联在一起。从哲学上来分析文艺之能否合法、合理地存在，则主要取决于它的内容是真还是假。可惜的是，因为他的头脚倒置的理念论对艺术论的渗透，他这一看法中的很多正确的因素被窒息了。

其次，孔子将形式美置于次要和附属的地位，没有也不可能赋予艺

---

[1] 柏拉图：《柏拉图文艺对话集》，朱光潜译，人民文学出版社1980年版，第27页。

形式独立发展的空间；相对来说，柏拉图则较为强调创作技巧，主张有纯粹的形式美。如果说孔子是为政治、伦理道德而艺术，柏拉图则一方面为政治而艺术，一方面有为艺术而艺术的倾向，强调形式本体的独立性。

诚然，孔子承认形式美的存在，譬如，表达了对"巧笑倩兮，美目盼兮"之面容美的欣赏（《八佾》）。但他从未将形式美和内在美（善）并重。他一方面说"文犹质也，质犹文也"（《颜渊》），"文质彬彬，然后君子"（《雍也》）；一方面又说"人而不仁，如乐何？"（《八佾》），"辞，达而已矣"（《卫灵公》）。从他的伦理学和美学出发，他实际上认为"质"胜于"文"，艺术也只能取得一个附庸的身份，即"行有余力，则以学文"（《学而》）。他说："言之无文，行而不远"（《左传·襄公二十五年》），这确实表明孔子是重视"文"的，但在这句话之前他又说："言以足志，文以足言。不言，谁知其志？"可见文辞本身在孔子看来只是工具，言之有"文"的目的只是为"行"志、"行"德、"行"道，而不在"文"本身的"行"。这发展出后来儒家的"文以载道"说，种下了不利于文艺自身发展的因子。

以形式为美是西方美学的一个传统。与孔子对于艺术形式只赋予附属身份，只给出简略的原则性的看法所不同的是，柏拉图受西方传统的影响，比较详细地论及了艺术的形式美，认为艺术形式具有绝对的存在价值，应该独立发展，后一点在他的中晚期表现得更明显。他认为真正的快感来自美的颜色、美的形式，形式美永远是绝对美的，纯形式美是绝对的。这在诸如《斐德若篇》和《斐利布斯篇》中都有说明。

最后，笔者认为，孔子的文艺观是一种表现论，而柏拉图上承德谟克利特等人，下启亚里士多德等人，提出文艺是一种摹仿，坚持了再现论的文艺观。

孔子的文艺思想主要探讨文艺与创作主体和接受主体的情感的关系，后者下文再论。从文艺和创作主体的关系来说，孔子提出，文艺就是人的情感的表现和抒发。《左传·襄公二十五年》记载："仲尼曰：'志有之，言以足志，文以足言。'"《孔子家语》卷六《论礼》中孔子也说："志之所之，诗亦至焉"。他从仁学出发，又强调文艺表达的感情并非是个人的感情，而是符合礼仪规范、受理性控制的社会性情感，因而与后来陆机的"诗缘情"说是根本对立的。孔子的表现论文艺观既是对前代艺术尤其是抒情文学的总结，又极大地影响了以后中国文艺发展的模式和路径。抒情文学而非叙事文学长期独霸文坛，这阻碍了中国人认识、探究自然世界的思想进程。

与之相反，柏拉图是在荷马史诗、古希腊戏剧等叙事文学高度发达的基础上提出"摹仿"说的，侧重说明文艺对世界的认识关系，赋予摹仿以认识论的意义。但是，他依据其理念论，认为自然世界只是理念的影子或摹仿，只有局部的、少量的真实性；作为摹仿自然的文艺，则是"摹仿的摹仿"，"影子的影子"，和真理、理念这一真实体"隔着两层"①。这一方面否认了生活是文艺的源泉，另一方面将文艺看得低于现实，否认了艺术是对生活的提炼。

（二）文艺的社会作用

对于文艺的社会作用，他们两人都予以相当的关注。但孔子从仁学出发而肯定艺术，因为审美和艺术教育有利于人的道德自我修养，从而达于"天下归仁"（《颜渊》）的理想境界。孔子在《季氏》中说："人而不为《周南》《召南》，其犹正墙面而立也与？"《泰伯》篇里他说："兴于诗，立于礼，成于乐。"将艺术看作"立人"和"成人"的根本手段。而柏拉图依据理念论却否定艺术。

孔子是着眼于文艺与接受者情感的紧密联系来论述艺术欣赏和艺术教育的。他说："小子何莫学夫诗，诗可以兴，可以观，可以群，可以怨；迩之事父，远之事君；多识于鸟兽草木之名。"（《阳货》）诗歌的作用无疑是多方面的，但基础的作用是"兴"。"兴"，朱熹释为"感发志意"，孔安国释为"引譬连类"，都突出文艺作品对情感的激发作用，以至使人情感发散而引起联想和想象。强调文艺和人的情感的关系，是中国传统美学的一个突出特点。王夫之在《诗绎》中甚至将"观"、"群"、"怨"都看作情感，提出了"四情"说："于所兴而可观，其兴也深；于所观而可兴，其观也审。以其群者而怨，怨愈不忘；以其怨者而群，群乃益挚。出于四情之外，以生起四情；游于四情之中，情无所窒。作者用一致之思，读者各以其情而自得。"（《船山遗书·诗绎》）这与孔子的思想是接近的。

---

① 柏拉图：《理想国》，郭斌和、张竹明译，商务印书馆1997年版，第392页。

在孔子看来，作者表现的是社会性情感，则接受者之"观"、"群"、"怨"，主要也是指社会性情感；"兴"一方面指个人情感上的感染和愉悦，另一方面指的是这种个人情感的满足必须以发挥社会效应为目的，即"迩之事父，远之事君"，必须导向符合伦理规范要求的社会性情感，要受到理性的制约和节制，使人"乐而不淫，哀而不伤"（《八佾》）。在孔子那里，情感和理性相互是谐调一致的。

而在柏拉图看来，情感和理性恰恰是对立的。他并没有否认艺术与情感的联系，而是认为艺术欣赏必然引起情感的激荡和忘形，所以应对情感加以遏制。他之所以重视音乐教育，是因为音乐能使人"如坐春风，如沾化雨，潜移默化，不知不觉之间受到熏陶"①。而他之所以反对复杂的音乐，是因为它使人产生情感的放纵。他所说的"迷狂"，作为一种非理性的创作状态和回忆理念的方式，就是一种情感的高峰体验，是灵魂遍体跳动的惊喜。在绝大部分的情况下，柏拉图反对情感，将情感等同于低劣的情欲，等同于人的本能和非理性。挑逗情欲的作品阻碍人的理性认识，不能使人接近理念，也不能使人成为理想国中符合统治要求的公民。柏拉图抬高理性，贬低情感。他认为人的灵魂有三个部分，即理性、意志和情欲（情感）。理性就是智慧，就是聪明。理念其实就是理性的集合体。理想城邦的统治者必须是有理性的人，最高的统治者就是最有智慧的"哲学王"。意志协助理性来控制情欲，而情欲从根本上是排斥理性的，理性应时时对它进行监控。

柏拉图否定艺术，与上述认识是密切相关的。其一，从哲学的理念论推衍，艺术不过是"影子的影子"，因而是不真实的。《理想国》卷十中他列举了三种床：床的理念，木匠造的床，画家画的床，并认为床的理念才是真实的，后两者离真实越来越远。他说："模仿术和真实距离是很远的"，不过是"低贱的父母所生的低贱的孩子"②，从荷马以来所有的诗人都只是美德或影象的模仿者，他们完全不知道真实。也就是说，艺术无助于人的理性认识。由理念论而来的摹仿论必然使柏拉图否定一般艺术。其二，艺术非但无助于理性认识，反而培养发育人性中低劣的部分，摧残人

---

① 柏拉图：《理想国》，郭斌和、张竹明译，商务印书馆1997年版，第107页。
② 柏拉图：《理想国》，郭斌和、张竹明译，商务印书馆1997年版，第393、401页。

的理性部分。文艺只属于情欲,且以逢迎人的低劣的情欲为能事。悲剧只不过满足了观众的"感伤癖"和"哀怜癖",而一旦临到自己遇上灾祸就不容易克服了。人在日常生活中,总有许多事引以为耻而羞于开口,但在观看喜剧听到类似的事时,却不会觉得粗俗反而觉得很快乐,从而"面皮愈磨愈厚",不知不觉地在私人生活中也就沾染上小丑习气。① 诗人为了讨好读者就不惜说谎和"渎神",把神写得和人一样有缺点,这实际上是反对古希腊文学中"神人同形同性"的写法。他提出,应将诗人"逐出理想国",把"渎神"的荷马式诗人"涂上香水,带上毛冠,请他到旁的城邦去"②。

但是,他对艺术的否定是不彻底的,只否定世俗的艺术,却倚重理想艺术。这种理想艺术,只不过是清洗过的艺术,是艺术的政治化。艺术的合法性存在的前提是符合城邦社会的政治要求,应培育人的德行,提高人的理性认识,"违背真理是在所不许的"。如果诗人的诗能证明"在一个政治修明的国家里有合法地位,我们还是很乐意欢迎她回来"③。可见理想的艺术就是坚持政治标准第一,艺术标准第二。他的这一片面认识说明他的文艺功能论是致力于建立奴隶制城邦国家。

(三) 两人文艺观的总体特色

整个地看孔子和柏拉图的文艺思想,笔者以为两者有一个较为明显的相同之处,即都凸显出一种功利色彩。两人的文艺思想是为各自的社会理想服务的,都有为人生而艺术、为人生而理论的倾向。

孔子企图借助文艺来广布仁学思想,推行民本主义,建立"行夏之礼,乘殷之辂,服周之冕"(《卫灵公》)的大同世界。孔子首倡礼乐并举,但他"立于礼,成于乐"的言论又表明,在功能方面"乐"位于"礼"之上,而在归宿方面"乐"又居于"礼"、"仁"之下。毫无疑问,孔子的文艺观促成了中国礼乐文化的流行和人们对于书香门第的留恋,在主客观上都促进了文艺的发达,并使文官制度保持长久,统治方式散发出脉脉的人文气息,广大的乡野民间也渗透着墨香。但同时,孔子又开了政

---

① 柏拉图:《理想国》,郭斌和、张竹明译,商务印书馆1997年版,第406页。
② 柏拉图:《柏拉图文艺对话集》,朱光潜译,人民文学出版社1980年版,第84页。
③ 柏拉图:《柏拉图文艺对话集》,朱光潜译,人民文学出版社1980年版,第56页。

治捆绑文艺的先河，他是带着用世之心和忧患意识走近文艺的，这一良好的动机却造成了艺术的畸形发达。当然，对于文艺与政治等外在因素的关系需要辨证分析。

柏拉图的社会理想是建立以"正义"为核心的贵族当政的城邦国家，他的文艺思想就服务于这一政治的目的。因为神尽善尽美，所以文艺只能表现神，并"永远使自己的形状纯一不变"①。公民应养成习惯，只爱表现德行的形式和音调，并将形式和音调固定下来，丝毫的改动都不能允许。文艺的形式，只能采用单纯叙述，加入作者的道德判断，少用混合叙述而杜绝摹仿叙述。可见，在柏拉图那里，理想的文艺是静止的、僵化的。可以说，他从哲学上对文艺所发表的见解要远比他从政治上所发表的见解高明。但同时我们也得承认，即使柏拉图秉承功利的态度，拒斥一般艺术，流露出贵族的傲慢态度，但在将文艺政治化之时也提出了一些具有针砭意义的看法。譬如，他非常重视对小孩的教育，反对向他们传播淫秽、丑恶的内容。令人羞耻之事不能讲给理智还不发达的儿童听。到柏拉图时代，古希腊的文学高峰已经过去，他认为在遗留下来的高贵的审美尺度下，现实的美和艺术显得脆弱、苍白、微不足道。这虽然带有贵族式的偏见，但一定程度上可扭转当时文艺的卑俗化和享乐化倾向。他提出，诗如果为"迎合裁判人（按：指观众）的低级趣味而写作，结果观众就变成了诗人的教师，这种规矩也导致戏剧的衰落"②。这一反媚俗的认识，对于思考今天的大众文化、消费文化等问题还是有启发意义的。

虽然孔子和柏拉图都从伦理学、政治学方面论述了文艺问题，但由于中西方文化精神的不一致，他们的文艺思想在致思路径、理论形态和特色诸多方面表现出很大的差异。

中国由于农业耕作条件的优越和血缘宗法制度的推行，造成了中国人重社会稳定和人事关系和谐等等思想，中国古代一切的学术探索和文化追求都围着这一"轮子"转动，这发展为中国人的实用理性精神。这一精神突出地体现在两个方面：一是重伦理实践行为，一是重知识的有用性。徐复观认为中国文化在道德、艺术、科学这人类文化的三大支柱中，只有前

---

① 柏拉图：《柏拉图文艺对话集》，朱光潜译，人民文学出版社1980年版，第30页。
② 柏拉图：《柏拉图文艺对话集》，朱光潜译，人民文学出版社1980年版，第309页。

两个擎天支柱，征服自然以为己用的意识不强，"中国文化的主流，是人间的性格，是现世的性格"①。孔子的文艺思想正体现了这种精神和性格，现实问题、人事问题就是孔子思考的焦点问题。所以，孔子的思想充满人间情怀而没有宗教神秘气息，《先进》篇中就有佐证："未能事人，焉能事鬼？"伦理学成为了他文艺思想的内在精神。他没有为理论而理论、为艺术而艺术的兴趣，根本不可能有理论建构的自觉，一部《论语》，也只不过是学生笔记的汇编。他也不可能对美、艺术等进行本体论意义上的寻根究底。中国人强调社会和谐，笔者以为，这对于天人相谐、天人合一的哲学观之成熟有着极大的推动作用，并进而造就重生活体验的审美观和重整体直观的思维模式，这反映于理论形态上即强调散点式的点悟而缺乏逻辑严谨的理性分析。从《论语》这一文本来看，孔子亦如此。他只说出艺术的"所以然"而不说出"之所以然"，只提出问题的结论而不说明推论的过程。孔子的思想代表着中国传统：知识重在领悟和运用。

如果说孔子的致思路径主要是从社会学的意义上，从价值论、实践论范畴对艺术作了"外围式"研究的话，那么，柏拉图则可说一方面具有与孔子一样的理论兴趣和问题意识，另一方面，受哲学传统的影响，他对艺术的本体给予了较多的关注，表现出高度的理论建构的自觉。他诚然有成为政治家的渴望，但实际的身份主要是哲学家，所以致思路径体现于侧重从哲学本体论的意义上，从知识论、认识论的角度探讨艺术问题。孔子的主要身份也不是政治家而是文化人，但中国的主流文化本来就是一种伦理型、政治型文化，因此孔子的理论是纯粹实用的理论，而柏拉图的理论除此之外，还带有哲学的玄思意味。他擅长运用层层深入的逻辑分析方法，在理论成果方面卷帙浩繁，论述文艺问题远比孔子详细。他的大部分文字是用对话体写成，它们全是理性的论辩。这些论辩充满民主、平等的特点，与《论语》语录体的训喻口吻和尊卑色彩形成鲜明对比。另外，柏拉图的文艺思想也具有宗教神学色彩。他将美设定为理念，实际上是把彼岸世界的神当作美的化身。他的"迷狂"说和"灵魂回忆"说直接地受到了宗教的影响。

古希腊人喜好探求本体论问题，也善于运用理性思辨的逻辑分析方

---

① 徐复观：《中国艺术精神》，春风文艺出版社1987年版，第1页。

法，笔者认为，这有三个方面的根本原因：（1）古希腊是一个半岛加岛屿的城邦混合体的地理单位，陆地面积狭小，三面环海，且海域不广。这种既有局限又很优越的地理状况，使很多人抛弃了农业耕作方式而开拓了航海业和商业贸易，进而培育了人们敢于冒险、敢于与人竞争、敢于和自然相颉颃的精神以及独立行动、独立思考的个人意识，"天人相分"的世界观也得以形成。这有利于理论的自觉建构和科学精神的发展。（2）古希腊有限民主制即奴隶主和一般公民的民主制的长期实行，使得在小范围的人群之内，人们重视人与人之间的平等。久而久之，民主、平等的观念深入人心，大多数社会问题不是专权决断，而是通过论辩、说理的方式来民主裁决。即使在贵族专政时期，普通市民之间也能坚持这一传统。所以连仇视民主制的柏拉图在写文章时也大多采用说理的论辩体。论辩之风非常有利于锻炼人们的逻辑思维能力。（3）柏拉图时代，古希腊的宗教气氛很浓。柏拉图的《会饮篇》记载，人们在喝酒之前都要举杯敬神，高唱敬神的歌谣。我们可以轻易地从毕达哥拉斯、苏格拉底和柏拉图等人的思想中看出宗教观念在理论中的渗透。宗教强调对彼岸世界的信仰，古希腊人热衷于讨论哲学本体论的问题，是不能忽视宗教的影响的。笔者认为，以上三个方面的情况在中国古代社会少有存在，由此，理论建构呈现出与西方迥异的特色。

九　海纳百川，有容乃大——苏轼文艺思想简论

苏轼（1037—1101），字子瞻，一字和仲，自号东坡居士，四川眉山人，北宋大文学家，大书画家，在诗、词、文、赋、书法、绘画等许多方面都有很高造诣，也是我国在古典文艺美学思想方面颇多建树、影响深远的杰出理论家。他从自己丰富的文艺实践经验出发，总结前人和时人的创作经验，在文艺本质论、文艺价值论、文艺创作论、文艺风格论等诸多方面提出了既独具特色又融会贯通的认识，从而形成了自己比较完整的系统化的文艺美学思想。

当然，虽说苏轼的文艺美学思想从总体上看是系统化的，但是，它们散落在他大量的书简、题跋和一部分诗文之中，后人免不了要去做一番缀珠采玉的工夫。本人不揣浅陋，力图在纵观苏轼全部著述的基础上，对其文艺美学思想作一粗略的梳理总结，并期待拙文成为一块他山之石。

（一）文艺本质论

文艺本质问题是文艺美学的根本问题，所以我们要把握苏轼整个的文艺美学思想，必须对他有关文艺本质的认识有所了解。那么，苏轼认为文艺的本质是什么呢？

1. 外物有触于中而发于咏叹

苏轼认为，文艺是外物有触于中而发于咏叹的产物，坚持了文艺作品客体性和主体性的统一。这是苏轼从艺术生成论角度对文艺本质所作出的一个科学的辩证的概括，与《乐记》的观点一脉相承，《乐记》开篇即云："凡音之起，由人心生也。人心之动，物使之然也。"《乐记·乐本》篇亦云："乐者……其本在人心之感于物也。"直接说明音乐的产生在于心物二者的相互作用，值得注意的是：在中国古代，乐、诗、舞三位本是一体，而在《乐记》诞生以前，"乐"已有涵盖文学艺术和人所创造的一切物质

形态的美的意义（当然我国古代文艺仍以音乐艺术为中心）。因而《乐记》中的"乐"可以看作是指称文艺的，而这里所说的"乐本在人心之感于物"也就可以看作是对文艺本质问题的一个正确回答：它一方面说明文艺的形成是"人心之动"的结果；另一方面又说明"人心之动"是"物使之然"，说明没有外部世界作为人心感触的对象，也不可能有文艺的产生。苏轼也是从主体和客体两方面来看待文艺的构成的。其《江行唱和集叙》云："山川之秀丽，风俗之朴陋，贤人君子之遗迹，与凡耳目之所接者，杂然有触于中而发于咏叹"。指明"咏叹"之作（"咏叹"之作无疑指的是文学作品，但亦可推而至于指其他艺术）的内容由两个部分组成：一是客观性的外物即客体。文艺作品是对客观外物的反映，客观外物即"耳目所接者"是艺术创作的源泉和文艺作品的重要组成部分。这坚持了现实主义创作原则。二是创作主体的思想情感、趣味追求以及对生活的认识评价。艺术作品是创作主体主观能动性的结晶，它必然烙上或隐或显的主体色彩，表现主体或多或少的志趣、爱好。"有触于中"之"中"指主体心灵，"触"则说出主体心灵为外物所触动，从而对外物产生感受，作出反映。

2. "文与道俱"，道文并重

苏轼主张"文与道俱"，道文并重，坚持文艺的思想性与艺术性的统一。这是苏轼从艺术本体论角度对文艺本质的认识。中国古代文艺论著中，从本体论方面对文艺的本原的回答，最有代表性的是刘勰《文心雕龙·序志》篇中所提出的文"本乎道"的观点。刘勰所言之"道"，主要源出老庄道家，却也融合了儒家的某些因素，且直承魏晋玄学崇尚"自然"的传统，所以在刘勰那里，"道"的主要意思是指至高无上的"自然之道"，但也包含有儒家的"圣人之道"的意思在内；刘勰眼里的"文"既有文学、辞藻、文章的意思，也有文化、学术的意思，还可以指花纹、色彩。[①]不管怎样，文"本乎道"，主要意思都是指"道"是"文"的主宰、核心和目的。这说出了文艺的本原问题，包含着对文艺本质问题的认识，即"道"是文的重要内容。苏轼对"道"的认识基本上承续了刘勰，却也有扩展和丰富，这可从苏轼下面对"道"的解释看出来。"文本乎道"的说

---

① 刘勰：《文心雕龙译注》，王运熙、周锋译注，上海古籍出版社1998年版，第1-2页。

法对苏轼的创作风格无疑存在明显的影响：他不仅以"文理自然，姿态横生"作为最高的审美标准，而且提出"反常合道为趣"的文艺美学命题。

我们知道，文艺作品是由"道"与"文"即内容与形式两方面构成的。这里所谓的"道"，大致相当于今人所说的内容因素，表现为作品的思想性；所谓"文"，则大致相当于今人所说的形式因素，体现为作品的艺术性，这"文"是从很广泛的意义来说的，把书画作品的笔墨、线条等形式因素也包括进来了。关于"文""道"在作品中的地位、作用问题，苏轼以前的文人有比较一致的倾向，即重道轻文。即使是倡导文道统一的古文大家韩愈、柳宗元、欧阳修等人，也并未真正将"文"提高到与"道"并重的地位。他们深受道统论的影响，以发扬古道为己任，如韩愈提倡文章以"传道"为要务，柳宗元主张文章的目的在"明道"，都有把"文"从属于"道"的味道。何谓"道"？韩愈《原道》云："非向所谓老与佛之道"，而是尧、舜、禹、汤、文武、周公、孔、孟世代相传的圣人之道。不可否认，古文家奉行这种"道"符合封建统治的需要，有思想上拨云驱雾的历史功绩。基于此，苏轼在《潮州韩文公庙碑》中颂扬韩愈"文起八代之衰，而道济天下之溺"，认为他的精神气度、文章业绩足以成为万世师表，"在天为星辰，在地为河岳"。他认为欧阳修也是传道之大儒，在《居士集叙》中称"其学……袭礼乐仁义之实，以合于大道。其学……折之于至理，以服人心，故天下翕然尊之。"以上足见他对韩、欧等人所言的"道"是有一定尊重之意的。

但此"道"不完全是苏轼的"道"。他一方面并没有完全抛弃唐宋以来极力倡导的道统，另一方面又对"道"作了富有生机和切乎实际的解释。他当然也是主张文章要言"道"的，但这个道，不仅是社会之道，也是自然物理，又是文艺创作之理，是客观规律之所在，可见苏轼的"道"不仅仅是当时俗儒死死抱住的封建伦理，亦不完全是韩、欧等人的"圣人之道"，当然更不是宋代理学家那类"明心见性之学、天理人欲之辨"的空谈，他也不认为文章仅仅是传道的工具，对于"文"，并没有将它置于附庸、从属的地位，而是一反韩愈以来古文家偏重"道"的传统，着重探询了文艺的本质特征及其创作规律，真正认识到文与道不可偏废的道理，提出"我所谓文，必与道俱"（苏轼《再祭欧阳文忠公夫人文》，也有人认为这个观点是欧阳修的）的观点。而所谓"文与道俱"，表明在文与道的关系上，他重视"道"又重视"道"与"文"的相得益彰，即思想性与艺术性的高度统一。这样，文艺就摆脱了儒家传统之道即道统的直接束缚，而不拘囿于图解所谓的"圣人之道"，使文艺从与社会伦理直接关联的状态走向与其间接关联、独立自由发展的新道路。简单地说，他对文、道的阐释，辩证地说明了文艺内容与形式的关系。

苏轼之"道"之所以是这样的"道"，一个重要的根源在于他思想中的儒、道、佛兼容，所以他的"道"没有拘于儒家之"道"的狭窄定义，也去掉了老庄之"道"玄秘的哲学色彩，更没有佛家论'道"的空无内涵，而是务实精神与哲学思辨的二合一的产物。

怎样得"道"，认识规律？苏轼在《日喻》一文中提出了著名的命题——"道可致而不可求"。"致"即实践，说明实践是认识规律的重要途径。他在《秋阳赋》中批评学生赵令畤养尊处优，四体不勤，因而不识秋阳的作用，从反面说出了实践的重要作用。其《书戴嵩画牛》云："耕当问奴，织当问婢。"点明要知晓农事手工，应向劳动者学习。《石钟山记》则指出："事不目见耳闻，而臆断其有无"是违背认识规律的，重视通过实地考察掌握第一手资料。他也多次论述过实践对于艺术创作的重要价值。他在《题渊明诗》中认为陶潜的"平畴交运风，良苗亦怀薪"，写得清新自然，令人喜爱，是由于此语出自"古之耦耕植杖者"之手。其《墨竹赋》表明要画竹，就得亲自去观察竹子形态，不可向壁虚构，而强调与竹为友，"朝与竹乎为游，暮与竹乎为朋，饮食乎竹间，偃息乎竹阴"。

综上所述，苏轼从艺术生成论和艺术本体论两方面论述了文艺的本质问题，而文艺本质论，是他整个文艺美学思想的基石，是他对文艺的根本性认识，其他认识很多都是以此为基础而展开的，比如从艺术生成论这个角度出发，他指出文艺有客体性的一面，正因为坚持这个认识，他后来才提出了"随物赋形"说。他诚然承认文艺是主体和客体的统一，但我们透过外物有触于中而产生文艺的观点可以发现，在主、客体中，他更看重主体心灵对创作的作用，也承认主客二体的统一是"物"这个客体统一于"人的心灵"这个主体因素，在指出作品主体色彩必然存在的同时，强调了创作者的主体地位。正因为重视创作中的主体性，所以在文艺创作实践方面，他注重表达主体意识、主体精神，塑造独立人格，追求自然适意、无拘无碍的审美人生方式，抒发真性情、真感受。正是在这个意义上，元好问的《新轩乐府引》评价苏词是"情性之外,不知有文字",其实苏词何尝又不是这样,苏诗、苏文也莫不如是。而在文艺理论方面,他提出文艺要"有为而作",一方面表示他注重文艺面对现实的社会批判作用,另一方面也体现其创作旨归在于抒发主体"情性",体现他对主体性的人在社会上应承担的责任的重视,表达他希冀匡危济困的襟袍情怀。另外如他的"空静"思维方式,对灵感的论述等等也都体现出他对主体心灵能动性的重视。又比如从艺术本体论这个角度出发,他认为文艺是思想性和艺术性的统一,"道"与"文"的统一,而他又将"道"看作规律。"规律"是人们对"必然"的认识,它通向自由,由此出发,他主张创作自由和创新,对创作方法提出了颇有创见的认识(如对"技"与"道"、"新意"与"法度"的论述)。而由重"文"出发,他又改造了孔子的"辞达"说。

(二)文艺价值论

关于文艺的价值问题,这是古今中外的文学艺术家们都十分关注的一个问题,苏轼亦不例外。他针对当时特殊的社会状况和个人曲折的人生遭遇,再加上他本人渊博的文学才能,因而对这个问题提出了许多独到的看法。这具体体现在以下三个方面:

1. "有为而作"与"言必中当世之过"

苏轼认为文艺应"有为而作","言必中当世之过"。他在任密州知州时,写了《凫绎先生诗集叙》称赞颜太初诗文"皆有为而作","精悍确苦,言必中当世之过,凿凿乎如五谷必可以疗饥,断断乎如药石必可以伐病;其游谈以为高,枝词以为观美者,先生无一言焉。"这里,他点明文艺应具有两方面的作用:一是指陈社会弊端,二是对社会要发生"疗饥"、"伐病"、消除弊端的功效。也可以说,他在这里认为"有为而作"的一个首要目标是"言必中当世之过",发挥文艺刺世、醒世、救世的作用。因此,他对文艺创作中"好奇务新",追本逐末、脱离社会生活的倾向提出批评。其《题柳子厚诗》云:"诗须要有为而作。……好奇务新,乃诗之病。"其《答乔舍人启》也说:"文章以华采为末而以体用为本。"主张文艺要反映现实生活,敢于揭露社会矛盾,要以"体用"为文之根本,不能一味追求华美的词藻。他在《答王庠书》中,又说:"儒者之病,多空文而少实用。"坚决反对无补于世的"空文"。因此,他对汉代贾谊与唐代陆贽的经世致用之学大力肯定。其《乞校正陆贽奏议札子》高度评价陆贽文章是"开卷了然,聚古今之精英,实治乱之龟鉴。"这是因为陆贽奏议那种犯颜直谏、义无反顾的态度和论事切实、了无空言的文风是苏轼所钦仰的,与他不迎合世俗之心的精神和"有意于济世之用"(苏轼《答虔倅俞括书》)的追求相一致。

怎样做到"言必中当世之过"?他认为必须有直话直说、尽言不讳的勇气。他在《田表圣奏议叙》中褒扬田锡的现实主义文风正是因为"田公古之遗直也,其尽言不讳",有一种忧危朝政的精神,敢于直面现实,指斥社会弊病。

其实,文章要有用于世的观点,前人或时人已有表述。如司马光《答孔文仲司户书》即云:"学者贵于行文,而不贵于知之;贵于有用,而不贵于无用",主张写有用之文。王安石在《上人书》中亦云:"所谓文者,务为有补于世而已矣……要之以适用为本",认为文章要有补于世,对社会"适用"。但是在这个问题上,苏轼认识得更为透彻,也坚持得更为彻底,体现出不屈的政治勇气和巨大的人格力量。他在《杭州召还乞郡状》中所说的著文要"尽言无隐",宋孝宗《御制文集序》赞他为文"不顾身害",都点明他力求发挥文艺之救世功能以及为了实现这一目的所持的坚决态度。即使忠而负屈,志没蒿莱,也没有中断过指斥乘舆、忘躯犯颜以讽谏的行为,原因正如其《密州题名记》云:"有所不尽,如茹物不下,必吐出乃已。"这里寓有他刚正不渝、独立不倚的个性,故他能力排众议,坚持己见。此种精神气度、名节德操,中国士人堪与之比肩者,极其罕见。故宋孝宗说他"忠言谠论,立朝大节,一时廷臣无出其右"。陆游在《跋东坡帖》中亦云:"公不以一身祸福,易其忧国之心,千载之下,生气凛然。"王国维在《文学小言》中也将他列入中国最伟大诗人的行列,说其人格"自足千古"。

这种"有为而作"的观点主要渊源于儒家。儒家那种"穷则独善其身,达则兼善天下"的处世原则和"修身齐家治国平天下"的人生目标是苏轼终生所追求的,所以他谨守孔孟"士不可以不弘毅,任重而道远"的襟怀气度。早年的苏轼就"奋励有当世志"(苏轼《沁园春·孤馆灯青》),是一个热切期待以身许国的儒家士人。他开始从政的时候,正值宋王朝危机四伏，积贫积弱的形势不断加剧，这更激发了他经世济时、用世补世的雄心，希望"笔中千字，胸中万言，致君尧舜"，在社会上大有作为，能为君国民生的利益服务，故他在勤于政事的同时，拿起手中如刀之笔对社会弊端大作解剖。

这种解剖大多是以讽刺的形式来进行的，故其"有为而作"的诗文表现出一个鲜明特色：多刺。其诗《送李公恕赴阙》说自己的诗文是"杂以嘲讽穷诗骚"。《宋史·苏轼传》也说他作诗是"以诗托讽，庶几有补于国"，这都点明他是有意继承风骚的讽喻传统，以表其疾时刺邪之心。他一生成于诗文又累于诗文，原因就在于其作品是多刺的。他的学生黄庭坚在《答洪驹父书》中说："东坡文章妙天下，其短处在好骂，慎勿袭其轨也"，另一门人陈师道在《后山诗话》中也说："苏诗……多怨刺，学不可不慎也"，对苏轼诗文多刺的一面有所认识，却没有认识到寓于其中的大无畏勇气。苏轼的《和刘道原见寄》诗云："独鹤不须惊夜旦，群乌未可辨雌雄。"他正是宋廷满目"群乌"中那一只高洁的独鹤！叶梦得《石林诗话》载，熙宁年间，他被王安石排挤出朝，其表兄文与可对他很不放心，要他"北客若来休问事，西湖虽好莫吟诗。"但他将忠告置若罔闻，仍一任性情行事，对新法流弊还是要坚持讽刺。《山村五绝》、《吴中田妇叹》等等就是这样的作品。不久果然就有一个莫须有的罪名在等着他，遭受了中国历史上第一场文字狱——"乌台诗案"。但自那以后，他并没有对丑恶的东西三缄其口。远放惠州，他又写出了《荔枝叹》这样的惊世之作，不避锋芒，大骂佞幸，连皇帝也没有放过，后人将《吴中田妇叹》与《荔枝叹》并称为"双叹"，与杜甫之"三吏"、"三别"相提并论，这是有见地的，也是对他大胆的现实主义创作精神的肯定。

2. 抗拒苦难、排解内心苦闷

苏轼也把文艺当作排解内心苦闷、与困难作斗争的武器。这未尝不可以看作是他重视文艺主体性的一个表现。正因为他认识到文艺主要是主体的产物，那么主体心灵的苦闷在经过审美内省之后也就成了文艺的一个驱动力。

如果说"有为而作"主要体现了文艺的外部功能，而这里主要体现的是它的内部功能。前者表明文艺是"应世"之作，即让文艺发挥其济世作用；后者则为"应己"之作，即让文艺淡化苦难，净化人生，驱除内心苦闷。

　　浏览苏轼一生可以知道，他是宋代文人中身世最坎坷的一个，仕路曲折，波动极大，有两次"在朝—外任—贬谪"的经历，他的人生履历充满矛盾的抉择与困扰，尤其是"乌台诗案"以后，面对的是惨淡的人生，精神上接二连三的痛苦、忧患，可是他并未作穷途之哭，而能从忧患中超脱出来，对挫折与打击作抽身而退的审美反思，冲破世间荣辱苦乐的羁绊，致力于个体人生价值的实现，达到超然自适的精神境界。多次贬谪时期，他都能在短暂的 彷徨、悲愤之后，经由内心反省，从而超越苦难，表现出"悲观—旷达"、"悲愤—反省—超越"这样一种鲜明轨迹，将创伤化为"雅谑"，体现出"平和恬适的文化性格，宁静、隽永、淡泊、清空的审美情趣"①，由苦痛的现实的人生走向哲理的审美的人生。

　　导致这种转化的原因在于他善于借用佛老思想（比如老庄自然无为、佛家超然尘外的思想）来解决出入进退的矛盾，当然也有儒家的某些东西，如"安贫乐道"、"达兼穷独"的思想）。从苏轼的一生来看，佛老思想对他的影响呈现出明显的阶段性。"乌台诗案"后，这种影响变得显著起来，给他提供了一个淡泊自守的精神港湾，使他处于困苦不堪的贬谪生活而有豪迈不屈的精神面貌，没有被险恶的政治环境和自然生活条件所压垮，从以前对外部事功的热切追求转向内心世界的自我体认与反省，从而有了旷达乐观的生存姿态，可贵的是，他吸取佛老思想却并未对君国民生事务采取虚无态度。他在《答秦太虚书》中表明，他学佛老的目的是"出入佛老以自退"，采纳道书方士之言也是为了"厚自养炼"。《答毕仲举书》也说："佛书亦尝看……时取其粗浅假说以自洗濯"。

　　如果说佛老思想是他排解个人不幸的思想内核，那么文艺作品则是将这种不幸进行艺术升华的外在形式，何况文艺创作过程本身就有稀释烦恼、净化灵魂的积极的审美心理功效。当然，他将自己对生活的审美观照一寓于文字，不是单纯地为了表现个人内心矛盾与精神苦闷，而是对这种矛盾和苦闷加以阐释，使其得到纾解，并重新确认自我在宇宙间的形象与地位，从而为精神找到一个栖息地。

---

　　① 王水照：《苏轼的人生思考与文化性格》，《文学遗产》1989 年第 5 期。

3."金玉珠贝"说

苏轼认为文艺本身的艺术价值如金如玉如贝,所以值得花大力气去提高艺术表现的能力。在论述他对文与道关系的看法时,我们已知道:他不仅对"道"进行了重新阐释,也对"文"给予了相当关注,着重探讨了文艺的本质特征与规律,在重视文艺思想性的同时也强调其艺术形式的重要性。这主要体现在他的"金玉珠贝"说。他在《答刘沔都曹书》中说:"文章如金玉珠贝,未易鄙弃也",认为文艺的形式表现与内容表现同样重要,不可偏废,他在《答毛泽民书》中也说:"文章如金玉,各有定价,先后进相汲引,因其言以信于世,则有之矣。至其品目高下,盖付之众口,决非一夫所能抑扬",把文章当作建功于社会和取信于世人的标志。在《答谢民师书》中,他还转述过欧阳修同样意思的话:"文章如精金美玉,市有定价,非人所能以口舌贵贱也"。他多次将文章比作"精金美玉"、"金玉","金玉珠贝",可见他对文艺本身的艺术价值是很看重的,所以十分重视艺术形式的创新,不蹈袭前人,表现出一种大胆开拓的艺术勇气。这一点容后详论。

当然,他重视艺术本身的价值,并不表示他喜观华美的藻饰,相反,他对华而不实的文风多有批评,其《谢秋赋试官启》云:"场屋后进,挟声技以相夸;王公大人,顾雕虫而自笑",形容王公贵族、科场举子竞相以文辞相夸是浅薄的顾影自怜、自我欣赏因而不足为训。同时,他也反对毫无文采的作品。其《答谢民师书》云:"扬雄好为艰深之词,以文浅易之说。若正言之,则人人知之矣,此正所谓雕虫篆刻者……终身雕虫,而变其音节,便谓之经,可乎?"批评扬雄的艰深之词缺乏文采,是"雕虫篆刻",不能卒读。在《谢欧阳内翰书》中他还说:"士大夫不深明天子之心,用意过当,求深者至于过,务奇者怪僻而不可读。余风未殄,新弊复作。"这样的求深务奇之文流于晦涩难懂、佶屈聱牙,文辞之失是一个重要原因,因而他对文坛上某些人追逐怪僻迂奇之风发出了针砭,认为必要的文辞修饰还是需要的。①

---

① 本小节文字得到了长沙民政职业学院李斌副教授的帮助,是两人合作和友谊的结晶。

(三）文艺创作论

苏轼对文艺创作问题发表了许多真知灼见。这些见解是与他的甘苦之言，经验之谈，因而迄今仍有鲜活的生命力，认真挖掘整理，对现在的文艺发展仍将产生指导功能。

1. 创作态度论

第一，他从坚持个性独立出发，主张自由创作。

前面说过，苏轼十分重视创作时作家主体性的发挥，他提出创作自由问题，正是由于这个原因。我们知道，创作自由是文艺健康正常发展的一个必然要求。文艺一旦沦为某种政治制度、某个集团服务的专有工具或强加给它某些条条框框，就难免衰落的命运。翻开中国文学史，这样的例子不胜枚举，譬如唐宋古文运动是如此，花间词派也是如此。作为一个有着深厚文艺功底，继往开来的大文学艺术家，苏轼对于文艺史上诸如此类的历史教训有着清醒的认识，这未免不可以看作是他坚持自由创作的历史原因。因而他一贯不仰人鼻息、随人哼哈。其《辩试馆职策问札子》云："君臣之间，可否相济"，认识到臣子有讽谏的权利是实现清明政治、防止专制独裁的有力保证，这是其政治态度，又是针对宋朝羸弱国情而主张勇于发表个人独立正确观点的一个现实原因，一个比较重要的外因。那么内因是什么？内因主要就在于他强烈要求精神自由、崇尚个性独立，其《与千之侄》书云："独立不惧者，唯司马君实与叔兄弟耳。万事委命，直道而行，纵以此窜逐，所获多矣。"表明他以有"独立不惧"、"直道而行"的人格为荣，纵然因此而四海为家，也无悔无怨，因为在"身行万里半天下"（苏轼《龟山》）的同时，已筑就了一座文化丰碑，"所获多矣"。这种率性而为的个性，使他敢于直话直说，言人所不敢言，行人所不敢行，故惹人深恨。他有自知之明，其《与张方平书》云："某以不善俯仰，屡致纷纷。"这种左右不逢源的处境，未尝不令他有稍微的动摇，其《答张嘉父书》、《答谢民师书》都流露过"悔其言"的情绪，但终究如其《答王庠书》所言："习气宿业，未能尽去，"其《与子明兄》更是鲜明亮出他要保持独立说话的立场："人生得丧皆前定，断置已久矣。终不以此屈。"

他进一步认为自由创作要以气为支撑，其《李太白碑阳记》云："士以气为主"。这"气"，主要地指蓬勃于作家内心的一种精神力量。有了

"气",则"使之得志,必不肯附权幸以取容,岂肯从君于昏乎?"故他把充满"迈往之气"的张安道引为同路,在《乐全先生文集叙》中,对张安道深致欣赏之意:"未尝以言循物,以色假人。虽对人主,必同而后言。毁誉不动,得丧若一。……公独以迈往之气,引正大之言,曰:'用之则行,舍之则藏。'上不求告乎人主,故虽贵而不用,用而不尽;下不求合于士大夫,故悦公者寡,不悦公者众。"这种气,即孟子所言之"浩然之气",是儒家对知识分子的一个内在精神要求。

苏轼重"气",重个性独立和自由创作,也比较多地受到道家的影响,《史记·老子韩非列传》记有庄子言论:"我宁游戏污渎之中自快,无为有国所羁,终身不仕,以快吾志焉。"这种不以仕宦为羁绊的观点,正是追求自由思想的表现。当然,苏轼有意于庄学,却并非"不仕",而只取其思想精髓,从而摆脱心为形役的境况。

第二,他主张文艺要创新,要自成一家,这在客观上符合文艺发展的实际。

坚持文艺的不断创新,是文艺本身能富有生机、延续发展的一个客观要求,也是作家艺术勇气与创作风格的体现。雷同永远是创作的致命伤,它表示作品真实性的欠缺和生命力的丧失,象征文坛的凋零与作家才力的枯萎。苏轼深谙此理,故在《答张文潜书》中对王安石"好使人同己"的作法很不满,认为这是造成宋代文苑"弥望皆黄茅白苇"的主要原因。其《送人序》进一步指出:"士之不能自成,在于俗学。俗学之患,枉人之材,窒人耳目。……王氏之学,正如脱釜,案其形模而出之,不待修饰而成器耳。"认为死板划一的雷同之文"枉人之材","窒人耳目",危害不浅,故坚决标举创新与开拓。这是苏轼坚定的创作态度。原因有二:一是其个性使然,是他坚持独立言论、自由创作的必然反映;二是得力于他深厚的知识积累,对各门艺术的本质特征和艺术创作规律有着深刻体察,对中国文艺发展历史脉络有着清楚认识,故能在各个艺术领域左旋右抽,建树宏伟,以至自标一格,自成一家。

这种创作上的自标一格,自成一家,用他自己的话说即"自是一家",这是其创新精神的具体化。"自是一家"语出自《与鲜于子俊》书中:"近却颇作小词,虽无柳七郎风味,亦自是一家。呵呵!数日前猎于郊外,所获颇多,作得一阕,令东州壮士抵掌顿足而歌之,吹笛击鼓以为节,颇壮观也。"这是他对自己所作的豪放词——《江城子·密州出猎》的评论，表明这类词与婉约词的不同处就在于：既无柳永词的鄙俗味、市民气，又无其他婉约词的缠绵呢喃、烂调陈腔，而显出或豪爽洒脱或清新俊逸的气息，打破了"诗庄词媚"的传统樊篱，起到了纠弊起颓的历史性作用，胡仔的《苕溪渔隐丛话》云："东坡词皆绝去笔墨畦径间，直造古人不到处，真可使人一唱而三叹。"胡寅的《酒边词序》也说："眉山苏氏，一洗绮罗香泽之态，摆脱绸缪宛转之度，使人登高望远，举首高歌，而逸怀浩气，超乎尘垢之外。"王灼的《碧鸡漫志》也说苏词能"指出向上一路，新天下耳目"。如此褒扬，不一而足，都是对其大胆创新的精神和"自是一家"的风格的肯定。

苏词的"自是一家"主要体现为"以诗为词"，有论者指出："东坡词是诗化的高峰"①，说明他是以写诗的态度来写词，将诗的题材内容、手法、风格、体制格律等等引入词的领域，使词如同诗歌一般可言情、叙事、明志等，故其词就具有了诗的沉郁、豪放与淳朴的特色；不止吟风弄月，而是有所兴寄，往往言在周遭，而情寄八荒。

苏诗的"自是一家"主要体现为以文为诗、以议论为诗。"以文为诗"，指的是以散文的结构、句法、表现手法等来写诗。比如多次将散文的章法结构移植入诗，比较成功的有《石鼓》、《雪浪石》等。方东树《昭昧詹言》对《荔枝叹》在这方面的尝试作了高度评价："章法变化，笔势腾挪，波澜壮阔，真太史公之文。"他还扩大了诗歌的题材领域。在他手里，诗可以悯农、议政、讽喻、纪游、写景、抒怀、谈艺、题画等等。可以说，一切人间物事，他都可在诗里任情挥洒，鼓舞于笔端。

"以议论为诗"也是苏诗的重要特色，最早指出苏诗重议论之倾向的是南宋张戒的《岁寒堂诗话》："子瞻以议论为诗。"严羽的《论浪诗话·诗辩》评价宋诗特点乃"以文字为诗，以议论为诗，以才学为诗"，具有逞才使气的成分，故"终非古人之诗也"。那么，在严羽看来，苏轼这个宋诗最大代表的诗歌是算不上"不涉理路，不落言筌"的好诗了。其实，对苏诗这个特点应辩证看待。诚然，其诗重议论，就难免个别作品出现直露之弊而少咀嚼之味，缺少了唐诗的含蓄蕴藉之美。但焉不知正是这种大

---

① 叶嘉莹：《论苏轼词》），《中国社会科学》，1985 年第 3 期。

胆改造，才使宋诗出现层层翻新的佳构，走上与唐诗迥异的发展路子。刘熙载的《艺概·诗概》就指明了二者的差异："唐诗以情韵气格胜，而宋苏黄皆以意胜。"我们知道，唐诗发展到晚唐，在意象结合方面已致极境，故宋诗要发展只能别开生面，逐渐脱离对"象"的过分依赖而强调"意"的凸现。这正是宋诗的"反动"，对于促进文体衍变从而增加其发展生机具有重大意义，是不能简单地当作缺点来看待的。何况，苏轼这样做，顺应了文学发展的必然趋势，也是艺术家延续自身艺术生命的客观需要。顾炎武在《日知录》中说："诗文之所以代变，有不得不变者。一代之文沿袭已久，不容人人皆道此语。"清朝叶燮在《原诗》中也说："与其相似而伪，无宁相异而真。"

在其他艺术领域，他也重视创新，主张要做到"自是一家"。如在绘画领域：他对"传神"理论作了发展，其独特的画法被后人冠以"玉局笔法"的美名。在书法领域：他在《跋山谷草书》中说："不恨臣无二王法，恨二王无臣法"。在《评草书》中又说："吾书虽不甚佳，然自出新意，不践古人，是一快也。"正由于他不随前人亦步亦趋，故在书法上与黄庭坚、米芾、蔡襄并称为"宋四家"。黄庭坚在《跋东坡墨迹》中云："本朝善书，自当推为第一。"这是对苏轼具有独创性的书法艺术的赞扬。

在"创新"和"自是一家"这二者关系上，他认为拥有创新精神是达到"自是一家"艺术高境的前提。只有这样，才能在创作中溶进本人的气质、品性与艺术修养。他在《书晁补之所藏与可画竹三首》中指明画竹名家文同之所以能自成一派，原因即在于此。李贽在《焚书》中分析苏轼片言能解千语；"与金玉同声"，个中奥秘在于其"胸中绝无俗气，下笔不作寻常语，不步人脚故耳"。因此，苏轼坚决反对盲从，其《与曾丞相》书云："幽居默处而观万物之变，尽其自然之理而断之于中。其所不然者，虽古之贤人之说亦有所不取。"他力图做到如他在《谢馆职启》中所说的："唯任己以直前，学师心而无法。"

2. 创作思维论

苏轼创作思路开阔，想象奇特，平凡之物往往也能寓不凡之理。这与他巧妙运用创作思维方式有着极为密切的关系。具体说来，他特别重视三种思维方式，即"静空"法、"游于物外"和灵感论。

第一，"静空"法

所谓"静空"法，指的是作家在观察事物和进行艺术构思时要保持主体心灵的静空状态。论述"静"、"空"的思维方式对创作的作用集中体现在他的《送参寥师》诗中："欲令诗语妙，无厌空且静。静故了群动，空故纳万境。"这里他无疑是极力赞成"以静观动"的。他在《朝辞赴定州状》中还进行了例证："夫操舟者常患不见水道之曲折，而水滨之立观者常见之，何则？操舟者寄于动，而立观者常静故也。"这与司空图《诗品·冲淡》中"素处以默，妙机其微"的意思一样，强调在观察事物时必须保持宁静心境，才能透过种种运动表象，认识其精微之处。而"空"的目的则在"纳万物"。这种纳物的方式是：要让主体的意保持空灵状态，对万物虚怀以待，如此方能避免观察和摄取艺术表现物时囿于个物，被物象所惑。总的来说，苏轼主"静"、"空"，意在强调保持冷静头脑和客观态度对认识事物的重要作用。这符合艺术创作的规律，具有高度的美学意义，如果不能以静观动，以空纳物，则无法取得对艺术表现对象深入的形而上的认识，也就不能创造鲜活生动的艺术形象或图景。

作为一个对儒、释、道三家学说融会贯通的大作家，苏轼的这种思维方式涂有浓厚的佛老色彩，也受荀子、刘勰等人的影响。老庄认为保持虚静是得"道"和观万物之变的必然途径。譬如《道德经》第16章就说过："致虚极，守静笃，万物并作，吾以观其复。"《庄子·庚桑楚》云："正则静，静则明，明则虚，虚则无为而无不为也。"《庄子·天道》亦云："夫虚静恬淡，寂寞无为者，天地之平而道德之至也。"道家这种虚静观既是一种人生手段，又是译注思辨方式，契合苏轼的精神需要。他在《读道藏》中写道："圣人悟一言，道集由中虚，心闲反自照，皎皎如芙蕖。"这种认识直接来源于庄子"唯道集虚"的思想。

佛家主"空"：如东晋僧肇的《不真空论》认为世界是虚幻的、不真实的，因而是空的；佛家教义中所谓的"法界观"也视世间万物为空无，所以要求人万念俱灰，淡泊情志。佛家也主"静"：僧肇的《物不迁论》力图论证世界上一切事物似乎在变动而实际是不变不动的；佛典《维摩经》亦云："静极则明，明即慧为观也"，认为守静则能察物明理。在佛家那里，"空静"指一种超凡脱俗、空无寂灭的精神境界。苏轼无疑也受到了这种佛理的影响，吸纳了其中积极的因素用于思维，却没有沉溺于消极的宗教信仰中。他喜欢焚香坐禅，但不是真正想成佛，只是心折于僧人物我相忘后所达到的那种心性清静的禅悦境界，对"四大皆空"的佛法却是不大赞成的，可见他对佛家的空静观作了脱胎换骨的改造，使之成为观察现实、孕育诗意的审美思维方式。

儒家也重"虚静"的思维方法。《荀子·解弊》云："人何以知'道'？曰'心'。心何以知？曰'虚壹而静'"，认为要认清事物真相就要求心中排除杂念，精神集中，充分发挥心灵的作用。南朝刘勰在《文心雕龙·神思》中说："陶钧文思，贵在虚静；疏瀹五脏，澡雪精神。"又说："寂然凝虑，思接千载；悄焉动容，视通万里。"专门从文艺创作方面说了"虚静"的作用①。苏轼的观点与荀子很接近，在论文方面则尤近于刘勰。

第二，"游于物外"

"游于物外"既是一种人生态度，又是苏轼经常运用的一种创作思维方式。

作为一种审美思维方式，它指的是在创作思维的过程中，创作主体的意应是自由的意，这样，作家就能有思维的自觉性，从而将客体审美化，创造出具有美感意味的形象，因为人的心灵对物并没有物质功利的考虑，完全畅游于功利之外。这正如苏轼在《书黄道辅品茶要录后》中所说的："学者观物之极而游于物之表，则何求而不得？"认为游于物表，则能摆脱功利欲念，洞明物理，不为物病，从而获得审美感受；反之，则会被物象所迷或溺于对物的功利考虑，因而视野狭窄，对物产生不了审美情感，也就不能作出审美反映，正如其《题西林壁》诗云："不识庐山真面目，只缘身在此山中。"

他认为，只有对物作超然的审察，才能达到"神与万物交"（苏轼《书李伯时山庄图后》）、物我一体的和谐境界。"神与万物交"是"游于物外"的归宿所在。正因为主体的意游于物外，不为物囿，作家才能获得对客体深刻全面的认识，从而神游万物，把握客体神韵。近人王国维在《人间词话》中说："诗人对宇宙人生，须入乎其内，又须出乎其外。入乎其内，故能写之；出乎其外，故能观之。"这与苏轼一脉相承。苏轼在《与子明兄》书中说："世事万端皆不足介意……胸中廓然无一物，即天壤

---

① 刘勰在探讨文艺内部规律诸多问题时常向道家吸取营养，但他论文的基本立场是儒家的，故将他放在儒家讨论。

之内，山川、草木、虫鱼之类，皆是供吾家乐事也。"其《莲花漏铭》亦云："盖以为天意无我，然后得万物之情。"所谓"廓然无物"、"天意无我"云云，正是"出乎其外"；而"得万物之情""供吾家乐事"，正是"入乎其内"，神游万物，说明苏轼深明出入、得无的辩证关系。

这种思维方式类似于庄子的"逍遥游"，它注重主体心灵在精神领域内的任意驰骋想象。其诗《石苍舒醉墨堂》云："自言其中有至乐，适意无异逍遥游。"可以见出庄学对他的影响。同时，这种思维方式又有佛家影响的成分。其《百步洪》诗云："但愿此心无所住，造物虽驶如吾何。""无所住"，语出佛典《金刚经》："应如是生清净心，不应住色生心，不应住声香味触法生心，应无所住而生其心。""无所住"之心，即自由之心，游于物外之心。有如此之心则能不受任何拘牵，又能融合万物，"与造物者游"（苏轼《醉白堂记》）。

第三，灵感论

首先要说明的是，苏轼并没有提出"灵感"这一术语，但他很多的论述说的其实正是灵感问题。

灵感可以看作是一种思维，实际上近似于人们常说的"妙悟"。这种思维方式他在诗词创作方面运用得最多。我们知道，诗词作为抒情文学样式，强调的是情感的抒发，且常常表现为一种创作激情的爆发，带有较多的灵感思维时的非理性因素。因此，他极其重视创作灵感，认为灵感或创作激情是产生优秀作品的能量，具有"有所不能自已"的特点。而且他认为灵感的产生迅速敏捷，转瞬即逝。其《湖上夜归》诗云："清吟杂梦寐，得句旋已忘。"其诗《腊日游孤山访惠勤惠恩二僧》亦云："作诗火急追亡逋，清景一失后难摹。"强调了灵感的形象性、短暂性特点。

灵感说可见出佛家"妙悟"说对他的影响，因为灵感正是妙悟的结果。佛家的"妙悟"，在鼎盛于宋的佛教之一支——禅宗那里又叫"顿悟"。佛家尤其禅宗传法时重视人的心解、顿悟。《悟性论》指出悟的特点是"直指人心，见性成佛，教外别传，不立文字。"《涅槃·无名论》进一步指出："玄道在于妙悟，妙悟在于即真"，把"妙悟"当作接近佛理的重要甚至唯一的方法。苏轼深染佛理，所以对"妙悟"说有所会心，其《与子由弟》书云："任性逍遥，随缘放旷，但尽凡心，无别胜解。"所谓"胜解"，即是妙悟。将此思维方法运用于创作时，他重视直感的默契，强调直觉性的凝神观照，因而思维摆脱了理性的重重束缚，作起诗文来自由挥洒，摇曳多姿。刘熙载《艺概·诗概》就指明了这一点："东坡诗，善于空诸所有，又善于无中生有，机括实自禅悟中来"，以至"舌底澜翻如是"。

妙悟、灵感这种非常高妙的思维方式，非一般人所能掌握，王应奎《柳南续笔》云："夫妙悟非他，即儒家所谓左右逢源也，佛家所谓头头是道也。诗人不到此，虽博览群书，终非自得之境，其能有句皆活乎？其能无机不灵乎？"他在这里给妙悟、灵感披上了一层神秘外衣，认为它们是人的天赋的产物，所以不免片面。而严羽在《沧浪诗话·诗辨》中的解释则比较科学："诗有别材，非关书也；诗有别趣，非关理也。然非多读书、多穷理，则不能极其至。"说明灵感的产生一方面要有天赋，另一方面，也需要后天的勤学。苏轼天资不凡，学力又深，"善于打通后壁说话"，这是他在创作时能抓住灵感的重要原因，所以其诗文多有突来之新意，"辞气迈往，故落笔皆绝尘耳"（《漫南诗话》）。

3. 创作过程与方法论

苏轼在《答谢民师书》说："求物之妙如系风捕影，能使是物了然于心者，盖千万人而不一遇也，而况能了然于口与手者乎？"这句话实际上精辟地指出了创作过程可划分为三个阶段，即："求物之妙"——"了然于心"——"了然于口与手"，符合现在人们所说的艺术积累——艺术构思——艺术表达三阶段论。这是他根据自己的文艺实践，并在总结前人创作经验的基础上而提出的科学见解。结合他的其他有关的论述可以发现，这种见解里蕴藏着许多宝贵的创作方法，因而具有重大的方法论意义。

第一阶段："求物之妙"。

"求物之妙"的阶段即摄取客体的阶段。苏轼在创作上坚持反映论，则必然承认作品是作家对客体所作出的一种能动性的反映。而要反映客体，就得面临一个认识客体、摄取客体的问题，即"求物之妙"。苏轼认为，要"求物主妙"第一是要求物象之妙。他在《净因院画记》中指出：大千世界物象迭出，有的如山石竹木之类有常形，而有的如水波烟云之类没有常形。因此创作之前必须要"善取物象"（苏轼《跋王巩所收藏真书》），以至达到不差毫末的程度。《书画传习录》甲集评价钟繇书法"如云鹄游天，群鬼戏海"，王羲之书法"如龙跳天门，虎卧凤阁"，苏轼认为这首先在于他们"善取物象"。第二是要求物理之妙。"物理"是指客体的本质特征和它所包孕的哲理，即他在《滟滪堆赋》中所说的"必然之理"或《净因院画记》中所说的"常理"。虽然其《答俞括书》云"物固有是理"，但是，他在《滟滪堆赋》中又表明，事物如水之变，"不自为形"，"是故千变万化"，所以要通万物之理，比摄取物象要艰难得多。他认为，文艺的根本正在于表达"物理"，而不是着眼于物象的再现，只有这样，才能创造"合于天造，厌于人意"（苏轼《净因院画记》）的妙品。

怎样认识、摄取客体，即怎样"求物之妙"？苏轼首先认为，应该有知识储备，这是"求物之妙"的前提条件。因此，要善于读书。沈作喆《寓简》卷八记有苏轼的"八面读书法"："每一书皆作数次读之，书之富如入海，百货皆有，人之精力不能尽取，但得其所求者尔，故愿学者，每一次作一意求之。……此虽似过钝，而他日学成，八面受敌，与涉猎者不可同日而语也。"指出读书应分门别类，精益求精，不可浅尝辄止。章学诚在《文史通义·博约上》中说"苏氏之言，看似进退皆无所据"，其实是典实宏富，援例浩博的。此正受益于他这种先进的读书方法和一贯认真的态度。

其次，"观物须审"（苏轼《书黄筌画雀》）。"审"的意思是周密仔细，意同于他在《书吴道子画后》中所言的"得自然之数，不差毫末。"也就是他所说的："细观手面分转侧，妙算毫厘得天契"（苏轼《子由新修龙兴寺画壁》），强调观察时要全面且毫厘不爽，才能"观物必造其质"（黄庭坚《豫章集·跋东坡论画》）。这个难度无疑很大，故其《书黄筌画雀》云："观物不审者，虽画师且不能。君子是以务学而好问也。"所以他在《祭张子野》中又进一步具体分析了观物的操作方式："搜研物情，刮发幽翳。"所谓"搜研物情"，主要是指搜查研求万事万物的形状、情态以及个性特征。而"刮发幽翳"，主要是指发掘认识客观生活中所隐藏着的一切暂时还没有被人们所认识理解的本质内容即"物理"。这就需要作家对生活要有敏锐的观察力，才能发现现实中具有代表性和美学意义的事物。

总的来说，"求物之妙"的阶段要求作家把握现实，探求事物规律，了解物象与物理之妙。这是一个认识摄取客体、收集写作素材、进行艺术积累的阶段。

第二阶段："了然于心"。

"了然于心"的阶段即作家熟悉客体、改造客体的阶段,也是人们常说的艺术构思阶段。所谓"了然于心",即作家在艺术创作前把摄取的客体外物在头脑中进行复杂的加工和改造,对它们进行剔抉、组合、提炼和升华,从而熟悉、把握所要描写的对象,使之在作家头脑中呈现出统一、和谐、清晰的印象,并构成栩栩如生、具有审美性的意象,如此,艺术创作才得以进行。

这个过程也就是他所说的"成竹在胸"、"意在笔先"。"成竹在胸"本是他表兄文与可提出来的一种绘画方法,苏轼对此表示赞同,并移之于论其他创作。他在《文与可画筼筜谷偃竹记》中说:"画竹必先得成竹于胸中,执笔熟视,乃见其所欲画者,急起从之,振笔直遂,以追其所见,如兔起鹘落,稍纵即逝矣。"指出作家要熟悉、全面把握客体,才能意在笔先,下笔千言,任情而为。这实际上是要求作家通过形象思维对客观事物进行艺术概括,在头脑中创造出鲜活的艺术形象。因此他反对凭着只见树木、不见森林的片面认识去进行创作,要求作家必须将零星、分散的材料组合成浑然一体的整体。可见,"胸有成竹"是艺术成功的关键,要完整反映艺术对象,必须成竹在胸。这与《庄子·天道》中"得之于心而应于手"的观点是一致的。

第三阶段："了然于口与手"。

"了然于口与手"的阶段就是表现客体的阶段,即通常所说的艺术表达阶段,要求作家用最确切、最生动的语言和最感人、最恰切的方法,将取自现实又在头脑中孕育成熟的一切表现出来。

如何表现客体?他认为应注意以下几个问题:

第一,要"随物赋形"。

这是他提出的一个重要的美学命题,又是一个极具指导意义的创作方法。其《文说》云:"吾文如万斛泉源,不择地而出……其与山石曲折随物赋形而不可知也,所可知者,常行于所当行,常止于不可不止",认为创作只有'随物赋形',才能达到行于所当行,止于不可不止的自由挥洒境界,才能形成自然天成、不矫揉造作的文风。这个意思他还多次表述过。其《滟滪堆赋》和《苏氏易传》卷三中都提出文章要"因物以赋形"、"因物以为形",他在《书蒲永升画后》中指出:某些人的画之所以被称为神逸之品，原因就在于他们绘画时能与物曲折，尽物之态。而所谓"随物赋形"，就是说，客观事物本来是什么样子，就赋予它什么样子。此处的"形"，不仅指与内容相对的形式，也包括事物本身的变化、情态和特性，这个主张是对刘勰的继承。刘勰《文心雕龙·物色》云："岁有其物，物有其容。情以物牵，辞以情发"，又云："写气图貌，既随物以宛转；属采附声，亦与心而徘徊。"正是因为苏轼主张写物造型要"随物赋形"，所以他的作品能穷形尽相，达到与自然同化的神妙境界，从而表现出自然天成的特色

第二，要有熟练的技巧。

在技与道的关系上，苏轼提倡"有道有艺"、"技道两进"。所谓"技"（也称"艺"）主要指创作技巧，"道"，与前所论"文"与"道"中的"道"含义大致相同，指的是规律性的认识。其《书李伯时山庄图后》云："有道有艺。有道而不艺，则物虽形于心，不形于手。"认为技艺、技巧是传达真实性、规律性认识的手段。他在《书吴道子画后》推重吴道子，是因为吴道子在运用"技"表现"道"方面进入了化境，故绘画"逆来顺往，旁见侧出"。由于"技"对于"道"有重要的表现作用，所以他十分强调"技"的锤炼。他在《评诗人写物》中提出作家必须掌握熟练技巧即"写物之功"，才能达到"了然于口与手"的自如之境，如其诗《次韵钱穆父还张天觉行县诗卷》云："投刃有虚皆余地，运斤不辍自成风"。他还认为，熟练技巧的最高形态表现为忘而能言、忘而能书的无技巧，即写作中那种物我同游、庄周化蝶式的心境。只有由"技"进乎"道"，才能"出新意于法度之外，寄妙理于豪放之中"（苏轼《书吴道子画后》）。

同时，他又提出了评判文艺作品艺术性高低的两个标准。

其一，是否"辞达"。

苏轼所谓的"辞达"，诚然源自孔子的"辞达"，但是又有所区别，也不等于其他人的"辞达"。孔子的"辞达"，看似文意兼重，实则主张文辞只要能达意就可以了，对"文"没有足够重视。其他人在这方面走得更远，常有重质轻文的倾向，强调内容而轻视形式，宋代理学家甚至多有弃"文"的论述，如《朱子语类》就说文辞不过是"枝叶"。苏轼在对待"辞达"方面，既继承了前人的看法，重视文字"达意"的功能，同时又

扭转了轻视文字的倾向。在《答俞括书》中他说："孔子曰：'辞达而已矣'。物固有是理，患不知之，知之患不能达之于口与手。所谓文者，能达是而已矣。"其《答谢民师书》和《答王庠书》也评述过"辞达"。从这些论述可以发现，苏轼的"辞达"说首先重视达意，把"达意"看作是写文章的根本，主张文艺要"有意而言"，以意为主。他在《策略》中就是这样认为的："有意而言；意尽而言止者，天下之至言也。"此处的"意"，既包括他对社会的批判认识，又包括他本人的思想感情。他的全部作品，可以说都是在表达这个"意"。其次，他又对"达意"之表现形式及技巧特别关注，着重探讨了文艺的本质特征及创作规律。所以，这个"辞达"说，不是不要"文"，而是对"文"提出了更高要求，不仅要求"华实相副，期于适用"（苏轼《与元老侄孙书》），也要求作者有系风捕影的能力与技巧，要将事物完整全面地表现出来，有形有神，形神俱备。因此，是否做到了"辞达"，可以看作是一个判断作品在形式表达方面是否成功的尺度。

其二，是否"传神"。

这是判断作品形象刻画高明与否、事理表达深刻与否的准绳。何谓"传神"？用他《传神记》中的话说就是"得其人之天"、"得其意所在"，亦即他《跋汉杰画山》所言"取其意气所到"。意思是说，如果写物必须表现事物内在的本质和规律，如果写人则须写出人物的内心世界和精神风貌。因此，他主张创作时要抓住事物突出的特征进行重点刻画，即其诗《书鄢陵王主簿所画折枝》中所说的"谁言一点红，解寄无边春"。在《净因院画记》中，他还进一步提出了"常形""常理"说，指明创作的目的不是单纯再现有常形或无常形的事物，而是要抓住"常形"之中的"常理"，做到"形理两全"。在塑造人物方面，他则指出要把握人的天性或精神个性显现于外形上的最突出的特征，以便进行艺术概括，得其神韵。苏轼在这里继承了东晋顾恺之的传神论并有所发展。顾恺之指出，眼睛和颧颊在突出人的个性方面有重要作用，认为"传神写照，正在阿堵中，其次在颧颊"（《世说新语·巧艺》）。苏轼在《传神论》中也认为写人无须"举体皆似"，因为"目与颧颊似，余无不似者"，并进一步认为在眉目或鼻口的特征上也能得人神情，即"凡人意思各有所在，或在眉目，或在鼻口。"

苏轼重视传神，但他无意于离开形似来谈"神似"，而是肯定文艺创作首先要达到形似。同时，他强烈反对一味地追求形似而完全不顾及神似的浅薄，说明他对形似的态度是辩证的。形似不能单纯存在，而要为神似服务。他眼里的形似乃是一种最高层次的形似。其诗《书陵王主簿所画折枝》云："论画以形似，见与儿童邻。"可以看出他极为蔑视奉形似为圭臬的人，他在《跋吴道子天龙八部图》中反驳了画"狗马难于鬼神"的说法，认为鬼神的步趋动作，也要"以人理考之"，并不能胡乱为之，以欺世人，所以并不比画狗马易，批驳了以形似为贵的观点。他在《评诗人写物》中指出石曼卿用"认桃无绿叶，辩杏有青枝"来写红梅是"至陋语，盖村学中体也。"其要害就在于太重形似，抓不住神似。由以上评述可知，在形神问题上他十分注重神似，注重以形写神，形神兼备。这是苏轼传神论的精髓。

（四）文艺风格论

风格作为作家成熟的标志，是创作主体审美趣味的外化。苏轼以其多方面的文艺建树，表现出鲜明独特的艺术风格，反映其审美追求的多样化。不过在他的艺术世界里，他最看重的风格是"自然"，其次是"奇趣"。下面试分论之。

1. 重"自然"

他在《答谢民师书》中提出，文章要"大略如行云流水，初无定质，但常行于所当行，常止于不可不止，文理自然，姿态横生。"其《文论》也表达过相同意思。他多次以水喻文，就是提倡文章要如水一般流畅、自然。他游弋于各个艺术领域，当然认为不但文学而且书画艺术都要自然天成。故其诗《书鄢陵王主簿所画折枝》云："诗画本一律，天工与清新。""天工"即强调作家的"人工"要达于天工般的自然。"清新"，即清澄明澈，无人力痕迹，乃是"自然"的体现。同时，他又说："文理自然，姿态横生"，注意在"自然"这一总特色下追求风格的多元化，反映其审美趣味具有杂多而统一的特色。具体来说，所谓"杂多"，即反对风格的单一，追求多层次多方向的审美情趣。他在《孙莘老求墨妙亭诗》中说："书之短长肥瘠皆有所美"，对书法艺术并不强求一律。他在《和子由论书》中也说："端庄杂流丽，刚健含婀娜。"正由于提倡风格的多样化，所以他的词有的豪放旷达,有的婉约飘逸;诗有的雄浑绚丽,有的平淡清新;散文有的犀利多刺、气势奔腾,有的清幽如水,情调隽永。而所谓"统一",即不论何种风格,譬如豪放、沉郁、淳朴、平淡、清新等等,都是他在自然而然的创作情境之中体现出来的艺术风格,诸种风格都通往"自然天成"这一点。林纾在《春觉斋论文》中就说明了这一点:苏轼的作品"能在不经意中涉笔成趣",摇曳多姿,但"悉本天然",都是"见诸无心"之作。简言之,"姿态横生",出自"文理自然"。

所以可说"自然"乃苏轼作品最重要的风格,也是他对文艺提出的最高审美标准。这里的"自然",主要的意思是指自然而然,用来指创作,则指自由表达,即"行于所当行,止于不可不止";这样在语言上就必然体现出清新自然的特色,看不出人力痕迹。释惠洪在《石门文字禅》卷27中就指出了这一点:东坡"其文涣然如水之质,漫衍浩荡,则其波亦自然成文。"苏轼自己在《清风阁记》中也说创作是"言发乎心",坚持《文心雕龙·情采》所说的"为情造文"而不"为文造情"的创作态度。

苏轼重视自然天成的艺术风格,受到其人生观的影响。苏轼人生观的核心正在于崇尚自然。他在《苏氏易传》卷七中说:"天地与人一理也。"这是其重"自然"的理论依据,认为人和天地是可以合二为一的。这也可看出"天人合一"的传统哲学观对他的影响。他始终追求人与自然的和谐,所以在"最深于性命自得之际"(秦观《淮海集·答傅彬老简》)发出"我生本无乡,心安是归处"(苏轼《出城留别》)的达观之想,努力做到无往不乐,自然适意。这种人生态度在他诗文中多有表露,故郑文焯《手批东坡乐府》云:"此足征是翁坦荡之怀,任天而动。"所谓"任天而动",即委命于自然,与自然合一。这符合庄子《齐物论》所说的:"天地与我并生,而万物与我为一。"也就是庄子所说的"委形于天地"。《庄子·知北游》云:"舜问乎丞。……舜曰:'吾身非吾有也,孰有之哉?'曰:'是天地之委形也'",庄子认为人身肉体本于天地,所以物我齐一,将自我意识与自然融为一体,乃是应有之义。

这也可见苏轼之重"自然"同道家有很深的渊源关系。在其书简题跋中,他提出了许多富有道家哲学和美学意味的概念譬如天工、天巧、化工、天成等等,都没有脱离道家的"自然"之理。"自然"这个概念是道家学说的中心概念。《道德经》25章云:"人法地,地法天,天法道,道法自然",认为"自然"是道的本质显现,也必然是天地万物的准则。《庄子·渔父》进一步提出"贵真"的思想:"真者,所以受于天也,自然不可易也。故圣人法天贵真,不拘于俗。"由此出发,庄子认为艺术的最高境界乃是不露人为痕迹的天然艺术,这是一种最高形式的"天籁"之美。这些看法深契于苏轼之心。所以他极力提倡自然为文,《东坡题跋》表明,他仰慕陶潜的原因之一即"古今贤之,贵其真也。"其词《定风波》云:"噫!归去来兮,我今忘我兼忘世。亲戚无浪语,琴书有真味。"提出了"贵真"之生活态度,指出"真"就是合于自然。由此出发,他在艺术上也追求真,追求自然,反对造作,《履园谭诗》记有苏轼言论:"能通得眼前真景,便是佳句。"可见,在苏轼看来,艺术极境是"得真态"的自然天成之作。

2. 重"奇趣"

首先说明一点:他追求"奇趣"风格与他重"自然"文风并不矛盾。"奇趣"在苏轼那里是一种匠心独运以达于天工般的创造,是常人难以企及的一种自然而然的艺术高境,不是机械的用巧、逞奇、刻意为之。赵秉文在《翰林学士承旨文献党公碑》中评价苏轼的这一特点时说:"文章非能为之为工,乃不能不为之为工也;非要之必奇,要之不得然之为奇也。……千变万化,不可端倪,此先生之诗,与先生之文也。"说明苏轼诗文的"奇趣"是合乎自然的。苏轼在《与鲁直书》中也说:"凡人文字,务使平和,至足之余,溢为奇怪,盖出于不得已。""出于不得已"者,即顺乎自然。

《竹庄诗话》卷八云:"诗以奇趣为宗"。对此"奇趣",苏轼也多有论述。其《书唐氏六家书后》云:"观陶彭泽诗,初若散缓不收,反复不已,乃识其奇趣。"其《评陶诗》也表达了对陶潜诗多"奇趣"的欣赏。他在评柳宗元的《渔翁》诗时也说:"诗以奇趣为宗,反常合道为趣。熟味此诗有奇趣。"这里,他用"反常合道"解释"奇趣",点明"奇趣"的精义在于新人耳目,出人意表,又合乎规律,契于自然。

他不仅重"奇趣",其诗文也充满"奇趣"。具体来说,苏轼所追求的"奇趣"主要体现在以下几个方面。

第一,理趣。

苏轼好议论,这不仅在他的诗中,也在他的散文中体现出来。由于好议论则使他的作品几乎是必然地呈现来一种理趣。理趣，既是宋代一个时代性的美学趣味，对苏轼而言，又有独特的内涵。

他多次说过，创作要"有意而言"，以意为主，比如其《书朱象先画后》就说："文以达吾心。"这是苏轼重"理趣"的理论根据。而他重"理趣"的原因则比较复杂，既受时代大气候的影响，又有个人小气候的因素。首先来看看前者。这又要从非文学和文学两个层面上来分析。从非文学的层面上看：整个宋代重视哲学思辨，其深度和广度接近魏晋玄学时代，这一方面是由于佛老思想的流行，另一方面是由于儒家思想的改造（或再造）。在昏庸软弱的政治统治下，宋代士人深感报国无门纷纷转向佛老怀抱，寻求其中富有智慧的认知方式以满足其内向封闭的心理需求，所以佛老思想风行一时，士大夫们一般习染较深，这不但导致他们人生态度的转向，而且影响深及其思维方式和审美方式。司马光《戏呈尧夫》云："当时士大夫，无坐不谈禅"，指明谈禅说理在宋代知识阶层中是一个普遍现象。同时，儒家用世哲学在社会现实面前日显无能。为寻求发展生机，儒学只有汲取佛老的思辨内容进行再造，从而向理学发展，其思辨的逻辑性、哲理性就今非昔比。所以，在这样一个讲究哲学思辨的时代，文艺重意重理趣也就在情理之中了。从文学的层面看：受庄禅思想的影响，宋人普遍追求平淡，这就必然走向追求文字底下所包孕的深刻意蕴，以满足人们穷究生命奥秘的审美心理需求；又由于诗词分流的文学现实，逼迫诗不得不放弃一部分抒情的专利而沿重"意"、重"理趣"的道路发展。

苏轼重"理趣"的个人原因则在于：一是其学识渊博，加之兼通三家，所以主观条件使他具有思辨的嗜好和探究哲理的兴趣，对事物不满于形而下的感性把握，而力求形而上的本质认识；二是其身世坎坷，阅历宽广。这个客观条件使得他探求天地和人生奥秘有了现实意义。剧烈的政治斗争以及由此产生的频繁的宦海升沉，使他无意于外在事功的追求，而转向发现社会和自然玄机以及人生的价值，转向生死得失穷通贵贱之类的哲理思辨，以求精神宁静。由于以上合力的作用，所以重"理趣"成为苏轼诗文一个重要的特色。

而所谓"理趣"，就是包含在社会、人生和自然中的普遍意义，即哲理，也就是苏轼常说的"意"。纵观苏轼的全部作品可以发现，其中蕴藏的理趣的主要内容来自对道家重自然的思想和佛家崇空哲学的理解与发挥，当然也有儒家成分如"安贫乐道"、"浮云富贵"的思想。所以，这种理趣集中体现的是他崇尚自然的审美情趣，"虽微物以为乐"的随缘适意态度，坦然面对人生得失祸福的宁静心态，在山水中享受逍遥快乐的旷达精神。这便是苏轼"理趣"的主要内涵，也是他审美趣味深刻和高明之所在，体现出他艺术化地观照、对待生活的卓越性。

第二，雅趣。

"雅趣"在苏轼那里主要表现为"以俗为雅"。"以俗为雅'也是宋代士人的一个普遍追求，这在宋代知识阶层中形成了一种浓厚的文化氛围。当时的士人一方面力求日常生活的艺术化、典雅化，使之富有一种雅趣，另一方面又使高雅的文化生活如作诗、绘画、书法、品茗、赏玩金石等等日常生活化，而日常生活就成了这些文化活动的载体和内容。这对于文化普及、提高整个社会的文化品位具有极大意义，这也使宋代的总体文化水准达到较高的程度，形成了一个充满学术品位、文化品位的时代大环境。杨万里《诚斋诗话》记有一个小故事："东坡尝宴会，俳优者作伎万方，坡终不笑。优突出，用棒痛打作伎者：'内翰不笑，汝犹称良优乎？'对曰：'非不笑也，不笑所以深笑之也'，坡遂大笑。盖优人用东坡《王者不治夷狄论》云：'非不治也，不治所以深治之也'。"倡优歌伎尚如此熟谙典故，可见宋代文化水准之高。这样一个学者的、艺术的、高雅的时代，是苏轼重"雅趣"的社会和文化土壤。

苏轼非常提倡风雅，尤其注重在俗中见雅、达雅，以雅化俗。他在《题柳子厚诗》中说："诗须要有为而作，用事当以故为新，以俗为雅。"这里他提出"以俗为雅"主要是为其"有为而作"文艺观服务的，认为这样做可以接近群众，扩大读者面，从而发挥"有为而作"的社会作用，所以他注意运用老百姓熟悉的语言去表现老百姓熟悉的生活，从而于俗中见雅，创造一种雅趣。其"以俗为雅"的特征正在于雅对俗的改造。他提倡"以诗为词"，很大程度上就存有以雅治俗的意图，希望以诗之"雅"改变词之"俗"，对单纯的"从俗"以至流于媚俗的柳永词持强烈批判态度，所以有意写作与之抗衡的"虽无柳七郎风味，亦自是一家"的豪放词。

这种"以俗为雅"，大量地在题材上表现出来，从而使题材具有俗中见雅、小中见大、凡中见奇的妙用。在其创作中，他力求日常物事的艺术化，故举凡品茗、煮茶、籴米、濯足、理发、下棋、会客、飓风、菜羹、老饕，猪肉等等无不可入作品中，故刘熙载《艺概·词概》说苏轼创作"无意不可入，无事不可言"。在他手里，"阳春白雪"式的文艺作品开始靠近了"下里巴人"，从贵族殿堂姗姗步入世俗红尘。这样，创作对象空前扩大。一些平时常见而在前人作品中较少出现的意象开始大量在苏轼作品中出现；一些本不具有审美性的日常生活物事在其作品中也被赋予审美意义，譬如"蜥蜴"、"苍蝇"、"牛矢"等丑陋之物等也成为他作品中的寓意之物，使其一部分作品甚至构成"以丑为美"的特色。

这种"以俗为雅"也表现在语言的运用上。《风月堂诗话》云："世间故实小说，有可以入诗者，有不可以入诗者。惟东坡全不拣择，入手使用，如街谈苍语，鄙俚之言，一经其手，似神仙点瓦砾为黄金，自有妙处。"说明他喜欢运用俗语口语。当然要让俗语、口语"自有妙处"，还得善于运用。清人施朴华在《岘佣说诗》中说："人所不能比喻者，东坡能比喻；人所不能形容者，东坡能形容。比喻之后，再加比喻；形容之后，再加形容"，表明苏轼拥有点铁成金般高超的语言运用能力。这种能力，当然也包括他对俗语、口语的巧妙运用。当然，"以俗为雅"还得有思想境界之雅、才学识的情趣之雅作底蕴，而这些苏轼是不缺乏的，甚至可说是超一流的。

此外，苏轼诗文也重"谐趣"。"谐趣"即幽默诙谐。这一点在《东坡的人生美学》一文中已有所论述，故此处从略。

3. 味外味

所谓"味外味"，即苏轼在《书黄子思诗集后》所说的"妙在笔画之外"。这种审美追求在他的书画论中多有表述，且在艺术实践方面力行之。比如，他在书法方面重视"字外意"（苏轼《小篆般若心经赞》）的蕴含，他本人的书法也有外拙内美的特色，也主张绘画要"得之于象外"（苏轼《王维吴道子画》），认为诗文（尤其诗歌）也要追求"味外之味"、"象外之意"的含蓄。他说诗文创作也应象李龙眠绘画一样"画出阳关意外声"（苏轼《书林次中所得李伯时归去来阳关二图后》），由此出发，他继承了中国传统的意境论，并作了充实发展。

苏轼眼里的意境即"境与意会"。他在《题陶渊明饮酒诗后》中说："'采菊东篱下，悠然见南山'。因采菊而见山，境与意会，此句最有妙处"，点明陶的《饮酒诗》妙就妙在将无穷之诗意寓于具体描写之中，表达出陶悠然于田园，无滞无碍的心态，有想象之余地和含蓄之意味。这里苏轼指出了：意境的基本特征正是景出象外，言尽意长；而这种意，主要是指含蓄的情思和回味无穷的韵味之美。意境的创造非一日之功，且有高低之别，所以他在《书司空图诗》中赞美司空图诗有"味外之旨"的同时又批评其诗"寒俭有僧态"，而称道杜甫由于才力富健、心境高远，故诗的"味外味"耐人咀嚼，其诗具有永久的艺术魅力。

由于重视"言有尽而意无穷"的意境美，他（尤其在生命的后期）特别追求诗文平淡之风，他在《与子由论书》中高度评价陶诗"质而实绮，癯而实腴"，在《东坡题跋》卷二中也说陶诗"所贵乎枯淡者，谓其外枯而中膏，似淡而实美"，表明对形式朴拙而含义丰厚的诗歌之喜爱，所以对于陶诗，"追和者几至遍"，希冀也达到"发纤秾于简古，寄至味于淡泊"（苏轼《书黄子思诗集后》）的艺术高境。他的150多篇《和陶诗》大多数都达到了这一境界，其实他的散文也多有注重意境美、含蓄美的佳作，比如《在儋耳书》、《记承天寺夜游》等。

清人张道在《苏亭诗话》卷一中说："余尝言古今文人无全才，惟东坡事事俱造第一流地步。……文人之能事尽矣"，这是赞扬苏轼在文艺创作上的实绩的，但用来称赞他在文艺美学思想方面的理论成就同样妥当。他不仅是宋代乃至整个中国历史上最伟大的文学艺术家之一，也是宋代乃至整个中国历史上最伟大的文艺理论家之一。他的文艺美学思想是对自己丰富的创作实践的总结，又吸取了别人的经验，所以既具独创性又有深刻性，达到了当时的最高水平，对文学艺术的发展产生了巨大的指导和推动作用。

苏轼文艺美学思想的一个重要特点在于深受儒、道、佛三家思想的影响，这从全文论述可以看出来。苏轼的美学观用一句话来说就是"三教合一"。他可以说是中国古代文人中对三家思想吸收、运用得最圆熟的一个人，苏辙就指出过这一点：东坡"读释氏书"，能"深悟实相"，同时，又能"参之孔老"，故而"博辩无碍，浩然不见其涯也"，点明苏轼潜泳于三家又能不囿于三家，吸取儒家经世致用的务实精神又能抛弃其愚忠观念，吸取道家崇尚自然的思想，又去除其绝对无为的懒散作风，吸取佛家超脱欲念的思想，又能抛弃其四大皆空的虚无观点。他把自己对三家思想的深刻领悟运用于谈论文艺理论问题，往往发出高见。这是我们在分析考察其文艺观点时不应忽视的。因为三者的影响构成其文艺观点的深层心理原因。

总的来说,苏轼文艺美学思想是中国文艺理论宝库中的瑰宝,其理论的生命力现在依然存在,因此加强研究,很有必要。

十 政治"挂帅"与文论"当差"

——对"十七年"文艺学的一点总结与反思

2009年,恰逢新中国成立60周年,中国当代文艺学也走过了60年辉煌而又曲折的旅途,其轨迹清晰,特点鲜明,成绩斐然,当然失误和教训亦不少。按照时间来分,当代文艺学可便利地分为新中国成立后"十七年"、"文革"和"文革"后的新时期三个阶段。

"十七年"文艺学的一个明显的特点是政治"挂帅",文论"当差",文学被定为从属于政治,文艺学也因此始终没有摆脱政治化的身份。文艺运动成为当时政治运动的重要组成部分,对文艺作品、文艺现象和文艺观念的争论和批判,都是严格按照当时的政治要求和政策来进行的,文艺学成为政治的工具和"演武场",既有过几次短暂的调整和活跃时期,又造成不少遗患甚重的错误。而"文革"时期的文艺学基本上处于停滞和受戕害的状态,笔者还认为它和"十七年"是有连续性的,即都是属于政治化文论的范围,只不过是前期政治化文论的恶性蔓延。十年"文化大革命"是一场政治浩劫和文化浩劫,文艺学虽仍然停留在政治化的框架中,但不是像"十七年"时期是在失误中有所前进,而是全面走向凋敝,是"十七年"文艺学错误倾向的极端恶化,沦为典型的傀儡和"阴谋文艺",成为林彪、江青反革命集团篡党夺权的工具。"文革"之后,文艺学走进清理、复苏、建构和扩张繁荣的新时期,逐步走上正轨,迈上学科化和多元化发展的道路,成就巨大,但由于社会文化语境的变化,也留下了很多有待解决和进一步思考的问题。

根据本文论题,下面只探讨"十七年"文艺学的主要内涵和基本特色。

1949年到1966年"文革"开始之前,就是众所周知的"十七年"。现在反过头来宏观地总结"十七年"文艺学,可用"三场运动"、"三次调整"、"一种思维",外加其他多次"批判"来大略地概括。

(一)"三次运动"

"三次运动"是指1951年对电影《武训传》的批判、1954年对俞平伯《红楼梦研究》的批判以及1955年对胡风文艺思想的批判。"十七年"时期有过很多次文艺批评转化为政治性批判的运动,但这三次运动最具有影响和标志性意义,典型地表示了"十七年"时期以下将要谈到的政治化思维模式的特点。这三次运动都是毛泽东亲自发动或授意展开的,也都是先在文艺界内部展开的文艺批评,后由最高领导人在政治上定性而发展成了政治批判运动或文坛冤案。诚然,《武训传》对武训"行乞兴学"的行为歌颂过度,对其行为中的封建色彩也缺乏批判的自觉;俞平伯的《红楼梦研究》在世界观、研究方法以及对《红楼梦》之价值和意义的认识上,都没有达到历史唯物主义的水平;胡风的文艺思想虽然有辩证、合理的一面,但也不是全部正确的。就此而言,展开争论和批评不仅是应该的,也是必要的,也不能完全否定这些运动的一定的合理性,即在新中国成立初期思想混乱的时候,它们起到了统一思想、肃清封建流毒、树立正确的世界观和文艺观的积极作用,但用粗暴简单的行政手段来解决学术争论,则抓住一点,不及其余,不仅将洗澡水和小孩一起泼掉了,也使单一的政治眼光遮蔽了学理立场,在较长的时期内严重阻碍了文艺的正常发展,使文艺创作中的教条主义、公式主义和概念化现象日趋明显,留下了深刻的历史教训。

(二)"三次调整"

"三次调整"一是指1951年鉴于文艺界概念化和公式化的弊病日趋严重而展开的整风和自我批评,于是有了对"英雄人物"、"典型"、"现实主义"等问题所进行的学术探讨;二是指由1956年"双百方针"的提出和1957年党内整风运动所带来的文艺界的短暂活跃,此时积极的成果有王蒙《组织部新来的年轻人》等文学作品,秦兆阳(何直)的《现实主义——广阔的道路》、巴人的《论人情》、钱谷融的《论文学是人学》等理论文章;三是20世纪60年代初文艺政策的调整,标志是周恩来1961年《在文艺工作座谈会和故事片创作会议上的讲话》批评了"五子登科"(套框子、抓辫子、挖根子、戴帽子、打棍子)的坏风气,此时的积极成果包括邵荃麟提出"现实主义深化"和"写中间人物"等主张。这三次调整是文艺学在曲折中的前进,也是毛泽东文艺思想在挫折中的丰富,是"十七年"文艺学所取得的成就。但由于对国内形势作出了过分严峻的估计,以至于将阶级斗争扩大化,政治的弦绷得更紧了,"政治化思维"因此被反复地强化,"调整"所带来的文艺的短期活跃每次总是转为再一次的批判和斗争,文艺陷入调整(活跃)—批判(打倒)—再调整(活跃)—再批判(再打倒)的怪圈。

(三)"一种思维"

"一种思维"即政治化的思维、思路、模式或眼光,就是把文艺当作政治事务来抓、来管,把政治的任务和规范当作文艺的任务和规范,把文艺批评衍变成文化的、思想的和政治的批判,用政治的眼光和标准来处理、评判、肢解文艺创作中的题材问题、创作方法问题、人物形象塑造问题,以政治性来处理、置换或遮蔽文学性、学理性,等等。以上所讲的"三次运动"和"三次调整",以及"调整"的最终"流产",即这种思维模式在实践中的反映。

政治化思维是毛泽东文艺思想的特色之一。从政治革命的需要来要求和解决文艺问题,也就构成毛泽东文艺思想的基本思路。而政治化思维的形成,依照新中国成立初期的情势来看是可以理解的,因为当时百废待举,敌我之间的阶级斗争确实还部分存在,从旧社会进入新社会,人们的思想观念确实也存在混乱,革命的逻辑、政治的逻辑和启蒙的逻辑都是当时现实的需要,所以从政治的高度来要求文艺,将文艺纳入政治的范围,就具备历史的一定的合理性。因此,1942年毛泽东《在延安文艺座谈会上的讲话》中所提出的"普及和提高"尤其是"普及"问题,的确成为文艺紧迫的历史任务,文艺"为群众"和"如何为群众"的问题,也的确应该成为文艺发展的方向。

问题在于,革命的逻辑、政治的逻辑有一个限度和范围。当我们用政治的逻辑和政治的思维模式来取代一切、对待一切的时候,问题就产生了。如果将某一种观点视为金科玉律,到处套用,问题就更为严重了,它必将导致盲从、僵化、狭隘、教条主义、公式主义等缺陷。我们知道,1949年7月2日于北平召开的第一次文代会(中华全国文学艺术工作者代表大会）是中国当代文艺学的起点。这次意义深远的大会将《讲话》精神确认为未来文艺工作的总方针，将文艺为人民大众服务首先为工农兵服务确认为以后文艺发展的总方向。这是具有历史的积极意义的，也体现了《讲话》巨大的理论生命力，发挥了对文艺工作者的指导功能。但一个政策性的文本不能解决文艺全部的具体问题。实事求是地讲，《讲话》中有些提法从逻辑上说也是不周全的，比如"文艺从属于政治"、人性与阶级性的关系等论述就是如此。而有些提法本是辩证的，如歌颂与揭露的问题，但由于人们僵化地理解，则导致在文艺实践中只有歌颂，没有揭露。

（四）多次"批判"与主要学术话题

当我们用政治的标准来要求文艺，甚至用政治标准取代艺术标准，文艺则必然沦为政治的附庸和工具，文艺的独特性不存在了，文艺问题的学理性也不必谈了，只剩下单一、狭隘的政治眼光，纯粹的文艺问题也可能被放大为政治问题。因此就有了如下所述的"十七年"时期多次的文艺批判。

1. 工农兵、英雄与典型问题

有人将《讲话》和第一次文代会提出的"人民的文艺"狭隘地理解为主要是为工农兵、写工农兵的文艺，将文艺为工农兵服务片面地理解为文艺只能写工农兵。发展下去，就是文艺只能写英雄人物，典型只能是工农兵，只能是英雄，不能写小资产阶级、小人物、普通人或"中间人物"，也不能以知识分子为主角。而对工农兵，只能歌颂，不能揭露。在政治化思维的钳制下，典型则被落实为共性，共性被落实为阶级性，典型理论的"个性说"是要受到批判的。写了不该写的人物又怎么样呢？那就是您有政治问题，是要被"上纲上线"的，是应该遭到政治批判的。于是有了1951年对肖也牧《我们夫妇之间》的批判，也有了20世纪50年代末期对王蒙《组织部新来的年轻人》等的批判。在对肖也牧展开批判时，有人粗暴地认为其作品没有工农兵倾向，而有小资产阶级倾向，体现了一种庸俗的人道主义，任由这种倾向发展下去，"也就会达到政治问题"。[①] 这就将思想倾向和创作立场生拉硬扯到政治立场，体现了一种"泛政治"的倾

---

① 引自黄曼君主编：《中国近百年文学理论批评史（1895—1990）》，湖北教育出版社1997年版，第729页。

向。创作题材、艺术手法、个人见解都被视为是可以反映政治问题的。政治化思维笼罩一切，遮蔽了正常的艺术思维和判断。

2. 题材与现实主义、浪漫主义问题

只能写工农兵题材、"重大题材"，题材多样化的主张仅仅也不过是主张而已，如何选择题材上升为政治立场问题。在1958年"革命的现实主义和革命的浪漫主义相结合"的"两结合"的创作方法未提出之前，现实主义也理解为只能有社会主义现实主义一种，现实主义缩小为工农兵生活。对"两结合"的理解和运用本身也存在严重的片面性。而秦兆阳（何直）1957年发表的《现实主义——广阔的道路》，反对题材、人物等的狭隘化对现实主义的歪曲，这打破了教条主义，因此在反右派运动扩大化时期（反修正主义文艺思潮的运动时期），被当作"系统的修正主义的文艺总纲领"而遭到了严厉的批判。20世纪60年代初，在文艺政策调整时期，邵荃麟提出"现实主义深化"和"写中间人物"等主张，本想对文艺政策和文艺规范（如"两结合"和英雄塑造等）进行丰富，纠正教条主义、公式主义、文坛浮夸风（浮夸的浪漫主义）等弊病，但解放以来这个制定文艺政策的参与者最后不幸被当作文艺政策的批评者、反对者而遭到与秦兆阳一样的命运。

3. 人性、人情与阶级性问题

在当时，人性被狭隘地认为就是阶级性，巴人（王任叔）的《论"人情"》、钱谷融的《论"文学是人学"》等理论文章力图从学理上说明人性、人情的丰富性，反对将人性褊狭地等同于阶级性，故此"理所当然"地遭到批判。这样，在政治打压之下，很多与文艺真正相关的理论问题只有浅尝辄止，未及展开便遭"夭折"。因此人性与阶级性问题一直遗留到新时期才得以真正解决，成为新时期最早被讨论的问题之一。

4. 形象思维问题

20世纪50年代中期关于"形象思维"的思考是文艺学研究的一个收获，学界开始讨论形象思维的特征、形象思维与抽象（逻辑）思维的关系以及它们各自对于文学创作的作用。这是当时探讨得相对深入的一个问题，当时提出的一些观点一直到90年代还在被采用。但有人竟然将形象思维也当作反党、反马克思主义的理论武器。[1] 真是欲加之罪，何患无辞！

---

[1] 郑季翘：《文艺领域里必须坚持马克思主义认识论》，《红旗》1966年第5期。

(五) 政治化思维的体现与实质

综上，可见政治化思维模式主要体现在以下几个方面：第一，政治简化为阶级斗争，而文艺简化为阶级斗争的工具和场所。这可以从毛泽东本人的思想中找到一些原因，正如有人指出的，阶级学说和阶级斗争学说是毛泽东政治革命和社会革命的基础，阶级分析方法是毛泽东社会分析的基本方法。① 第二，文艺批评政治化，将文艺问题引向政治的高度来展开批判。即文艺学术批评以行政干预方式展开，先在政治上定性，再进行政治批判。如"三次运动"中，学术讨论最后都扩大到思想文化批判和政治运动。这种文艺批评政治化的消极后果在于"严重混淆了学术问题、思想问题和政治问题的界限，干扰了学术探讨和理论争鸣的正常开展，严重挫伤了理论批评工作者独立思考、探求真理的积极性"。② 第三，政治运动往文艺界延伸。如1959年庐山会议掀起批判彭德怀、黄克诚、张闻天、周小舟等人的"反右倾"运动，从而导致文艺界展开批判所谓"修正主义"文艺思想的运动。如对钱谷融《论"文学是人学"》、巴人（王任叔）的《论"人情"》的批判。

如此一来，政治化批评所造成的恶果是多方面的，比如抓住一点不及其余的简单粗暴做法。像批评胡风的主观战斗精神时，有人认为它因为强调主观战斗精神，所以忽视了现实，从根本上走上了反现实主义。但其实胡风比其他当时的批评家更强调忠实于现实，因为他所说的主观战斗精神本身就包括"生活底深入和胸怀底扩大"两个方面。还有，狭隘的政治化思维带来情绪化批评而非学理的批评。脱离文艺本身的特性来讨论问题，无补于文艺问题的解决，除了运用政治幌子，就不能达到打压的目的。另外，它也导致违背文学创作规律，如创作与政策结合，"赶任务"等创作主张，虽在当时可能具有一定的合理性，但无助于优秀文学作品的产生，反之，促使"假大空"文学的横行。

最后总结一下：首先，在政治化思维模式的笼罩下，"十七年"文艺

---

① 黄曼君主编：《中国近百年文学理论批评史（1895—1990）》，湖北教育出版社1997年版，第729页。

② 黄曼君主编：《中国近百年文学理论批评史（1895—1990）》，湖北教育出版社1997年版，第955页。

学有教条化、庸俗化、简单化、单一化、绝对化的弊病。其中，教条化是基本的病根，教条化导致对规范和政策（包括文艺政策）的盲从和偏执的理解，导致一叶障目，不见泰山。其他的弊病几乎全从这一点而来。其次，"十七年"文艺学也有三个"对立"：外与内的对立，内容与形式的对立，客观与主观的对立，而且重视前者，忽视（或批判）后者。具体一点说，"十七年"文艺学是一种文学的"外部研究"而非"内部研究"，是一种他律论而非自律论；是一种内容分析与内容批判，形式、审美问题无暇或很少进入理论视域，总体而言是内容决定论的文论；也是一种客观论而非主观论，"主观"在当时往往成为唯心主义的代名词。胡风的"写真实"、秦兆阳的"现实主义——广阔的道路"、钱谷融的"文学是人学"、邵荃麟的"现实主义深化"和写"中间人物"等，都是从文学"内"部，又是侧重从文学"内容"，部分人（如胡风、钱谷融等）也是从"主观"方面，来力图纠正此前文论重"外"、重政治意识形态所带来的某些偏颇，但是对于文学"形式"本身也尚未予以重视。当然，讨论文学之"内"、之"内容"的问题，又都会或多或少地涉及形式问题。

批判"十七年"文艺学的如上失误，只是为了汲取其合理性，剔除其糟粕，因为批判是为了更好地继承，而如何继承又很大程度上取决于人的批判的眼光。当然，指出其失误，并不意味着要全盘否定它所取得的成就，也不意味着忽视它在中国当代文艺学发展的历史流程中所占据的地位，同时，也不表示当时的政治化思维模式全无一点历史的合理性。反之，如上简略提到的，"十七年"文艺学总体上在曲折中前进，在失误中不断丰富。学者们的理论锐气和勇气虽然很大程度上受到了挫伤，但在力所能及的范围内还是探讨或提出了很多理论的话题，有些还比较深入，为后来者提供了一定的财富，开启了诸多思路。而政治化思维从逻辑上是有一定合理性的，因为文艺与政治都是社会意识形式的一种，必然要相互地作用；从历史语境上讲，它也是有一定必要的，因为当时是政治形势还很严峻的时期，要求文学发挥自己应有的政治功能是时代的召唤。其错误不过在于它的蔓延和越界，时间的蔓延（从50年代蔓延到60年代）和空间的越界（越"政治"之界篡"文学"之权，就像弗洛伊德越"心理学"之界篡"文学"之权一样）最终导致了它的失误。

十一　现代主义艺术精神论略

在当下的文化语境中再来谈论风光远去的现代主义文学和艺术，似乎是不合时宜的事。因为在这个快速全球化的消费时代，有人叫嚣不仅现代主义文学和艺术过时了，而且一切文学和艺术都已经趋向"死亡"了；还有人认为现代主义艺术已经被后现代主义艺术所取代了。但笔者仍然愿意捡起"现代主义艺术"这个话题，重新清理现代主义艺术精神，乃是基于以下三个方面的理由：

第一，文学和艺术不仅不会死亡，而且将与人类共存。艺术的载体可能会有历史性的变迁，会从书籍过渡到电脑屏幕或手机屏幕，甚或其他的什么东西，但艺术的精神和品格将永远流传，因为人类不仅需要物质的满足，可能暂时沉湎于表象的喧嚣，但更需要精神的安抚，更愿意流连于文字或其他艺术符号编织出来的理想幻梦之中。而现代主义艺术同样没有死亡。它当然不可能有20世纪初期在它刚诞生时那般惊世骇俗的社会效果，也不可能有在它盛期时的那种"明星化"光晕，但它已经成为人类精神的重要遗产，渗透在艺术实践的方方面面，比如下文将要涉及的后现代主义艺术之中。

第二，现代主义艺术曾经是并且仍将是全球化历史事件的一部分。在笔者看来，全球化就是经济和文化的渗透与趋同，其动力是科技发展，其工具是传媒和交通。全球化不是今天才有的现象，而是自有人类交流以来就存在的历史事件，只不过今天的全球化相对而言格外快速和醒目罢了。我们知道，现代主义作为一种艺术运动和文化思潮，源起于19世纪末的欧洲，后才在世界范围渗透开来，参与到了全球化的文化征途之上。但这个征途还远远没有结束，现代主义作为艺术传统资源也远远没有被很多国家的人们所很好地利用，譬如中国就缺乏成熟的现代主义文学和艺术，其中原因当然是需要另文去专门探讨的。

第三，从精神谱系而言，诚然艺术领域的后现代主义与现代主义之间存在某些断裂，但也存在血缘的联系。可以说现代主义已成为精神因子，广泛渗透在后现代主义文学和艺术中。言及此，花些笔墨来分析二者之间的断裂和联系，有利于我们从侧面来了解现代主义艺术精神。

说到断裂，表现之一是后现代主义的叛逆和创新。现代主义本是以"叛逆"起家的，在这一点上，后现代主义与之并无二致，但后者多了一个叛逆的对象，那就是"现代主义"。后现代主义通过某些艺术形式方面的创新，如"元小说"技巧的变本加厉，来达到对现代主义这个叛逆的"师傅"的超越，彰显出其空前的叛逆姿态，但同时又与现代主义有相同的精神气质，那就是由"形式历险"所表现出来的精英色彩。这一点恰恰与它向消费文化降服、献媚的一面形成悖论，这种悖论式存在又证明后现代主义文本本身的光怪陆离。表现之二是不问意义，放弃所指。很多后现代主义文本不再关心意义问题，将道德、爱情等当作形而上学的伪问题而推到文本之外。如果说现代主义的绝望还是一种对于意义的态度的话，那么后现代主义有时连这种绝望也不流露出来。它们以中立的姿态，以旁观的姿态，以嬉戏的姿态，要么沉湎在故事的迷宫游戏中，如博尔赫斯的《交叉小径的花园》，要么浸淫在解构小说传统所带来的快感里，如巴思的《迷失于游乐场》，要么嬉戏式地展示生活的一地鸡毛，如巴塞尔姆的《白雪公主后传》。简言之，后现代主义史无前例地将文本所指问题推到了次要地位，给人的印象就是以在文本形式方面的极端标新立异来显示其存在。而现代主义虽不乏虚无和悲观色彩，但笔者认为它仍有对意义的召唤，或者说它并不否定在遥远的某处有一种更高的意义存在，以此印证人间是荒原，他人即地狱的荒诞，从而以否定形式开启意义追问的空间。在这一点上，富有宗教色彩的象征主义是比较典型的。不论是波德莱尔的"象征的森林"，还是兰波对于通灵诗人的推崇，都其实是意义建构的隐晦表达。表现之三是迎合世俗潮流。若干后现代主义文本吸收科幻小说、侦探小说甚至色情小说的因素，试图弥合界限，填平各种鸿沟，如杰姆逊所言，这表现出一种美学上的民本主义倾向。而现代主义的历史面貌是精英姿态和精英路线，一直在先锋线上行走。

说到二者之间的联系，我们认为，现代主义的艺术精神在后现代主义那里以多种不同的方式延续了下来。从艺术传统而言，现代主义是后现代主义的精神养母，其绝对的界线是不存在的。如拼贴、戏仿等手法就在现代主义文本中有很多实验，反小说、反戏剧、反艺术等等方面也在现代主义那里以不同的形式存在过，只不过后现代主义将这一切作了较为普遍的和过度的使用而已。因此有些作家和流派我们不好划归阵营，如罗伯-格里耶的"新小说"、海勒的"黑色幽默"等，到底是属于现代主义还是后现代主义，这在学界是有分歧的。

再来正面了解现代主义艺术精神。所谓现代主义艺术精神，同义反复地说就是现代主义文学和艺术所表现出来的美学品格。在我们看来，它主要表现在非镜、非灯、非人、非美四个方面。

（一）非镜：对现实主义的"逆反"

即现代主义否定了现实主义的"镜"的传统，从现实主义的"客观真实"走向"主观真实"或形式本身，从"镜"走向"非镜"。

我们知道，在艾布拉姆斯的名作《镜与灯》中，"镜"与摹仿论和现实主义二者是紧密挂钩的，在艾布拉姆斯那里，镜＝模仿论＝现实主义。这也是19世纪浪漫主义起来之前西方对于艺术（尤其是文学）本质的一种主要认识。

摹仿论的基本立场在于将艺术理解为基本上是对世间万物的摹仿。在柏拉图看来，艺术模仿的只是表象世界，因此艺术比不上现实。自亚里士多德始，模仿可以通达可能世界和理想世界，自此艺术提高了地位，确立了现实主义艺术的主流位置。另一个显而易见的事实是：由于绘画在反映现实方面是最擅长的，因此摹仿论常常将绘画与诗绑在一起。

亚里士多德的后来者，尤其是后来的古典主义者，进一步认为对自然举起的镜子所反映的并不是朴素的自然，而是改良的、拔高的或美的自然；不是"既有的现实，而是可能的现实，美好的现实，它被认为是真正存在的现实而得到表现，并具有它所能获得的一切完美"。因为"如果镜子良莠不齐地反映一切，倒不如直接用眼睛去观看人类"。[①] 可见镜子这个比喻，标志着对艺术的现实主义要求；"然而在新古典主义批评中，这些

[①] 转引自艾布拉姆斯：《镜与灯：浪漫主义文论及批评传统》，郦稚牛等译，北京大学出版社2004年版，第38页。

观念则是艺术即'理想'这一学说的规范因素,这里所谓理想,即一般意义上的所谓艺术恰当地表现美好的事实。"①

但现代主义对于现实主义的基本立场和观念予以了彻底的"反动"。

第一,艺术观念的反动:艺术的目的不在外部世界,而在精神真实或形式本身。

现代主义的普遍信念在于,"叙述向我们展示世界,但注定是一个虚假的世界"②,人的内心世界,尤其是非理性因素、无意识活动,才是比外部世界的真实更本质的真实。何况外部世界是荒诞的、非理性的,所以出自梅特林克的《盲人》(1890)中的台词是现代主义的普遍宣告:"最好是在原地不要动弹!……不必向居住处的墙外窥探……我们决不会超出居住处一步,我宁可完全不涉足于外界。"因此现代主义抛弃现实主义是必然的,正如康定斯基所指出的,现实主义曾是辉煌的资本主义的最佳样式,但从今之后将被废弃,"艺术将从自然和物质中解放出来","艺术一旦成为非物质的,也就是抽象的,它将自由地表达深藏在表面世界之下的精神之真实"。③

现代主义的这种普遍抽象化甚至晦涩的倾向表明它注重的是艺术本身,是形式本身。拿绘画来说,从印象派的马奈到立体派的毕加索再到野兽派的马蒂斯,"绘画逐渐从再现现实的使命退出,或现实逐渐从再现它的绘画中退出——主张进一步注重绘画的本质性问题"④。正如格林伯格(C. Greenberg)在比较现实主义和现代主义的绘画时所指出的那样:"写实主义的视幻艺术掩饰了手段,以艺术隐匿艺术。现代派则利用艺术引起人们对艺术的注意"⑤;现实主义的空间幻觉使人身临其境,仿佛在画中行走,而现代主义的空间幻觉却只能看,只能用眼睛遨游。

第二,艺术方法的反动,即否定现实主义的典型化,进而否定现实主义的审美观和真实观。

---

① 艾布拉姆斯:《镜与灯》,郦稚牛等译,北京大学出版社2004年版,第39页。
② 《西方现代派文学问题论争集》下册,人民文学出版社1984年版,第724页。
③ 贡巴尼翁:《现代性的五个悖论》,许钧译,商务印书馆2005年版,第75页。
④ 弗兰契娜、哈里森编:《现代艺术与现代主义》,张坚、王晓文译,上海人民美术出版社1988年版,第5页。
⑤ 弗兰契娜、哈里森编:《现代艺术与现代主义》,张坚、王晓文译,上海人民美术出版社1988年版,第183页。

现实主义承诺,作品可以反映历史、时代、民族、阶层生活的本质和总体面貌,巴尔扎克由此自称他自己是法国历史的书记员。要做到这一点,则需要按照恩格斯对现实主义的最高要求去做,即再现典型环境的典型人物。现实主义的这种典型化手法究其实是综合和理想化的结合,体现了现实主义对完美真实之所以达到和可能达到的坚定信念。但现代主义既不相信世界是美的,也不编织关于美的幻象。如尼采所说,在现代主义这里,这个世界"到处是瘫痪、困倦、僵化或者敌意、混乱;整体根本不复存在了,它是一个经过计算拼凑起来的人工制品"。① 因此现代主义放弃了现实主义的宏图伟业,坚信没有外部的真实。当然它也企图重建一个别样的世界,但它重建的世界,只是卡夫卡式的地洞和城堡,或者是关于拜占庭或大马士革永不再来的迷影。

可见现代主义与现实主义之间的距离是相当远的,相互的"妖魔化"都可能存在,譬如波德莱尔就说:"对我们来说,自然主义(即现实主义——引者注)画家和自然主义诗人一样,几乎是妖魔。他们的唯一鉴赏标准是'真'。"②

(二)非灯:对浪漫主义的"逆反"

即现代主义否定了浪漫主义的"灯"的传统,从浪漫主义的理想化抒情走向虚无、绝望的情绪呢喃,从"灯"走向"非灯"。

浪漫主义艺术的本质在于:外在的内化,内在的外化,自然变成思想,而思想变成了"自然"。这一切全赖于艺术家主观心灵的作用。在艾布拉姆斯那里,艺术家的心灵等于两种事物,即心灵=泉=灯。他认为,心灵既是艺术的动力因素,又是艺术的效果和价值源泉,因为心灵乃是照射事物的发光体。从他的论述里可以概括的另一个公式是:灯=表现论=浪漫主义。艾布拉姆斯指出,在浪漫主义那里,诗人所反映的世界,业已沐浴在他自己所放射出的情感光芒之中。但据他自己讲,将"灯"与表现论和浪漫主义连在一起的,并非他本人的首创,而是在他之前的哈兹里特。哈兹里特说:"诗的光线不仅直射,还能折射,它一边为我们照亮事

---

① 转引自周宪:《20世纪西方美学》,南京大学出版社1997年版,第92页。
② 波德莱尔:《一八五九年的沙龙:现代公众与摄影术》,引自弗兰契娜、哈里森编:《现代艺术与现代主义》,张坚、王晓文译,上海人民美术出版社1988年版,第25页。

物，一边还将闪耀的光芒照射在周围的一切之上"。①

这个"灯"的传统，表征浪漫主义对艺术家和文本的双重乐观主义设定。

拿诗歌来说，它"是诗人思想情感的流露、倾吐或表现。主要的类似提法还有：诗歌是修改、合成诗人意象、思想、情感的想象过程。按照这种思维方式，艺术家本身变成了创造艺术品并制定其判断标准的主要因素"。② 这就是说，诗人本身成为审美规范的制订者，从而改变了模仿诗人只是举起自然之境的卑微角色。正如卡莱尔所说："天才有自己的特权，他为自己选择轨道。"③ 在他看来，浪漫主义诗人是英雄，是上帝的选民，因为他们具有造化之神力。华兹华斯则说：诗人"内在的活力使他比别人快乐得多；他乐意观察宇宙现象中与自身相似的热情和意志，并常常在没有发现它们的地方自行创造"。④

不仅如此，浪漫主义对自己的作品也充满乐观主义的自信，认为作品就是一盏烛照世界的灯，给我们理想，给我们向往，给我们希望。如拜伦式英雄、湖畔派诗人田园牧歌式的悠闲、绘画领域德拉克洛瓦的激情，等等，都表现了浪漫主义文本的乐观主义本色。正如济慈说："我生平作的诗，没有一行带有公众的阴影。"雪莱也说："诗人是一只夜莺，栖息在黑暗中，用美妙的歌喉唱歌来慰藉自己的寂寞；诗人的听众好像为了一个听得见却看不见的音乐家的绝妙声音而颠倒的人。"⑤ 诺瓦里斯也说："诗所表现的是精神，是内心世界的总体。"⑥

关于浪漫主义很有意思的一个现象是，它常常与音乐连在一起。如果说摹仿论和现实主义常常将绘画与诗绑在一起，那么在表现论和浪漫主义这里，音乐则取代了绘画的位置，"被认为是一门与诗的关系极为密切的艺术。这是因为，如果认为绘画是与外界反映在镜子中的形象最相近的东西，那么，音乐在各种艺术中则是距离它最遥远的"，音乐几乎从不复现

---

① 艾布拉姆斯：《镜与灯》，郦稚牛等译，北京大学出版社2004年版，第59页。
② 艾布拉姆斯：《镜与灯》，郦稚牛等译，北京大学出版社2004年版，第20页。
③ 艾布拉姆斯：《镜与灯》，郦稚牛等译，北京大学出版社2004年版，第24页。
④ 艾布拉姆斯：《镜与灯》，郦稚牛等译，北京大学出版社2004年版，第62页。
⑤ 艾布拉姆斯：《镜与灯》，郦稚牛等译，北京大学出版社2004年版，第24页。
⑥ 艾布拉姆斯：《镜与灯》，郦稚牛等译，北京大学出版社2004年版，第56页。

自然中任何可感觉的东西，它是最擅长直接表现精神和情绪的艺术，"成为显露激情的命脉和灵魂"。①

但是现代主义却对浪漫主义的乐观主义自信和理想化抒情予以无情的颠覆。当然在现代主义崛起之初，二者之间的亲缘关系尚似乎强于疏离关系。现代主义顺承浪漫主义而来，开始自觉接受了浪漫主义的许多精神元素，比如主观表现和对于文本音乐性的推重。拿现代主义的开山象征主义来说，就明显地体现了以上这一点。但最终现代主义与浪漫主义还是分道扬镳了，前者走上了对后者进行"反动"的旅途。简单地说，这种"反动"有三个方面：第一，崇高激情的缺乏。浪漫主义的情感是"激情"，是"崇高的情感"。但现代主义不仅没有这种崇高的情感，甚至连正常的情感都没有，只有非理性和无意识的絮语，不再有济慈对于古瓮的呼唤和雪莱对于春天的等待。第二，美丽自然的消逝。浪漫主义充满对自然的歌吟，譬如华兹华斯笔下有牧歌式田园，夏多布里昂诗中有神秘的原始森林，诸多俄国诗人则吟诵了宽广美丽的俄罗斯大草原。但现代主义不再有对自然的歌吟，反之，自然成了荒原，到处充满人性或兽性的残忍。第三，理想世界的空缺。古典世界中想象出来的"云中鹁鸪国"、"慧骃国"、"德廉美修道院"在现代主义这里是永远地消逝了。

（三）非人：对传统理性主义的"逆反"

即现代主义否定了传统的理性主义，着重刻画人的"非人"状态。

众所周知现代主义艺术的理论基础是叔本华、尼采、克里凯戈尔、萨特、柏格森、弗洛伊德等人的非理性主义的哲学思想，其主要表现内容则是世界的非理性图景和人的"非人化"的生存状况。因此之故，西班牙哲学家奥尔特加认为现代主义艺术风格的首要特征是"非人化"，人们生活于其中的那个熟悉的世界不见了，反之，世界变得奇特、陌生，甚至人的想象力都难以触及。②奥尔特加虽然是针对毕加索式的绘画而言的，但他提出的这个说法同样适用于现代主义文学和其他艺术。

1. 人的小写

正如现代主义连正常的情感也不流露一样，它连正常的人也不寄予希

---

① 艾布拉姆斯：《镜与灯》，郦稚牛等译，北京大学出版社2004年版，第57页。
② 周宪：《审美现代性批判》，商务印书馆2005年版，第417－418页。

望，更不用说去塑造传统的大人物或英雄。英国批评家威尔逊说，人是神还是虫？现代主义采纳了后者。所以现代主义艺术图景中，充斥着精神失血的渺小个体。曾经自信的自我沦落为今天没有方向感的绝望个体。卡夫卡的孤独意识、《等待戈多》的荒诞感，《局外人》的冷漠身影，都是人类自我意识空无的形象写照。萨姆沙成了一只虫子，而全部的人萎缩在阴暗的"地洞"；不是人控制"椅子"，而是"椅子"挤压着人；古代的英雄奥德修斯转眼间成了现代"尤利西斯"——庸俗无能的布洛姆。

2. 非人的处境：非理性世界

非人的存在和自我意识的丧失缘起于这个世界的非理性或过度理性。哈里斯说："我们是一群孤独的社会机构中驯顺的成员，正在逐渐变得荒诞。现代存在主义哲学警告我们：我们在一个分裂的技术世界，技术使人沦为工具与机器而面临着丧失自我。"① 这个世界是不可理喻的，人也是不可理喻的，完整的理性的人碎裂成非理性的物化的"非人"。"追忆逝水流年"追忆的只是失望和困惑；世界如同"第二十二条军规"那般荒唐可笑。卡夫卡因此哀叹："我被疯狂的时代抽打"，"我们摧毁不了这个世界"，"这种生活是无法忍受的，而另一种生活又是可望而不可即，人们不再感到想死是一种耻辱"。叶芝《基督重临》也写道：

一切都四散了，再也保不住中心
世界上到处弥漫着一片混乱，
血色迷糊的潮流奔腾汹涌，
到处把纯真的礼仪淹没其中，
优秀的人们信心尽失，
坏人则充满了炽烈的狂热。

世界的荒诞、人生的无意义、主体的失落、人的绝望和精神危机，这些被阿多诺在《美学理论》中归纳为"20世纪的世界情绪"，而现代主义艺术正好充当了这些情绪的"象征"。现代主义的非人化现象清楚不过地表明如下事实：现代主义者对真理存在之虚无的绝望，正如有人说："我

---

① 查尔士·B·哈里斯：《文学传统的背叛者》，陕西人民出版社1987年版，第2页。

达到了物体不存在的白色世界，它是虚无的去蔽与显示"。①

（四）非美：对美和传统艺术规范的"逆反"

现代主义否定传统的艺术规范和审美原则，从美走向"非美"。具体一点说，现代主义以内容与形式的双重历险，不惜以艰深、晦涩为代价，推倒古典的和谐局面，从和谐走向冲突，从静美走向混乱，从艺术走向"非艺术（反艺术）"。

前面提到现代主义是叛逆的"师傅"。确实，现代主义是以文学传统的不孝子和叛逆者的面貌出现的，既有世界观、价值观、文学内容上的叛逆表现，也有叙事方式、结构方式等形式上的叛逆。俄国学者赫列博尼科夫等有一篇文章，叫做《给社会趣味一记耳光》，其中写道："把普希金、陀思妥耶夫斯基、托尔斯泰等等，从现代生活的轮船上扔出去。"② 前苏联学者说：对先锋派来说，通俗易懂通常是平庸和粗俗的同义语。因此现代主义的先锋姿态体现为把艺术现象不广泛流传和不可理解的程度作为衡量其实际价值的一条最重要的标准。例如著名的超现实主义者让·拜克托在谈到艺术作品时这样写道："它愈不好懂，它的花瓣就开放得愈慢，凋谢得也愈慢……一部作品如不保守住秘密而展示得过于迅速，它就有凋谢的巨大危险，结果剩下的只不过是枯枝而已。"③ 这些言论揭示了现代主义在创新求异、反抗传统方面的主观动因。

现代主义之"非美"的一个方面在于非美世界的呈现：荒诞。有人指出，西方现代主义的主要审美特征之一就是荒诞。事实确实如此，现代主义所快意的正是世界的荒诞化表现。现代派作家通过非理性的、不合逻辑的极度夸张、变形，采用魔幻和寓言的形式，来表现对客观世界的主观感受，认为荒诞就是真实，就是本质，就是现实。于是以虚幻怪异的荒诞方法，将梦幻与真相、神话与现实、客观内容与主观想象混淆在一起，以表现世界的荒谬、人生的痛苦以及人性的异化。如《椅子》的物化，《毛猿》的兽化，意味着这个世界不过是令人"恶心"的"荒原"。

另一方面在于艺术形式的非艺术化。瓦雷里说："凡是现存的都推翻，

---

① 贡巴尼翁：《现代性的五个悖论》，许钧译，商务印书馆2005年版，第82页。
② 袁可嘉编：《现代主义文学研究》（上），中国社会科学出版社1989年版，第382页。
③ 袁可嘉编：《现代主义文学研究》（上），中国社会科学出版社1989年版，第308页。

不管是什么。"① 这句话作为现代主义的宣言毫不为过。卡林内斯库也指出，现代主义美学代表着一种文化转变，即"从一种由来已久的永恒性美学转变到一种瞬时性与内在性美学，前者是基于对不变的、超验的美的理想的信念，后者的核心价值观念是变化和新奇"。② 从此，美、和谐等等，不再是标准，反常和创新才是"标准"，从此，现代主义艺术也就走上"非美"和"非艺术（反艺术）的道路，走上抽象晦涩和花样翻新的形式历险之路。本雅明早就指出："波德莱尔的作品，关心的……是完全新的目标，其力量仅在于它是新的这一事实，而不管它可能有多么恶心多么肮脏。"③

很多现代主义艺术因此被冠以"极少主义"、"原始结构艺术"、"贫乏的艺术"、"不可能艺术"、"概念艺术"、"反形式的艺术"等等别称④。阿拉贡早在1928年的《风格论》中，就试图把超现实主义定义为反文学。杜尚则干脆自称"反艺术家"，成为"反艺术"的奠基者。1913年，他将一个自行车轮胎固定在一个小圆凳上，以之为现成艺术品，对诸多传统艺术概念，如创造性、独特性、美和自主性等，提出了质疑。他还有将《蒙娜丽莎》的复制品画上两撇胡子的叛逆举动，其著名的《泉》也是反艺术或非艺术的绝佳例证。

诚然艺术创新在艺术史上是必不可少的部分，不管现实主义还是浪漫主义都会有艺术的创新，但它们同时却遵守一定的艺术法则和既定的成规，从来不像现代主义这样将一切艺术规则抛之脑后，任意沉浸于形式的嬉戏和打破常规的狂欢中。现代主义艺术常见变形、极度夸张、幻觉、意识流、梦境等艺术手法，非理性的主观情绪成为艺术创作的基本动力。如达利的作品基本上是对梦中幻觉的展示，令人不知所云；毕加索则把人和物任意切分拼贴，美其名曰立体主义。现代派甚至从事莫名其妙的形式创新，比如达达主义者让打字机任意打字，组成所谓的小说；还把小说分

---

① 转引自贡巴尼翁：《现代性的五个悖论》，许钧译，商务印书馆2005年版，第70页。
② 卡林内斯库：《现代性的五副面孔》，顾爱彬等译，商务印书馆2003年版，第9页。
③ 转引自戴维·弗里斯比：《现代性的碎片》，卢晖临等译，商务印书馆2003年版，第22页。
④ 基霍米洛夫等：《现代主义诸流派分析与批评》，中国文联出版公司1989年版，第381页。

散，组成"活页小说"，读者读到哪里算哪里。而在绘画领域，则有让人身涂满油彩，在画布上随意打滚，而谓之创作的新潮行为。这必然让现代主义艺术在很大程度上沦为孤芳自赏的"文化独舞"事件。

不过，笔者认为，现代派极端的形式创新一方面把艺术搞得晦涩无比，另一方面却也开辟了艺术的新空间，改变了人们对艺术和美的传统看法。阿多诺甚至从历史的角度和本质论的角度赋予现代主义艺术以"当然"的意义。他认为，在艺术表现的真正意义上，和谐是不能实现的。所谓和谐，或者是表面的完整，或者是暂时的平衡。在艺术中，一切被适当地称为和谐的东西的内部，都必然包含着绝望和对立残余。因此，他说，"冲突是和谐的本质"。①如果说传统美学强调和谐、制造和谐，现代主义艺术则凸现"冲突"，乃是非和谐的艺术，也即是非美的艺术。

所以，随着时间的推移，这些非美的非艺术的东西，今天还不被人广泛认可的东西，日后可能会被纳进艺术和美的家族。有些则实际已经被纳进来了，如毕加索的作品已经成为现代艺术的经典，而杜尚那只曾经惹人愤怒并屡次使人想砸掉的尿瓶（《泉》），也堂而皇之地成为艺术中的一员"贵族"。

尼采、弗洛伊德、康拉德等人告诉我们：现代主义"不再为文化所陶醉"，是"仇视文明的痛苦体系"，它给我们以困境、异化、悲观和虚无主义的思想传统；"现代的概念是和混乱、绝望、无政府状态的意识联系在一起的"②。所以现代主义崛起的20世纪被称为所谓的丑学时代，而现代主义在其整个的历史阶段，都没有彻底摆脱颓废派的恶名。

但我们认为，现代主义正是在展示荒诞、否定社会的基础上标明它对新意义追问的企图，此处，否定、绝望、悲观、虚无正是寻求别的意义的姿态，也开启接受者反思的途径。现代主义艺术是审美现代性的基本场域，而审美现代性和作为其体现者的现代主义艺术，正是一种反思的和反抗的力量，反思科技现代性或启蒙现代性的陷阱，"反抗作为合理化过程的启蒙形式"③。此处再次转述阿多诺的看法是有必要的。他也正是在"反

---

① Adorno, AestheticTheory, Routledge&KeganPaul, 1984, p. 161.
② 布雷德伯里、麦克法兰编：《现代主义》，胡家峦等译，上海外语教育出版社1992年版，第26-27页。
③ A·韦尔默语，转引自张辉：《审美现代性批判》，北京大学出版社1999年版，第6页。

抗"和"否定"的意义上承认现代主义艺术的合法性和正当性。他认为，以和谐为特征的传统艺术是肯定性艺术，而以冲突为特征的现代主义艺术是否定性艺术。肯定性艺术是对历史苦难本质的美化和遗忘。在肯定性艺术中，同一性原理使苦难失去了声音。否定性艺术却是要否定这种对苦难的美化和遗忘。"苦难，而不是肯定，是艺术的人性内容"；"假使抹掉对苦难的历史记忆，将难以设想作为历史缩影的艺术的最后面目。"① 阿多诺进而认为，正是"苦难"以及绝不美化苦难的姿态，使现代主义艺术甚至具有崇高的特点。

由上即可见出，现代主义艺术本身具有明显矛盾的两重性：一方面是虚无主义和悲观主义，一方面是批判维度和意义建构，它既是虚无的去蔽，又是虚无的显现。

---

① Adorno, Aesthetic Theory, Routledge & Kegan Paul, 1984, p.369.

十二 关于后现代主义文学的几个关键词

后现代主义是一场于20世纪50年代末60年代初兴起于欧美,后延续至今并影响全球的文化思潮。莱斯利·费德勒(Leslie Fiedler)在1969年对后现代主义下了一个早期的定义:一个崛起的运动,一种对类别完整性观念的蓄意复杂化。① 美国作家阿瑟·A·伯格借小说人物之口说:"后现代主义可以被称为一种状况或一种理论,一组信念、价值观和态度……塑造了我们的意识以及我们的社会……但这不仅仅是美学……这是理解世界和生活的一种方式。"② 它波及哲学、美学、人类学、社会学、文学艺术等领域,按照学者们的阐释,其基本内核在于消解元叙事,提倡个体主义、多元主义和不确定性等方面。作为文化思潮的后现代主义,其产生的土壤是新型社会的出现和大众文化、商业文化的崛起。这个新型社会,思想家们有各种叫法:晚期资本主义社会、后工业社会、消费社会、高科技社会、信息社会或媒体社会等。

而后现代主义文学是后现代主义文化思潮的产物和折射,是20世纪下半叶西方文坛上最引人注目的文学现象之一。它不是一个单一的文学思潮或文学流派,而是包括了"二战"后所出现的众多具有反传统色彩的文学思潮与派别。一般认为它萌发于20世纪50年代,其发源地是法国和美国,而零星的后现代主义现象可能更早。50年代兴起的法国荒诞派戏剧、新小说,美国的垮掉派文学及黑山派诗歌等,今天常被人们划归为后现代主义作品。到了60年代,西方后现代主义文学进入了成熟阶段,并从发源地美、法两国蔓延到英、德、荷等其他欧美国家。80年代后,西方后现代主

---

① S·康纳著、严忠志译:《后现代主义文化——当代理论导引》,商务印书馆2004年版,第161页。
② 阿瑟·A·伯格著、洪洁译:《一个后现代主义者的谋杀》,广西师范大学出版社2001年版,第29页。

义文学日呈衰落之势，但影响波及俄罗斯、日本、中国等国家。80年代后期出现的中国先锋派作家如马原、洪峰、残雪等人的作品明显地带有后现代主义特点。

描述后现代主义文学基本特征的关键词主要有："元小说"、"互文性"、"戏仿"（戏拟）、"拼贴"（拼凑）、"不确定性"、"解构"（消解、破坏、颠覆）、"反体裁"、"语言狂欢"（语言游戏）、"可写文本"（读者参与）、"民本主义"、"迷宫小说"等等。其中很多词的内涵之间是相互阐释、相互体现、互为因果的。下面择要解释几个关键词的内涵。

（一）元小说

"元小说"一词首先是由美国的 W·加斯提出来的。在《哲学和小说形式》（Philosophy and the Form of Fiction，1970）一文中，他指出，到处都在制造术语的术语，数学和逻辑学有元定理，小说也一样。"在博尔赫斯、巴思和 T. 奥布莱恩的作品中，小说形式仅仅充当其他形式的原材料。以上作家众多的反小说都可以称为名副其实的元小说。"[1] 所谓"元小说"，是"有关小说的小说：是关注小说的虚构成分及其创作过程的小说"。[2] 小说本身成为探讨小说创作技巧、创作结构和创作理念的场所，直接展示作家的自我意识，因此也叫自我意识、自我反思或自我指涉的小说。还有人说："所谓元小说就是指这样一种小说，它为了对虚构和现实的关系提出疑问，便一贯地把自我意识的注意力集中在作为人造品的自身的位置上。这种小说对小说作品本身加以评判，它不仅审视记叙体小说的基本结构，甚至探索存在于小说外部的虚构世界的条件。"[3]

可见"元小说"最突出的特点在于小说虚构性的自明性，即直接点明小说的虚构性和人为性。正如罗伯·格里耶所强调的，小说应该坦白承认其虚构功能。英国的马克·柯里（Mark Currie）也指出："元小说作品是指由这样一些人写的作品：他们清楚怎样讲故事，但他们的叙事却在自我意识、自觉和反讽疏离等不同层面上返回叙事行为本身"。[4] 任教于加拿大

---

[1] W. H. Gass, Fiction and the Figures of Life. Boston: Nonparel Books, 1971, pp. 24–25.
[2] 戴维·洛奇：《小说的艺术》，作家出版社1998年版，第230页。
[3] 王先霈、王又平编：《文学批评术语词典》，上海文艺出版社1999年版，第676页。
[4] 马克·柯里，宁一中译：《后现代叙事理论》，北京大学出版社2003年版，第70页。

多伦多大学的美国学者琳达·哈琴（Linda Hutcheon）由此提出"历史叙述式的元小说"（Historiographic Metafiction），用来指"一种强烈感受到自己的虚构性、却又涉及真实历史事件的小说"。①

戴维·洛奇（David Lodge）正确地指出，元小说技巧并非后现代主义所专有，在俄国形式主义甚至更早的经典现实主义那里都存在，譬如在萨克雷的《名利场》中就可以找到例子，但"这些手段却的确在当代小说中最为显著"，"在文本的疆界内，对作者行为的彰显是当代小说的一个共同特点"。②元小说理论的提出者和阐释者加斯指出："我的作品是虚构的，它们和现实世界无关，我没有这个智慧去展示这个现实世界，其他作家也没有。"③作家的义务不是传统的反映这个世界，而是虚构一个世界，并说明这种虚构的存在。因此作者常常以叙述者的身份直接插入叙述过程中，总是不忘提醒读者对创作虚构行为本身的关注。比如在威廉·加斯的《威利·马斯特的孤妻》中，他在小说的结尾写上一句："YOU HAVE FALLEN INTO ART——RETURN TO LIFE"（您掉进了艺术的陷阱——回到生活中去吧），以此提醒读者注意小说的虚构性，打断读者的传统阅读体验。除了加斯之外，元小说技巧在美国的巴思、巴塞尔姆、罗伯特·库佛、纳博科夫、冯尼古特、梯姆·奥布赖恩、唐·德里罗、意大利的卡尔维诺、阿根廷的博尔赫斯等人的作品中，也有很多体现。如巴思的《迷失于游乐场》（1968），多处在叙事过程中讨论叙事技巧，或交代作者创作意识，或提醒读者注意文本的虚构性："斜体字还被用来，尤其在虚构小说中，表明'幕外音'、插入语……它们应该少用。""作者跟叙述者越是紧密地合二为一、不管是在字面上还是作为隐喻，用第一人称的观点来叙述一般说来就越不可取。""这句子多别扭啊，一开头就全错了。"④另如美国的厄秀拉·勒·魁恩（Ursula Le Guin），一个善于将科幻成分整合进后现代主义小说中的女作家，有一部短篇叫《薛定谔的猫》，也具有鲜明的元小说特

---

① 袁洪庚：《后现代主义文学：琳妲·哈琴笔谈录》，《当代外国文学》2000年第3期。
② 转引自马克·柯里，宁一中译：《后现代叙事理论》，北京大学出版社2003年版，第71页。
③ 转引自方凡：《威廉·加斯的元小说理论与实践》，浙江大学出版社2006年版，第142页。
④ 罗钢编：《后现代主义文学作品选》，高等教育出版社2002年版，第224、228、237页。

点。在正常叙事的过程中，文中突然写道：

> 一只猫过来了，打断了我的叙述。……它已经在我的膝盖上睡着了，所以我可以继续我的叙述了。
> 从何谈起呢？
> 很明显，无从谈起。然而，我仍然有继续叙述的冲动。很多事情都不值得去做，但几乎任何事情都值得一讲。①

由上面的引文可见，元小说有意地将创作行为、创作意识与小说叙事混杂在一起，因此难免叙事零散，所以有人批判式地指出："顺序颠倒，杂乱无章，支离破碎和东拉西扯，可以说是元小说的显著特征。"②

（二）互文性

"互文性"在国内也译为"文本间性"、"文际关系"等，它源自法国的克里斯蒂娃所生造的法文词"intertextlite"，其意在于"一切文本都不可独立于其他文本，在存在借用、引语、典故的地方，互文性尤为突出明显，而依赖借用和改造的戏仿当然就是一种互文性了"。③ 即每一个文本都相关于他文本。克氏受俄国巴赫金的影响，认为互文性是文本存在的方式。后来又有学者对互文性明确定义："每一个文本都联系着若干文本，并且对这些文本起着复读、强调、浓缩、转移和深化的作用。"④ 此后，"互文"概念又在罗兰·巴特手中得以发扬。他认为每个文本都处于与另一个文本的交互文本关系之中，所有文本都是对于其他文本的重复、吸收或转化，而且没有一个文本是原版的，即没有终极的和确定的文本。进而有人认为"互文"是读者对一部作品和其他作品之间的关系的领会。到了结构主义者热奈特那里，"互文性"也可以叫做"跨文本性"（transtextuality），他认为任何文本都产生于其他文本之上。后来有人甚至宣称，没有文本，

---

① 杨仁敬等译：《美国后现代派短篇小说选》，青岛出版社2004年版，第163页。
② 方凡：《威廉·加斯的元小说理论与实践》，浙江大学出版社2006年版，第170页。
③ 转引自胡全生：《英美后现代主义小说叙述结构研究》，复旦大学出版社2002年版，第125页。
④ 转引自甘莅豪：《中西互文概念的理论渊源与整合》，《修辞学习》，2006年第5期。

只有文本之间的关系。正像博尔赫斯的《巴别图书馆》所暗示的那样，为了找到甲书，必须先找与甲书有关的乙书；为了找乙书，则又需要先找到与乙书有关的丙书，以此类推，以至文本意义无穷后退。巴思的《信件》（1979）是一部典型的互文性文本，由巴思先前小说中的一些人物和那些小说的作者互通信件而构成，由此巴思来修改、充实、戏仿和重构他以前的小说。

互文性是众多后现代主义者文本策略的理论基础，其策略包括模仿（imitation）、引用（quotation）、拼贴（拼凑，pastiche）、戏仿（parody）、滑稽（burlesque）等，① 其中最重要的是拼贴、戏仿。比如美国女作家劳瑞·安德森的微型小说《战争是现代艺术的最高形式》，就是文字与图片的拼贴。小说最后配上了战斗机起航和原子弹爆炸等四幅图画，如此一来，文字与图画之间形成文本内部的互文性关系。同时，互文性不仅是一种创作理念，更是一种阅读方式和阐释视角，正如琳达·哈琴所指出的："互文性是一种阅读理论、接受方式或阐释方式，是对读者正在的文本中的另一文本的认可"。② 后现代文本的互文性，意味了读者参与文本写作的可能性，同时说明文本意义的开放性和不确定性。

（三）戏仿

戏仿即滑稽模仿，其对象是经典文本、名人语录等，取得游戏、反讽、解构等功能。琳达·哈琴称之为一种完美的后现代形式。戏仿虽然也存在于传统作品中，但更普遍地存在于后现代主义文学中。比如法国后现代作家萨洛特的《陌生人肖像》（1949）是对巴尔扎克《欧也妮·葛朗台》的讽刺性模仿。英国霍克斯的《情欲艺术家》（1979）的标题是对卡夫卡《饥饿艺术家》的戏仿。托马斯·品钦的《拍卖第四十九批》中主人公奥狄芭（Oedipa）是对希腊神话中的俄狄浦斯（Oidipus）的戏仿，暗示着奥狄芭与俄狄浦斯一样有着猜谜的能力和探索疑惑的精神。

戏仿是一种具有颠覆和解构力量的"模仿"，它往往仿效严肃的或经典的作品的内容、形式或风格，但其目的在于通过曲解、变形、夸张等手

---

① 罗钢编：《后现代主义文学作品选》，高等教育出版社2002年版，前言第10页。
② 袁洪庚：《后现代主义文学：琳姐·哈琴笔谈录》，《当代外国文学》，2000年第3期。

段去瓦解经典或规范。如巴塞尔姆《玻璃山》的"戏仿"就是如此。"玻璃山"是一个经典的童话故事,说的是玻璃山上囚禁着一位美丽善良的公主,最后一个英勇而不畏艰险的青年登上了山,并救出了公主,两人终于幸福地结合在一起。喜欢利用和改造童话的巴塞尔姆戏仿了这个童话,但将登山的英雄戏仿为胆怯、笨拙、可笑的登山者。故事中的登山者动作琐碎、态度犹疑,为到底带没带邦迪创可贴而惴惴不安,而登上山后竟将美丽的公主扔下了山,由此嘲弄、瓦解了童话的纯洁性和崇高性。

后现代主义的戏仿形式多种多样。有对名人名言的戏仿。如意大利艾柯的《玫瑰之名》中反面人物,修道院图书馆前任馆长,从名字、职位甚至生理缺陷都与博尔赫斯颇为相似,书中的图书馆则是博尔赫斯《巴别图书馆》的戏仿,两者所描述的图书馆的情况很相像。[①] 有对体裁的戏仿,比如英国福尔斯的《法国中尉的女人》,戏仿了英国维多利亚时代的小说风格。在体裁的戏仿方面,又有对童话体裁的戏仿,对色情小说的戏仿,更普遍可见对科幻小说和侦探小说的戏仿。如巴塞尔姆的《白雪公主后传》戏仿了格林童话《白雪公主》。巴塞尔姆把小说的场景从华丽的宫殿和梦幻般的丛林置换到喧嚣浮华的美国都市。小说实际表现的是20世纪60年代美国人对现实的感受,反映了生活的污浊、丑陋和人的精神生态危机,以戏仿的方式打破童话的幻梦,宣告现代社会反童话的真相,有评论家因此称为"邪恶的童话"。博尔纳斯的《交叉小径的花园》、罗伯格里耶的《橡皮》,等等,则是戏仿侦探小说。而冯尼古特的《五号屠场》、卡尔维诺的《宇宙奇趣》、品钦的《万有引力之虹》等,戏仿的是科幻小说的母题与技巧。但许多后现代主义作品看似科幻小说或侦探小说,实则不同于真正的科幻或侦探故事,因为它不以介绍科技新知识或侦探推理过程为目的,反而将这些东西置之于外,最终流为对科幻或侦探的嘲弄。如罗伯格里耶的《橡皮》,对侦探小说进行了戏谑式模仿,侦探使凶杀成为现实,侦探本身成了凶手。又如艾柯的《玫瑰之名》,作为理性化身的修道士威廉,虽然最后发现了凶杀案的真相,但不是推理的胜利,而是误打误撞的结果。小说最后,整个修道院,包括威廉师徒希望抢救的亚里士多德文稿,都在大火中焚毁,象征性地说明人类理性的无能,也对侦探小说进行

[①] 罗钢编:《后现代主义文学作品选》,高等教育出版社2002年版,"前言"第10—11页。

了嘲弄。但科幻成分进入后现代主义小说，不无积极的意义和效果，既是对人类想象力的考验、开拓和训练，又能提供独特的观看角度，带来别致的阅读体验。比如德里罗的《第三次世界大战中的人情味》涉及了太空技术和高精尖武器情况，譬如量子燃烧技术和太空飞行器，描写了太空工作者伏尔默对地球生态和未来的观看和思考，虽然叙事不免零散，情节难免稀薄，但太空这一独特的观照视野，为这个后现代主义文本带来特殊的魅力，也为作者表达对地球——"陆地加水，生命有限的人类居住地"① 的某种忧思提供了隐晦而精致的通道。后现代主义戏仿侦探小说或科幻小说，还有一个重要考虑就是适应大众文化的消费倾向，即侦探的或科幻的模式是"媚俗"的一个渠道，也许先锋的或艰深的后现代主义文本在戏仿这些模式之后，能够扩大自己的影响，增加生存的空间，提高读者亲近的概率。

（四）拼贴

拼贴源于绘画，原指拼贴画家的一种绘画方法，即将毫不相干的事物，譬如报纸、木头、布片、塑料或瓶盖等拼接粘连在某个平面上；文学借用它来指作家将引语、典故和其他怪异表达结合在一起的作法。②

拼贴是后现代主义文本的主要建构方法。如后现代主义作家 L·迈克尔斯（Leonard Michaels）的短篇《在50年代》开头的拼贴：

> 在50年代，我学习开车。我常常堕入爱河，朋友比现在多。
>
> 当赫鲁晓夫指责斯大林时，我的室友拉血，脸发黄，头发脱了一大半。
>
> 我听杰出的 E·B·伯根的讲座，直到参议员麦卡锡下台。我想象纽约大学着了火。可怜的学生在大厅里游荡着相互对视。
>
> 不到一个月，我日夜兼程写了部小说，小说写得很糟糕。
>
> 我去上学：纽约大学，密执安大学，伯克利大学——大部分时间上学。

---

① 杨仁敬等译：《美国后现代派短篇小说选》，青岛出版社2004年版，第279页。
② C. H. Holman, *A Hand book to Literature*, the United States of America Indiana polis, 1980, p. 87.

在安阿伯市的同性恋酒吧，我与人神侃，侃得天旋地转，一星期侃四五个晚上。

我读文学评论，样子就像人啜糖果。

私人关系于我比什么都重要。①

威廉·加斯的《在中部地区的深处》，也是拼贴之作。全文共2万多字，被分成36个小节，每节一个小标题，依次是："一个地方"、"天气"、"我的房子"、"一个人"、"电线"、"教堂"、"我的房子"、"政治"、"人们"、"重要资料"、"教育"、"商业"、"我的房子，这个地方和躯体"、"同一个人"、"天气"、"地方"、"人们"、"我的房子，我的猫咪，我的伙伴"、"政治"、"更多的重要资料"、"教育"、"商业"、"同一个人"、"电线"、"天气""地方"、"人们"、"房子，我的气息和窗户"、"政治"、"最后的重要资料"、"教育"、"另一个人"、"第一个人"、"家常苹果"、"教堂"、"商业"。可见作者甚至不避重复，将36个画面毫无内在关联地组合在一起，组成了一部怪诞的小说。

以上两个拼贴的例子十分有代表性地展现了后现代主义小说的拼贴特点：既缺乏时空的联系，又没有逻辑的贯通，也见不出整体与部分的关系，更组织不出一个完整的事件流程。因此文本的外在表现呈现为碎片状态。正如国外评论家所说的："没有情节便不会有序（order），没有序便不会有中心，而没有中心事物就处于不确定之中。"②

后现代主义的拼贴到底有无意义，或者意义是什么？这些问题人们有不同的见解。一种意见认为后现代主义的拼贴仍然是反映社会情景即碎片状态的社会的手段，是模拟客观世界凌乱、荒诞的方式，拼贴的碎片性是社会破碎的暗语。如巴塞尔姆的《大脑损伤》（The Brain Damage）中杂乱的拼贴，就隐喻了大脑损伤的社会，隐喻着社会的混乱和不合理。一种意见认为拼贴是仅供游戏的符号，是随意捡来的现成物的并置，拼贴无所

---

① 转引自胡全生：《拼贴画在后现代主义小说中的运用》，陈晓明主编：《后现代主义》，河南大学出版社2004年版，第285页。

② 转引自胡全生：《英美后现代主义小说叙述结构研究》，复旦大学出版社2002年版，第93页。

指、无意义地随意漂浮,"把我们从游戏的互文性带到互文性的游戏里"。①这就否认了拼贴的表现功能,凸现了拼贴仅仅是写作的游戏。以上两种意见到底谁对谁错? 这其实要根据不同的文本来判断,也取决于读者不同的解读。或许比较保险的看法是:后现代主义的拼贴具有以上两种性质。

与拼贴紧密相联的词汇是"片断"、"碎片"、"零散叙事"等。拼贴使文本成为碎片或叙事片断,必然打破叙事顺序和叙事过程,也因而使叙事成为"零散叙事"。这些也是后现代主义文学的基本表现和重要特征,正如巴塞尔姆在《看到月亮了吗》这个短篇中所说:"片断是我唯一信任的形式。"② 他的短篇小说《玻璃山》是这方面的代表作。故事貌似完整,作者用 1 至 100 的阿拉伯数字来标明整个故事的各个段落,但实际情形是:各个段落之间没有任何联系。而且在讲述一个人试图登上玻璃山的过程中,作者不时插进一些全不相干的文学术语词条或关于西方经典童话"玻璃山"的片断,或者反复重复某些话,如"这里我还是初来乍到",或者在无任何背景交代的情况下突然出现一段名人语录,从而有意打断故事的线性秩序,以零散叙事的方式拼贴出一个莫名其妙的故事"碎片"。

(五) 不确定性

在后现代主义思想家看来,不确定性是后现代主义最为重要的特征,它与后现代主义的消解中心、反对权威、拒绝确定的深度意义是联系在一起的。这一点也成为后现代主义作家的价值观、信念,以及创作的理念和技巧。正如巴塞尔姆说:"我的歌中之歌是不确定原则。"③ 国内有人指出:后现代主义文学最大的特征之一就是其不确定性。这种不确定性主要表现在四个方面:主题的不确定,形象的不确定,情节的不确定和语言的不确定。④ 这种种的不确定性因此呼唤读者的参与,使后现代主义文本成为巴特式的"可写的文本",成为意义开放的文本,因此后现代文本是"一架

---

① 胡全生:《拼贴画在后现代主义小说中的运用》,陈晓明主编:《后现代主义》,河南大学出版社 2004 年版,第 289 页。
② 巴塞尔姆:《看到月亮了吗》,杨仁敬等译:《美国后现代派短篇小说选》,青岛出版社 2004 年版,第 51 页。
③ 转引自陈世丹:《美国后现代主义小说艺术论》,辽宁师范大学出版社 2002 年版,第 136 页。
④ 曾艳兵:《论后现代主义文学的不确定性特征》,《台州学院学报》,2002 年第 5 期。

制造解释的机器"。① 阿根廷科塔萨尔的《跳房子》（又译为《掷钱游戏》）就为读者准备了两种阅读方式：一种是循规蹈矩的按照传统次序的阅读，一种是冒险式阅读。作者还为这种阅读提供了行进图，即从第 73 章开始，依次是 73 – 1 – 2 – 116 – 3 – 84 – 4 – 71……– 88 – 72 – 77 – 131 – 58。冒险式阅读的读者，科塔萨尔称之为"合谋的读者"。②

后现代主义的不确定性也表现在文本常常没有确切的答案和确定的结局。如品钦《拍卖第四十九批》讲述家庭妇女奥狄芭调查一份遗嘱的故事。奥狄芭突然得知自己成为了婚前情人的遗嘱执行人。她在对一切都茫然无知却又疑虑重重的情况下接受了委托，开始对遗嘱展开调查。在情况逐渐清晰的时候，她期望在第四十九批的拍卖中得知最后的答案，小说却在拍卖声响起的时候结束了。这是一个没有结局的开放式结尾，打破了传统故事的闭合型结构，将谜团留给了读者。

赋予读者阐释不确定性意义的权利这一作法，既拒斥了终极确定意义的存在，也剥夺了传统作者对于意义的专断权。在后现代主义者看来，读者与文本之间的每一次相互作用的结果，都是不同的、短暂的，又绝非终极的，从而剥夺了作者对于文本意义的终极发言权，也赋予文本意义以极其多样的开放性和不确定性。

后现代主义文本的不确定性也通过语言游戏制造出来。后现代主义语言游戏有多种表现，其表现之一在于：句法不规范；语义不完整；词汇累赘；印刷安排上的花样翻新；句子或段落之间的有意间断，等等。

（六）解构

"解构"与"消解"、"破坏"、"颠覆"等词是一个意思，与以上所论的"不确定性"以及"非中心"等词也属于同一意义层次，表示后现代主义者对元叙事的怀疑，对一切中心主义的质疑，对深度意义模式的放弃，以及对英雄、崇高、进步、理性、规范、道德、人性、主体等的消解和颠覆。

这表现在后现代主义文本的语言层面，就是沉湎于"能指"的狂欢而

---

① 波林·罗斯诺著，张国清译：《后现代主义与社会科学》，上海译文出版社 1998 年版，第 50 页。

② 罗钢编：《后现代主义文学作品选》，高等教育出版社 2002 年版，第 12 页。

放逐"所指"的深度,即走上语言游戏或话语狂欢的境地,表现在后现代主义文本中的人物塑造方面,则是基本上放弃了对人物性格的刻画,人物成为了空壳的人,无主体意识的人,英雄也被解构了,沉沦为后现代社会中的猥琐的人。如巴塞尔姆的《玻璃山》(1970)中的主人公,最后虽然像传统故事中的英雄一样救出了公主,却不是靠自己的勇敢无畏,而是借助鹰的帮助。更可笑的是,他将美丽的公主扔下了山。可见这个现代人的影子一方面在寻求自己的目标,一方面又将自我拆解,最终一无所获,尊严、价值、目标都不见了。可见,"无论是与现实主义作家笔下具有鲜明性格特征的人物相比,还是与现代主义作家笔下具有深厚心理内涵的人物相比,后现代主义小说中的人物都具有更多的虚幻性、变化性、破碎性和不确定性"。[1] 传统的人物刻画消失不见,人物沦为故事中的道具、影子或代码。如美国多托罗(又译为多克托罗)的《皮男人》中的所谓"皮男人":"一个巨大而笨重的人,穿得很庞大,有几层头巾、短袜和外套,这一切东西的外面再披上一件僵硬的手工做的皮的外衣盔甲,像个骑士,还戴上一顶国产的尖尖的皮帽。"[2]《皮男人》这个短篇给人的阅读印象是混乱、糊涂而模糊的,全文没有完整的情节,甚至根本情节,只有社会图景的碎片,类似于电影镜头快速的不停的闪回镜头。小说虽然取名《皮男人》,但涉及皮男人的只有两处,除了上面的那一点之外,另一处写道:"这皮男人的主要行动是什么呢?他使世界见外。他远离了它。他被疏远了。"[3] 除此以外,小说对皮男人没有任何交代,既没有身世和经历的交代,也没有性格和活动的描画,说他是主人公实在牵强,不如说是个影子和道具。但联系文中所拼贴出来的一地鸡毛似的世景图和卑琐庸常的芸芸众生,这个皮男人似乎是个明显的社会反讽。他是个只有空壳的"巨大的"人,是个形式的巨人,或者是现代人关于巨人的幻影,是没有英雄的社会关于英雄的臆想。即使皮男人身上尚有英雄和巨人的点点痕迹和影子,也已经被我们的世界所"疏远",因为这是一个英雄沦落的时代,正如文中写道:"我们找到了这位宇航员詹姆斯·C·蒙哥马利,他变坏了,1966年,他受到英雄般的欢迎。从那时以来,他因种种罪名被逮捕了,股

---

[1] 罗钢选编:《后现代主义文学作品选》,高等教育出版社2002年版,前言第14页。
[2] 杨仁敬等译:《美国后现代派短篇小说选》,青岛出版社2004年版,第71页。
[3] 杨仁敬等译:《美国后现代派短篇小说选》,青岛出版社2004年版,第77页。

票诈骗、挪用公款、伪造文物、酒后开车——您随便怎么说吧,他都干了:偷车、杀人、用致命武器杀人。"①

后现代主义者之所以解构一切,之所以拒绝英雄、拒绝意义,乃是因为在他们看来,后现代社会正处于一个琐屑平庸的时代,正是一个充斥平面感的社会,也是一个不相信历史也不展望未来的社会!正如后现代主义者劳瑞·安德森的诗《这场风暴》所写的:

> 她说:历史是什么?
> 他说:历史是一个天使
> 正在被风吹回到未来
> 他说:历史是一堆碎片,
> 天使想回去修补一切东西,
> 把破碎的东西修好。
> 但是从天堂吹来一场风暴
> 风暴不停地把天使吹
> 回到未来。
> 这场风暴,这场风暴
> 被称为
> 进步。②

诗中明显有对历史以及所谓"意义"的嘲讽,也有对关于进步的启蒙理想的诗性反思。

后现代主义文学还具有"民本主义"和"反体裁"等特征,受篇幅所限,这里只简单提一下。所谓民本主义,即在后现代主义文学里,"一些主要的界限和分野的消失,最值得注意的是高等文化和所谓大众或普及文化之间旧有划分的抹掉",③ 因而后现代主义文学有俗化的倾向。杰姆逊把文化和文学的这种俗化倾向概括为"美感上的民本主义"(Aesthetic Populism)。而用莱斯利·费德勒的话说,即是"跨越界线,填平鸿沟"。跨越

---

① 杨仁敬等译:《美国后现代派短篇小说选》,青岛出版社 2004 年版,第 77—78 页。
② 杨仁敬等译:《美国后现代派短篇小说选》,青岛出版社 2004 年版,第 159 页。
③ 詹明信著,陈清桥等译:《晚期资本主义的文化逻辑》,三联书店 1997 年版,第 288 页。

界线的另一个表现是体裁之间界线的模糊或混淆,从而出现"反体裁"的现象。"反体裁已成为我们时代主导的模式,传统体裁就如同过去的雅语一样被看做对头。"① 比如小说与诗歌、小说与自传、小说与传记、小说与历史、小说与视觉艺术之间的界限正在模糊或融合。如纳博科夫的《微暗的火》将诗歌与诗歌笺注混合在一起,而萨洛特的《金果》越过了小说和评论的界限,将两者融合在一起。奥地利的汉德克的《骂观众》这部后现代戏剧名作,是惹人争议的"反戏剧",完全颠覆戏剧传统和成规。博尔赫斯的短篇《接近阿尔莫塔辛》由于文体特征模糊,至今被收在他的散文集中。2002年诺贝尔文学奖得主,匈牙利的I·凯尔泰斯(I. Kertesz)的主要小说,在欧美国家常常登上的则是非小说类排行榜。

---

① 转引自陈世丹:《美国后现代主义小说艺术论》,辽宁师范大学出版社2002年版,第8页。

十三 《一个后现代主义者的谋杀》中的拼贴与戏仿

《一个后现代主义者的谋杀》(Postmortem for a Postmodernist,以下简称《谋杀》)是美国后现代主义作家阿瑟·A·伯格(Arthur Asa Berger)的长篇小说,2001年在国内翻译出版。小说采取侦探小说的形式,写的是一桩谋杀案。小说的主要情节是:美国后现代主义之父,加州大学伯克莱分校的教授艾托尔·格罗奇在自家客厅与妻子、朋友、作家、学生商量召开一个后现代主义学术会议的时候,灯灭的瞬间被人以四种方式(枪击、剑刺、镖射、投毒)谋杀。当时在场者有他的风韵犹存的妻子肖莎娜·泰勒威芙,格罗奇被杀的晚上,普洛普的手悄悄地放在她的腿上。据说和格罗奇的学生阿伦·费斯关系暧昧。有肥胖的俄国语言学家普洛普。按照普洛普的说法,格罗奇剽窃了自己的思想,并在格罗奇一本闻名遐迩的书中发表。有法国哲学家,格罗奇的学生阿伦·费斯。他是肖莎娜的狂热追求者,据说和肖莎娜私通,也与迈拉·普拉尔有性关系,富士宫的前夫。有格罗奇漂亮的女助手和学生迈拉·普拉尔,似乎师生之间关系亲密。有英国后现代主义作家康斯坦特。还有来自东京大学的时髦的哲学女教授,格罗奇的学生富士宫,她恨格罗奇,曾拍摄过后现代主义电影。由谋杀案然后引出了摸不透的旧金山侦探所罗门·亨特,他为了破案而与案件在场者之间发生了各种对话。这些表面上关系到谋杀案而实际不过是后现代主义思想表述的对话是小说的主体。最后亨特得出了一个后现代式的结论:谁也没有杀格罗奇。

十分有趣的是,《谋杀》在国内出版时,竟被放在"雅典娜思想译丛"中,与海德格尔、尼采等人的哲学书籍一起出版。仅凭这一点,就宣告了这部小说的奇特之处,或者说,表明了小说本身不尴不尬的身份,诚如中译本扉页上的内容介绍所说的,这是一部奇怪的作品——半是混乱的小说、半是哲学的呓语。作者自己在小说开头的"鸣谢"部分也明确地指出,本小说遵循后现代主义的最好传统,是一部关于后现代主义的喜剧性的书。我们的论题由此而来:作为一本新近(1997年)出版且忠实遵循后现代主义传统的小说,它的后现代主义特色到底表现在哪些方面？我们认为,这种特色主要表现在拼贴、碎片化、零散叙事、戏仿、反体裁、不确定性等方面。本文不拟面面俱到,只打算重点论述《谋杀》的拼贴和戏仿这两个特点,并以此来说明《谋杀》这个文本所具有的鲜明的后现代主义特色。

(一)拼贴

拼贴(Pastiche)源于绘画,原指拼贴画家的一种绘画方法,即将毫不相干的事物,譬如报纸、木头、布片、塑料或瓶盖等拼接粘连在某个平面上;文学借用它来指作家将引语、典故和其他怪异表达结合在一起的作法①。美国著名的后现代主义作家巴塞尔姆认为拼贴原则是20世纪所有媒体艺术的中心原则,他说:"拼贴画的要紧处,是不同的物粘贴在一起,粘贴得好就造出了一个新真实。"②美国后现代主义哲学重镇杰姆逊也认为:"'拼凑'(Pastiche)作为创作方法,几乎是无所不在的,雄踞了一切的艺术实践。"③

拼贴作为后现代主义文学的主要技法和突出特征,在后现代主义小说中也随处可见。比如意大利作家卡尔维诺的《命运交叉的城堡》(1968),借助一副扑克牌来叙述不同人物的故事,并将图画与文字拼贴起来,给人与传统阅读迥然不同的美感体验。他的《看不见的城市》(1972)也是一组互不关联的散文片断的拼贴,全书章节暗合人体的部位和五官。其《寒冬夜行人》(1979)更是由10部小说的片断拼贴起来的,相互之间组成一种环环相扣的互文关系。美国后现代主义评论家和作家威廉·加斯的《在中部地区的深处》,大略讲的是一个忧伤的诗人跨洋过海,来到印第安纳州小镇B之后的所见所闻。全文没有连贯的情节,甚至无所谓情节的存在,当然也没有线性的叙事,更没有读者期望的确定的故事结局,说它是小说不免有点勉强,不如说它是别致的游记或杂感来得确切,但它又确实是一部小说,准确地说是一部后现代主义小说,而且被众多评论家认为是后现代主义元小说的典范之作。全文共2万多字,被分成36个小节,每节一个小标题,宛如36个画

---

① C. H. Holman. *A Hand Book to Literature*. United States of America Indiana polis,1980,p87.
② 胡全生:《英美后现代主义小说叙述结构研究》,复旦大学出版社2002年版,第147 – 148页。
③ 詹明信:《晚期资本主义的文化逻辑》,陈清桥等译,三联书店1997年版,第450页。

面,组成了一部怪诞的小说,十分有代表性地展现了后现代主义小说的拼贴特点。

《谋杀》也是明显的拼贴之作。伯格自己在小说开头的"鸣谢"部分就说这部小说是拼贴而成的大杂烩,是从许多作家,比如侦探故事作家、哲学家等等的著作中借用了一行行的文字,在有些情况下,甚至是整段的文字。作者还借被谋杀者的妻子之口说道:"生活在后现代主义社会的人也用同样的方式,用碎片拼贴着他们的生活,就像艺术家拼贴他们的作品一样。再也没有连贯性和线性发展。……没有什么有意义的叙述,随着叙事的消失,我们的生活也失去了意义。"①很明显,作者这里明确指出,拼贴不仅是一种艺术方式,更是一种生活原则。

总的来说,《谋杀》的拼贴主要采取两种形式:一种是图画式,即将绘画或照片插入文本。全书插入了200多幅照片和绘画作品,大多是后现代主义性质的,有拼贴画、抽象画、裸体照片等;一种是文字式,即将不相干的语录、学术讨论等插入小说叙事过程。全书的一个特别显眼之处在于,在全部22章的每一个开头,作者都直接引用了一段著名思想家的后现代主义言论。

在《谋杀》中,拼贴的画面或文字不管是在其内部还是在它与小说叙事之间,都既缺乏时空的联系,又没有逻辑的贯通,也见不出整体与部分的关系,更组织不出一个完整的事件流程。各种拼贴之间乃是一种空间并置的共时关系,而且拼贴的设置也是随意的。拼贴的这种特点正是后现代主义拼贴的突出之处。现代主义也运用拼贴,但它与后现代主义在运用拼贴方面存在很多差异,比如,它对拼贴的使用频率远远比不上后现代主义。同时,"拼贴画像其他创作方法一样,在现代派小说家手里只是一种表现手段或方式,它最终有所指有所言,换言之,现代派小说家'相信通过拼贴画可以表现世界及其复杂性'";但后现代主义文学的拼贴画之间却缺乏时空上的联系,没有整体与部分的关系,"因为它不表现同时性或整体性;它无所指亦无所言,只成了没有所指的能指","'我们感觉的是这媒体本身,而不是媒体所表现的东西'"②。即是说,后现代主义的拼贴不像现代主义的拼贴那样作

---

① 阿瑟·A·伯格:《一个后现代主义者的谋杀》,洪洁译,广西师范大学出版社2001年版,第34页。
② 胡全生:《拼贴画在后现代主义小说中的运用》,参见陈晓明主编:《后现代主义》,河南大学出版社,2004年版,第285页。

为追寻终极意义的方式,而是一种无从解释,不见因果,缺乏意义和内在逻辑性联系的"自显符号"。

后现代主义的这种拼贴使小说叙事因此呈现为"零散化"和"碎片化"。拿《谋杀》来说,作为一个侦探小说却没有侦探小说的情节推进,反之,叙事过程或阅读体验常常被莫名其妙的图片或哲学评论所打断。小说中这种随意拼贴的后果之一,就是将情节的完整性驱逐出小说的领域。冯尼古特说:"别人给混乱以秩序,我则给秩序以混乱。"①《谋杀》中的拼贴恰恰也是给叙事秩序以混乱。阿瑟·伯格借小说人物之口说:后现代主义以及拼贴"就是让您的人物成为一些怪人,加一点超现实主义来破坏传统小说的叙事连贯性"②。难怪杰姆逊要对后现代主义的拼贴保持批判态度,认为拼凑是一种空心的模仿,宛如一尊被挖掉眼睛的雕像。文化创作者在无可倚赖之余,只能旧事重提,凭借昔日的形式,仿效僵死的风格,透过种种借来的面具说话,假借种种别人的声音发言,因此这种拼贴见不出个人的特征。其结果是从世界文化中取材,向偌大的充满想象生命的博物馆吸收养料,把里面收藏的历史大杂烩,七拼八凑地炮制成所谓的文化产品③。

(二)戏仿

戏仿(Parody),即戏拟,又称为滑稽模仿,按照大不列颠百科全书的定义,是指文学中一种讽刺批评或滑稽嘲弄的形式,它模仿一个特定的作家或流派的文体和手法,以突出该作家的瑕疵,或该流派所滥用的俗套。这个定义用来指后现代主义中的戏仿其实是不甚准确的,因为后现代主义作家运用戏仿时大多没有批评前代作家或作品的瑕疵或俗套的用意,而着重于突出戏仿对社会的反讽性,以及写作的滑稽性和游戏性,等等。美国杰出的后现代主义文学评论家琳达·哈奇称戏仿为一种完美的后现代形式。但其实在后现代主义之前,也多有对戏仿的运用,比如18世纪英国作家菲尔丁《约瑟夫·安德鲁斯传》戏仿了史诗的写作,目的是通过对古代崇高体裁的模拟,使小说更容易被接受和认可。但后现代主义和它之前对戏仿的运用,其

---

① 唐建清:《国外后现代文学》,江苏美术出版社2003年版,第58页。
② 阿瑟·A·伯格:《一个后现代主义者的谋杀》,洪洁译,广西师范大学出版社2001年版,第97页。
③ 詹明信:《晚期资本主义的文化逻辑》,陈清桥等译,三联书店1997年版,第453-454页。

目的完全不同,有学者将前者称为解构性或断裂性的,而后者为建构性或连续性的。但无节制地泛滥式地运用戏仿无疑是在后现代主义文学中。比如,萨洛特的《陌生人肖像》(1949)是对巴尔扎克《欧也妮·葛朗台》的讽刺性模仿;霍克斯的《情欲艺术家》(1979)的标题是对卡夫卡《饥饿艺术家》的戏仿;托马斯·品钦的《拍卖第四十九批》中主人公奥狄芭(Oedipa)是对希腊神话中的俄狄浦斯(Oidipus)的戏仿,暗示着奥狄芭与俄狄浦斯一样有着猜谜的能力和探索疑惑的精神。威廉·加斯的《在中部地区的深处》这部后现代主义短篇小说,也是一部典型的戏仿之作。其标题(In the Heart of the Heart of the Country)令人想起乔伊斯的《尤利西斯》第七章"伊奥勒斯"(Aeolus)的开头段,其小标题就是"在爱尔兰首府的中心"(In the Heart of the Hibernian Metropolis)。全文报纸风格的标题以及模仿报纸的页面设置,与《尤利西斯》第七章也颇为相似。另外,它与叶芝的《驶向拜占庭》也有相似之处。小说一开始写道:"我跨洋越海,来到……/B"(So I have sailed the seas and come.../to B...)就像《驶向拜占庭》第二小节末句中的"我跨洋越海,来到/拜占庭圣城"(And therefore I have sailed the seas and come/to the holy city of Byzantium)。文中忧郁的中年诗人逃离现实世界来到 B 镇,也像《驶向拜占庭》中的艺术家为了逃避面目全非和破败衰落的社会而来到拜占庭这个艺术圣殿①。

戏仿在《谋杀》中也得到了运用,主要体现在三个方面:第一,是对现实生活中的真人真事的戏仿,比如小说中写到了俄罗斯语言学家普洛普。这也是一个在叙事学、神话学和喜剧等方面都颇有研究的真实人物。第二,是对经典哲学言论的戏仿,如前所述,每一章开头都引用了一段诸如利奥塔、博德里亚、福柯等人在哲学方面的后现代主义言论。第三,是对侦探小说这种体裁的戏仿。

小说中的这种戏仿有什么意义呢?

综合学者们的看法,可以发现这种戏仿的第一个方面的意义在于使小说与现实、经典文本或名人言论之间形成一种互参互证的"互文性"关系。这种关系是双重的,其一是小说内部的互文性关系。即戏仿部分对小说叙事的阐释作用,虽然一般说来在后现代主义作品中,这种阐释是极其微弱和

---

① 方凡:《威廉·加斯的元小说理论与实践》,浙江大学出版社 2006 年版,第 174 页。

隐晦的。如小说中多处戏仿后现代哲学关于"不确定性"原则的直接表述，或者戏仿式拼贴意义模糊而不确定的后现代绘画，它们对于说明本小说的叙事结构、叙事意蕴和叙事结局是有一定的暗示作用的，即本故事像这些莫名所以的绘画一样，并无确切意思，也无确定结局。其二是小说文本与现实、历史或其他文本之间所形成的外部的互文性关系。说《谋杀》是一部小说，毋宁说它是后现代社会的一个象征，一个虚构的暗示。

戏仿第二个方面的意义在于反讽和批评。正如戴维·哈奇所说："在后现代主义这里，反讽处于支配地位中。"[1]戏仿就是反讽的一种表现，它作为一种与原来事物保持距离的模拟，"一方面带给读者似曾相识的喜悦，一方面则希望读者予以批判性评价"[2]。国外某学者则指出戏仿具有批评和创作的双方面的作用："滑稽模仿将批评和创作糅合在一起……其批评作用表现在去发现一种可以表现某种内容的形式，而其创作作用表现在将这种形式具体化，来表现当代世界受人关注的东西。"[3]后现代主义的反讽和批评，可能其直接的目的不在于建构什么新的标准和规范，而在于嘲弄这个世界，赤裸裸地亮出世界的委琐与荒唐。《谋杀》在戏仿之余，还多处直接表达了对社会现实的反讽和批评。比如："钱是后现代社会中留下的唯一绝对需要的东西，也是唯一的标准。""权力是最厉害的春药。""婚姻是现代主义的，男女之事是后现代主义的。""我们认为历史上最重要的隐藏的主题是男人对女人的统治和压制。"[4]

反讽和批评引出了戏仿的第三个方面的意义，即解构，包括反抗传统，混淆体裁，放弃建构深度意义，消解道德、人性等各种元叙事。

首先来看小说对体裁的消解。《谋杀》通过对小说和学术论著的双重戏仿，混淆了小说和学术著作的界限，使《谋杀》这个文本既不是完全意义上的传统小说，又不是严谨的学术论著，而是小说叙事和后现代主义哲学表述的

---

[1] 哈奇：《后现代主义诗学理论》，王岳川、尚水编：《后现代主义文化与美学》，北京大学出版社1992年版，第264页。

[2] Ommud sen, Wenche. *Metafiction? Reflexivity in Contemporary Texts.* Melbourne University Press, 1993, p10.

[3] Patria Waugh, *Metafiction: The Theory and Practice of Self-conscious Fiction.* Londonand New York: Methuen, 1984, p133.

[4] 阿瑟·A·伯格：《一个后现代主义者的谋杀》，洪洁译，广西师范大学出版社2001年版，第65、66、49、109页。

混杂,从而在对小说体裁和学术论著体裁的游戏性模仿运用中流为对二者的消解,一方面消解了小说的情节完整性和连贯性,另一方面消解了学术著作的科学性和客观性,是后现代主义反体裁的代表作。在小说中,伯格主要通过三种方式来直接宣扬后现代主义思想主张:其一是通过警察亨特与谋杀案在场者的分别谈话来表现。每一个被询问者面对侦探总是要说一大堆有关后现代主义理论和后现代社会的看法和意见。其二是通过展示格罗奇生前写给利奥塔、鲍德里亚、哈贝马斯、杰姆逊这四个后现代理论重镇的信,来介绍、评价和宣扬后现代主义。其三是通过格罗奇生前的讲课录像带直接表露后现代思想。这种对后现代主义哲学思想的直接宣扬,将小说叙事分割得支离破碎。

《谋杀》对小说体裁的戏仿具体表现为对侦探小说模式的戏仿,但它却消解了侦探小说,其实质是反侦探小说的。戏仿侦探小说是后现代主义作家的惯用技俩,如博尔纳斯的《交叉小径的花园》、《死亡与罗盘》,罗伯格里耶的《橡皮》,纳博科夫的《微暗的火》,品钦的《拍卖第四十九批》,艾柯的《玫瑰之名》,都是戏仿侦探小说,但是后现代主义抛弃了或故意打破了侦探小说的推理和连贯性,也没有水落石出的确定的结果,因而是反侦探的,是对侦探小说的嘲笑和戏拟。后现代侦探小说宣扬的不是理性的胜利,而恰恰是理性的脆弱和世界的不可知。拿《谋杀》来说,凶手和杀人动机是不确定的,最后也没有侦探出一个确定的结果,侦探亨特本人甚至卷进了以不确定性为旗帜的后现代主义的迷魂阵,最后仅以宣告谋杀案的后现代式结论了事:

> 即使你们每个人都不相信元叙事,都有你们认为杀死艾托尔·格罗奇的最好的理由,但我却看不出有任何理由将一些企图杀一个死人的人抓起来。我假定你们大家都无辜,不坚持控告你们。我想可以公平地说他的死是极其微妙的后现代式的①。

其次来看小说对元叙事的解构。《谋杀》通过对后现代主义哲学、西方

---

① 阿瑟·A·伯格:《一个后现代主义者的谋杀》,洪洁译,广西师范大学出版社2001年版,第233页。

社会现象等的戏仿或戏拟,对一切元叙事或传统权威,诸如爱情、道德、人性等等,予以了嘲弄和消解。正如作者借小说中人物之口所宣称的那样:"后现代主义者们不相信人性,别人曾让我相信有什么被称为人性的东西,这种看法是一种形而上学的思想……或者应该说,那是一种对元叙事抱有怀疑态度的人不可能相信的东西。"①

不过作者伯格在以后现代主义的态度戏仿着这个世界的时候,又似乎对后现代主义戏仿一切、嘲弄一切、反对一切元叙事的行为表示了一种质疑和反思,因此这种后现代主义的戏仿又变成了一种对后现代主义本身的戏仿。比如《谋杀》戏仿了俄国学者普罗普,并借他的口说道:"我们放弃了过去常为我们解释事物的那些伟大的哲学信仰体系,如马克思主义,它解释了社会如何形成这种现状,或者弗洛伊德主义,它说明了人的精神活动,或神话,它们解释了人类是如何产生的。这些信仰体系我们称为元叙事,现已不再被接受或被提出疑问。但问题是,没有它们,我们如何既理解我们自己又理解这个社会呢?"他接着说道,"我们一旦失去叙事,我们就失去对我们自身的感觉,我们也就失去叙事所给予我们的——一种生活的意义感,失去对这个世界的了解以及我们在这个世界中所处的位置。没有叙事活动,生活仅仅是一连串偶然的事件,毫无目标。没有开始,没有结尾……仅仅是体验。""后现代主义毁掉了我们的英雄,并且现在也在分解我们的叙事。"②"主体"走向今天后现代语境下的"个体"和"个体主义"。"个体主义意味着只有个体、本人、私下的叙事是重要的。但当那些使人适应社会和时尚的公开叙事被扔到历史尘堆之中后,您会得到什么呢? 正如霍布斯所说,您得到的是肮脏、粗野,及短暂的生活或私人的叙事。"③这些对后现代主义本身展开质疑的话语,非常具有启迪性:以破坏、怀疑一切为使命的后现代主义到底该走向何处? 破坏以后,人类应该如何建构一个新的内在世界和外在世界?

---

① 阿瑟·A·伯格:《一个后现代主义者的谋杀》,洪洁译,广西师范大学出版社2001年版,第81页。
② 阿瑟·A·伯格:《一个后现代主义者的谋杀》,洪洁译,广西师范大学出版社2001年版,第60页。
③ 阿瑟·A·伯格:《一个后现代主义者的谋杀》,洪洁译,广西师范大学出版社2001年版,第65页。

十四 理论研究的视野

人类自古就在"叙事",人类也一直在"叙事",因为"叙事"是人类在人际交流、世界认知、知识传承、文明递续方面的重要手段。于是,"叙事无所不在"成为一个历史事实,也成为叙事学研究中最有名的"陈词滥调"之一。就历史情形看,"叙事"总首先是口头的,然后是书面的;首先是日常的,然后是文学的;首先是质朴的,然后是艺术性的。艺术性的叙事主要是指文学叙事。这种文学性叙事实践,不说西方,单讲中国古代,其形式是多样的,其内容是多彩的。有叙事的实践,就必然有针对它的思考和总结,这就是叙事思想。中国古代的叙事思想同样多姿多彩。无论是从丰富叙事学研究的理论层面,还是从发展中国叙事文学的现实层面,我们都到了对中国古代的叙事实践和叙事思想进行清理和再次总结的时候了。很明显,赵炎秋教授认识到了这一点,并拿出了实在的东西来回应。这就是他领衔创作的丛书——《中国古代叙事思想研究》(湖南师范大学出版社2010年版),它包括熊江梅撰写的《先秦两汉叙事思想》(第一卷)、李作霖撰写的《魏晋至宋元叙事思想》(第二卷)和赵炎秋撰写的《明清近代叙事思想》(第三卷)。

叙事学研究发展至今,论文和著作加起来可算卷帙浩繁,光是国内,自1999年至2010年,中国期刊全文数据库上以"叙事"为题的文史哲论文就有9000篇左右。由此可证马克·柯里所讲的叙事学"已成为文学和文化研究中最具体、最连贯和最确切的专门学问之一"并非虚言[1]。同时,叙事学至今也仍未衰落,反之,它已成为也将继续成为一门显学,原因在于:"叙事"是人类文化和文学的重要部分,是表达个人与集体身份的基本方式;同时,叙事

---

[1] 马克·柯里:《后现代叙事理论》,宁一中译,北京大学出版社2003年版,第3页。

学所总结的一套观念和方法已成为全人类共有的分析文学和社会文化的思维原则和理论武器。所以,自1980年代以来,叙事学也引起了国内学者的关注和持久的研究热情。在此过程中,很多学者逐渐意识到西方叙事经验与中国的差异,认为应走进中国叙事的历史,建立本土叙事理论,并做了很多富有奠基性和开拓性的工作。但是走进浩如烟海的古代叙事文学与相关典籍文献,需要勇气更需要花费难以想象的精力。因此,既归纳整理具体作品之叙事经验又爬梳整合理论文献之叙事观点的历史性著作始终难以出现。就此而言,本书的出版,对于叙事学界来讲,是很有意义和价值的。第一,这是目前国内第一部研究中国古代叙事思想史的专著。第二,作者披沙沥金,走进"叙事"的"历史深处",从而对中国古代叙事思想有了较深入、系统的研究,并提出了一些原创性的观点。第三,它提出了构建中国本土叙事理论的主张,并向着这一方向作了一些努力。

大凡搞理论研究,谋深而虑远,方可早定目标,早作储备,然后才会有动力,有导向,最后也才可能有收获。就笔者所知,本书能有现在这种集成式的成就,是赵教授"二十年磨一剑"的结果,也是其研究团队辛勤耕耘的回报。他有心于叙事学研究,起始于1998年,迄今一直未曾中断过这方面的研究和教学。在他最早的一篇关于叙事学研究的文章中,他就认为在译介和运用西方叙事学的一片繁荣景象下,关于中国古代叙事理论的研究却相对沉寂,缺少这方面的有意识的系统的努力。① 于是,他产生了研究它的学术兴趣,并在不断的积累中,他和其团队成员逐渐明晰了本书研究的目标,用他自己在《明清近代叙事思想》"代序"中的话来说,就是"挖掘、整理中国古代叙事资源,在中国叙事理论和叙事经验的基础上,建立中国本土叙事理论"。正是这种自觉的研究目标的确立,加上作者丰富的储备与比较成熟的理论运思,本书在内容和写作方面,给笔者留下了较多的深刻印象,相信大家看了之后,也会从中有所收获的。

历史的写作,首先要有历史意识和由此而来的历史视野。历史意识不仅有助于人的全局观之养成,也可提高人的有序化思维。所以,在每一种写

---

① 赵炎秋:《中国古代叙事理论研究刍议》,《中国文学研究》1998年版第1期。

作中,历史意识都可以化为一条线。这一点在本书的写作中也得到了印证。它本身立足于一种历史扫描,希望将从先秦到民国的叙事思想作出全面的清理、描述。但在先秦到民国这一漫长的时段内,叙事文学类型多样、数量众多,包含在论著、序跋、书信、评点等当中的叙事思想更是芜杂、散漫。此时历史意识就可发挥线索的作用,将芜杂、散乱的材料有序地分阶段地串联起来,使之有准确的定位。

历史意识也是一把犁,一把向历史深处掘进的犁。拿本书讲,历史意识最有意义地体现是将它转化成了一种批判视野和背景分析,将历史维度和社会文化维度置于对理论命题的分析当中,使它们各自能回归历史的本位或当时生发的社会文化场域。这样,不仅使全书具有比较厚重的历史感与纵深感,也让每一个观点都成为活生生的令人信服的"有源之水"、"有本之木"。爱弥尔·涂尔干在《宗教生活的基本形式》的"导言"中曾说过,任何理论研究,我们都"必须追溯其最原始的和最简单的形式",因为他坚信笛卡儿所确立的原则:"在科学真理的链条中,最初的理解始终居于支配地位"。本书无疑较好地践行了这一原则。譬如在第一卷中,无论是对神话、史传等叙事文体的分析,还是对"实录"的叙事观念、"亚叙事"的民族特色等的论述,作者最后都尽力将问题的原因推向历史的源头,从原初的民族性或基本的哲学观念和思维方式入手,来清理它们生发的轨迹。第二卷采用社会学和文化学的研究视野,虽不如第一卷那样将理论推向历史的纵深来追问,但也在一个更贴近更具体的历史背景下,对魏晋至宋元文学中的叙事时间和叙事结构等问题,进行了一种契合境遇的解读。第三卷则几乎每一章都从历史角度进入,注重分析社会历史中经济的、政治的、文化的因素对当时叙事作品、叙事观念和重要理论家的影响,追根溯源,使真相和本质能在历史网络和社会文化网络中,得到富有立体感的呈现。这种向历史突进、向社会文化突进的做法,不仅保证理论可具有深度和广度的结合,也可避免理论走向空疏、抽象和艰涩。

这里面有一个理论研究的方法运用问题。研究方法是武器,是工具;也是角度,是路径;很大程度上可决定我们的收获和研究成就。拿本书来讲,其方法运用是成熟而得当的。以上所讲的历史意识,转化一下就是历史研究法、背景研究法或发生学研究法。米克·巴尔说过:"从文化的角度来看,一切实际上都有叙事的因素,或者至少能被理解或解释为叙事。"①所以,文化研究方法应该是叙事学要采用的方法,这也构成西方所谓的"后经典叙事学"的一个特色。当本书作者在将社会历史维度置于对众多理论命题的分析当中时,其实就表明他们已有对文化研究方法的比较老到的运用。如历史研究法一样,文化研究方法也是一种背景分析法,当然,文化本身也是历史的一部分。本书也娴熟地运用了其他一些研究方法,譬如第二卷很多地方运用了西方的认同理论和意识形态理论,并使之转化为一种新的理论路径和方法,从而对叙事话语等概念作出了与罗兰·巴特等人不同的理解和发挥。第三卷则明显采取点面结合的方法,既对每一阶段的叙事思想有清晰的一般性交代,也对其中的重点作品与人物有细致剖析,于是,让人既能鸟瞰历史大幕的宏阔景观,又能抓住其中的核心和精华。

比较研究历来也是把握对象本质、辩证对待事物的基本方法。在本书中,一方面,有对很多有关联的概念之间的内在细微辨别,譬如对史传与杂史杂传之间、杂传体与杂记体之间、话本与章回小说之间、笔记小说与野史笔记之间的不同叙事特点作出了区分。恰是这种细腻的辨别,可让我们洞幽烛微。另一方面,有中西之间的宏观比较。作者认为,中西比较方法是研究先秦叙事的一条关键路径,并总结指出:西方有经过"二次创造"的"再生神话",中国则只有"弱叙事性"的"原生神话";于是叙事的奠基石在西方是神话与史诗,在中国则是史传与诗骚;叙事观念上,西方是"虚构",中国是"实录";叙事手法上,西方多叙述,中国多描写,即对于叙事的静态化处理;叙事结构上,西方是"时间化",中国是"空间化";叙事时间上,西方是"写实性",中国是"写意性";等等。书中这种比较虽惜乎未能充分展开,不能予人更多的阅读欣喜,也虽搜罗、融汇别家的观点在其中,但作者结合运用以上所讲的背景分析等方法,提出了一些有启迪性的个人见解。

所以,即使是"旧"材料,但只要有"新"方法,或方法的恰当使用,也就可以有"新"视野、"新"发现,有一定的理论创新,也就可以予读者以启迪。一个论断对人有启迪,很难少得了创新的贡献。启迪越大,表明新意越多。笔

---

① MiekeBal. *Narratology:Introduction to the Theory of Narrative*(second edition). Toronto:University of Toronto Press,1999,p. 220.

者不敢说本书在理论创新上做得已很成功了,但由于作者能参照西方理论来展开文本细读和理论总结,并能将中西思想融会贯通,返归历史深处和社会文化的大舞台,因而对中国经验有切合历史实际和理论实际的深度读解,"读"出了自己的体悟,"读"出了一些只有自己仔细读过才可能有的识见,提出了"中国叙事思想"等一些新的概念与范畴,拓展了叙事学研究领域,丰富了叙事学研究知识。

对三卷分而观之,可见在第一卷中,作者通过对《史记》、杂史杂传、《诗经》、《楚辞》等的阅读,并吸收融合前人的观点,拈出"史化"和"诗化"两个概念,来概括先秦乃至整个古代叙事的基本面貌。"史化"即中国叙事的"慕史"倾向和"拟史化"写作与批评实践;"诗化"即受诗骚抒情传统之影响,古代叙事轻"再现"重"表现"的"亚叙事"倾向。这种论述与概括,与关于"空间化"叙事结构的观点一样,都是具有新意而符合实际的。在第二卷中,作者认为,志怪书是一种"历史的增补",以此形式进入到权威的历史叙事家族中,其叙事结构则是二元时空(即真实时空和幻化时空)并置互渗;还认为唐传奇之叙事成规有三:一是"个人化观点",二是情节化修辞,三是诗赋言情。可以看出,这其中一些观点是作者自己"读"出来的。第三卷的新见和有启迪性的看法也较多,它不时地从对明清白话小说、文言小说、戏曲,尤其是《水浒传》、《红楼梦》等经典名著的详细解读中流露出来,也时常从对金圣叹、李渔、王国维、梁启超、林纾等理论大家的论析中传达出来。譬如作者通过对《红楼梦》和说书艺术等的阅读与提炼,认为韦恩·布斯的"隐含作者"不足以说明中国叙事的情况,因而提出"影子作者"这一个新的概念,提高了我们对中国古代叙事的认识。

概言之,这是一本充满个人见地和理论分量的力作。它也为我们常感头疼的所谓理论创新问题提供了若干参考。一条途径是要敢于揽苦活,做别人做得较少或怕做的事情。"中国古代叙事史"就是令很多人望而却步的苦活、累活,因为还没有人做过,而且陷进去就几乎出不来。另一条途径是要甘于也善于坐冷板凳。甘于坐是个态度问题,善于坐却是个方法问题。"中国古代叙事"是个大海洋,里面有各式各样的作品和文献,坐不得冷板凳,就只会浮于表面,说一些空话和套话。其他的学问又何尝不是如此呢?坐冷板凳,意味着要带着方法,去钻进文本,这样才会"看"出问题并理清问题。这就牵出第三条途径,即"死啃"书本,读出自己的感悟。只有自己"亲自"去"死啃"原典,才会有只属于您一个人的阅读体会,这是谁都未曾有过的,也是谁都无法抢走的。窃以为这是理论创新颠扑不破的一个原则。这不仅是个"慢阅读"的问题,也是个"要阅读"的问题,即搞好学问,必须要自己去细细阅读。"细"读、"死"读,才不会人云亦云、蹈袭前人。而在这个浮躁和充满压力的年代,到哪里去找这样的"呆子"呢?但其实,希望是在"呆子"身上的。愿以此与学界同仁共勉!

下编 文化篇

十五 身体的叙事逻辑

保尔·瓦雷里在20世纪早期指出:"一切人体未在其中起根本作用的哲学体系都是荒谬的,不适宜的。"①20世纪以来尤其是进入消费社会以来的许多学说为这一点做了注解。当今人文科学流域的一个热门话题就是"身体",它蔓延在哲学、美学、艺术学、社会学、文学理论、文化研究诸学科领域,成为学院研究、公众讨论和生活实践的焦点之一,"身体政治"、"身体诗学"、"身体社会学"、"身体写作"等新词语随之纷纷出笼,以致伊格尔顿说,对身体的重要性的重新发现已经成为新近的激进思想所取得的最可宝贵的成就之一。

简言之,"身体"已经成为文化"叙事"的基础性符码。所谓"叙事"是指身体呈现、身体话语和身体实践等等,而"叙事逻辑"是指它们的方式、内涵与意义。不同的学科,不同的视野,有着不同的关于身体的叙事逻辑。有的认为身体是社会文化的建构物;有的着重研究身体在消费社会中作为各种欲望的消费性;有的则认为身体是叛逆身心二元论和菲勒斯中心主义的场所,主张身体、感觉、欲望的基础性地位,意图重建哲学和美学,建立平等的性政治。

(一) 文化的身体

人类学家特纳(Turner)在《身体与社会》(*The Body and Society*)中说:

---

① 转引自米歇尔·昂弗莱:《享乐的艺术》,刘汉全译,三联书店2003年版,第103页。

"一个显著的事实是,人拥有身体并且本身就是身体"①。在文化研究者、社会学家、人类学家看来,这个身体不仅是生物性的,更是文化的;不仅是自然的,更是建构的,是社会和文化的建构:"身体一直都是包括语言在内的文化所俘虏的骚动不安的囚徒"②。哈拉维(Donna Haraway)也说:"身体不是天生的,而是被制造成的。"③可见文化研究者普遍将身体纳入社会动力学体系,认为身体属于"社会的结构性存在"。根据拉康的说法,在身体中,并不是生理上的根深蒂固,而是由一套把主体指定为男性或女性的符号系统的语言所建构④。身体的呈现与完成,并非完全的生物决定论,甚至首先不是生物决定论的,而主要是社会决定论和文化决定论的。正如朱迪思·巴特勒所指出的,社会性别是被演示出来的,也就是说,一个人的身体意识及其社会性别身份是通过表演和角色扮演生产出来的,并且这种扮演及其重复又为某种特定的文化期望及其相关的东西,即占支配地位的意识形态和组织性行为的方法所限定。所以身体意识和性别意识既不是自然的,也不是可以随意选择的,而是各种文化的话语尤其和语言建构而成的⑤。

因此,作为文化客体的身体,就被分为两个部分:物质性的自然身体和意义性的文化身体。自然身体是文化身体的基础,文化身体是自然身体的延伸。如人类学家道格拉斯(Douglas)就提出有两个身体:物理的身体和社会的身体。在《自然的象征》(Natural Symbols)一书中,她还对两个身体之间的关系作出了论述:"社会的身体构成感受物理的身体的方式。身体的物理的经验总是受到某一社会范畴的修订,而且正是通过这些社会范畴,身体才得以被认知。因此对身体的物理的经验就含有某种与社会相关的特定观念。在两种身体的经验之间,存在着意义的不断交换,而且不同的身体经验

---

① B. Turner. The Body and Society: Exploration in Social Theory. Oxford: Basil Blackwell, 1985, p. 1.
② 布鲁克斯:《身体活:现代叙述中的欲望对象》,朱生坚译,新星出版社2005年版,第7页。
③ DonnaHaraway, "The Biopolitics of Postmodern Bodies", in Steven Seidman & Jeffrey C. Alexander, eds., The New Social Theory Reader, London: Routledge, 2001, p. 280.
④ 丹尼·卡瓦拉罗:《文化理论关键词》,张卫东等译,江苏人民出版社2006年版,第101页。
⑤ 丹尼·卡瓦拉罗:《文化理论关键词》,张卫东等译,江苏人民出版社2006年版,第116–117页。

之间彼此强化。"①

　　身体的文化谱系学分析,应该从古希腊开始,而将它从近代哲学的忽视中首次唤醒的是尼采,此后有梅洛·庞蒂、伊格尔顿、福柯等人。庞蒂在《知觉现象学》等著作中,将身体与意识紧密联系在一起,确立了身体的主体性地位。他指出,身体是客观空间的一种方式,"在习惯的获得中,是身体在'理解'",身体是"我们在世界中的定位"②。伊格尔顿则将身体置于美学复兴的根基位置:"美学是作为肉体的话语而诞生的"③。福柯则在《规训与惩罚》等一系列著作中,将身体与他的权力话语分析联在一起,认为身体受到权力的严密规训,它直接卷入某种政治领域,权力关系直接控制、干预它,给它打上标记,训练它,折磨它,因此没有什么比权力的运作更加具有物质性和身体性,而权力不过是一系列的体制化话语,因为话语对有关一个对象可以言说的和不可以言说的部分进行区分,并制定谁有权决定言说什么。庞蒂体现出"把身体视为实践和构想的人本主义意义",而从庞蒂向福柯的转移,"是作为主体的身体向作为客体的身体的转移";对于庞蒂来说,"身体是'有事情可做的地方',对于新的身体学来说,身体是有事情——观看、铭记、规定——正在做给您看的地方"④。

　　说身体是文化的身体,不仅在于身体是社会文化的建构物,也在于身体是社会文化意义的存储器和象征场所:"我们的身体就是社会的肉身"。⑤ 波德里亚指出,身体的地位是一种文化事实,无论在当今世界的何种文化系统中,身体关系的组织模式都反映了事物关系的组织模式及社会关系的组织模式。美国的理查德·舒斯特曼在《实用主义美学》中也指出,身体不是完全私人的东西,所以我们可能不得不更留心去阅读和倾听身体,甚至不得不克服受语言束缚的阅读和倾听的隐喻,以便更好地感受身体。

---

① Marry Douglas. Natural Symbols. Harmondsworth: Pelican, 1973, p. 93.
② 梅洛-庞蒂:《知觉现象学》,姜志辉译,商务印书馆 2001 年版,第 191 页。
③ 伊格尔顿:《审美意识形态》,王杰等译,广西师范大学出版社 2002 年版,第 1 页。
④ 特里·伊格尔顿:《后现代主义的幻象》,华明译,商务印书馆 2000 年版,第 83 页。
⑤ 约翰·奥尼尔:《身体形态:现代社会的五种身体》,张旭春译,春风文艺出版社 1999 年版,第 10 页。

(二)消费的身体

在今天这个消费社会,身体不仅反映文化和社会的变迁,也以实体的形式、文本的形式、影像的形式,在酒吧、发廊、T型台、书籍、银屏等各种场所被人们所消费。波德里亚指出,在消费社会,有一种比其他一切都更美丽、更珍贵、更光彩夺目的消费品,那便是身体。今天,身体尤其是女性身体在广告、时尚和大众文化中全面出场,建构起身体关系新伦理,其中,美丽和色情成为两个主导主题。"美丽之于女性,变成了宗教式绝对命令"[1],因而美丽可以转换成资本的形式,随之美丽成为功用性美丽。就是说,美丽的逻辑不过是时尚的逻辑,身体的具体价值(能量的、动作的、性的)、实用价值,向功用性的交换价值转变。美丽可以消费,可以利用,其资本转化形式因而是多重的,既可以属于商家,又可以属于个人。色情同样是功用性色情,即色情身体作为性欲和欲望的符号,在其中占主导地位的是它的社会交换功能,它不是饱含欲望和冲动的主体,而是欲望缺席的符号。T型台上模特们风情万种,却欲望全无,当然不排除她们可以满足某种欲望式观看。这并不表示模特是"性冷淡",只不过说明模特的身体已经不是本来意义上的肉身,而是抽象化的形式或符码。

身体消费的一个方式是修饰身体。在许多文化体系中,身体修饰长期以来具有确定的宗教含义。比如在非洲的某些民族,在面颊或额头烙疤是一种成年礼,割礼则是犹太民族和另外某些民族一直提倡的宗教仪礼。而现在的身体修饰则几乎彻底颠覆了传统的仪式化意义。人体彩绘、文身、烙疤、穿耳、穿鼻,甚至性器穿孔张狂地或隐秘地流行于消费舞台,主要是为了性强化、标新立异、吸引眼球、表达叛逆冲动、或取得朋克式青年的震惊效果。

身体消费的一个个体化动因是健康意识的全面复苏,健康构成强势的消费意识形态和个体消费的无意识动力。健康意识的极端形式是"健康法西斯主义"(health fascism)或"健康纳粹"(health nazis)。即与狂热追求健康相对应的是否定肉体的"侵略性冲动"或"压制性关切",这就是对苗条的偏

---

[1] 波德里亚:《消费社会》,刘成富、全志钢译,南京大学出版社2001年版,第144页。

爱。苗条与健康悖论式相关。对苗条的偏爱,是一个历史现象。今天这一现象已经变得无以复加,人们可以纵情自恋自己的身体,使之苗条,以迎合时尚或弥合心理冲动。对线条的狂热、对苗条的痴迷如此地深刻,完全因为这正是一种针对自身肉体的暴力形式。苗条甚至消瘦,已经走上了否定肉体之路。我们从"瘦削、枯槁的模特们,就可以从中解读出丰盛社会对于其身体必胜主义的完全反向的侵略,和对于其所有自身原则的强烈否定"[1]。

身体之被消费也与时尚有关。"身体是时尚倾诉的对象","时尚关乎身体:它依身体而制造,借身体以推广,并由身体来穿戴"[2]。即是说,身体是时尚衣着的场所。衣着标明时尚,又是将身体社会化并赋予其意义与身份的一种手段。身体和衣着还关乎道德伦理:一旦衣着不当,人们便浑身不舒服,同时觉得自己随时都将遭到社会的谴责。所以衣着以遮蔽身体的方式来显示身体。还有学者指出,衣着动力学源自三个原则:实用性原则、等级化原则和诱惑力原则。今天的消费社会较少关注实用性,而强势凸现后两个原则,男性服装突出等级化原则,而女性服装强调诱惑力原则。

身体消费的一个显著特征是性消费,无论它采取的是真实的形式(比如卖淫)还是虚幻的形式(比如身体裸露或文学中的身体写作)。有人指出,到了今天的大众文化时期,裸体,并且几乎总是女性裸体,已经全面商品化,"在晚期资本主义社会里继续主导着娱乐和几乎所有产品的销售"[3]。波德里亚也指出,性欲是消费社会的头等大事,它从多个方面不可思议地决定着大众传播的整个意义领域,"一切给人看和给人听的东西,都公然地被谱上了性的颤音。一切给人消费的东西都染上了性暴露癖"[4]。雅克·斯顿博格在《您是我的夜晚》中也指出,不管被投入到商业领域的物品是什么,它们总是企图触及潜在客户的同一个部位:腰带之下。性、性感、身体,进入消费市场,全面接受消费逻辑的摆布。

因此,消费社会出现了狂热的身体崇拜,身体本身富有经济和意识形态

---

[1]　波德里亚:《消费社会》,刘成富、全志钢译,南京大学出版社2001年版,第157页。
[2]　乔安尼·恩特维斯特尔:《时髦的身体》,郜元宝等译,广西师范大学出版社2005年版,第1页。
[3]　布鲁克斯:《身体活:现代叙述中的欲望对象》,朱生坚译,新星出版社2005年版,第25页。
[4]　波德里亚:《消费社会》,刘成富、全志钢译,南京大学出版社2001年版,第159页。

的双重意义。身体需要消费,身体也可以消费,因此身体是消费社会的重要生产力。但是,这种身体崇拜可能对社会和身体本身而言并非幸事。如果说过去圣化心灵,那么这种身体崇拜和身体过度消费,则使身体落入重新圣化的符号之下。"身体崇拜不再与灵魂崇拜相矛盾:它继承了后者及其意识形态功能"①,当代消费神话所建构的身体其实并不比灵魂"更加物质",两者不过同样是"观念"。即,身体像灵魂在自己的时代那样,以另一种极端的方式,也成为了一种"客观化的特权化支柱",成为了形而上的消费伦理的指导性神话,紧密渗透在生产目的之中。

(三)叛逆的身体

"肉体中存在反抗权力的事物"②;"冒犯文化习俗特别是性别习俗的裸露或半裸露的身体具有潜在的颠覆性"③。这些言论都指出了来自身体的叛逆性。通过身体,不仅可以颠覆轻视感觉、欲望、肉体的哲学传统,重建面向生活世界的生动的哲学,也可以反抗长久的具有偏见的性政治,对菲勒斯中心主义予以彻底的抗拒。

1. 反抗哲学、美学上的身心二元论和心优越于身的传统,赋予身体及其感觉以正当性

身心二元论以及理性高于感性、心灵高于肉体是西方哲学的传统见解。柏拉图、圣奥古斯丁、笛卡儿都强化了这一传统。比如圣奥古斯丁认为当快乐是肉感的时候,它便是有罪的,当快乐是精神的时候,即当它来自一种与上帝的关系的时候,它便是无罪的。肉体低于精神,"人们拒绝多少肉体,就赢得多少精神的欢乐","器官的法则与精神的法则相对立","理性所感到的快乐才是与人相称的快乐"。④

但是从尼采以降的西方哲学家开始纷纷解构这种传统。晚期胡塞尔提出"生活世界"和"主体间性"等概念,就意在通过打破冰冷的理性来拯救形

---

① 波德里亚:《消费社会》,刘成富、全志钢译,南京大学出版社2001年版,第148-149页。
② 伊格尔顿:《审美意识形态》,王杰等译,广西师范大学出版社2002年版,第17页。
③ 乔安尼·恩特维斯特尔:《时髦的身体》,郜元宝等译,广西师范大学出版社2005年版,第3页。
④ 引自[法]米歇尔·昂弗莱:《享乐的艺术》,刘汉全译,三联书店2003年版,第197、198、204页。

而上的缺乏生机的哲学。巴赫金则在论述拉伯雷的著作中通过强调身体在文艺复兴时期民间狂欢中的核心地位来张扬身体之于哲学、美学的重要作用。同时,消费社会享乐主义的合理化和泛化也在使这种哲学传统变得苍白无力。享乐主义哲学的第一原则就是使生命物质化。这一点在费尔巴哈那里就得到了理论的证明,他说:"享受感觉的神性,不享受神性的感觉"。①

总之,当代哲学尤其是后现代哲学通过强调身体对于人们关于世界的经验和知识的中枢作用,挑战了传统的精神优于肉体的观念。法国的德勒兹在《差异与重复》明确宣称:"给我一个肉体吧,这是颠覆哲学的方法。肉体不再是思想与思想本身隔绝开来的障碍,不再是只有战胜它才能进行思想的障碍。恰恰相反,思想潜入而且必须潜入肉体才能达到思所未思的境界,也就是达到生命的境界。……生命的范畴就是肉体的姿态,肉体的状况"②。他认为身体就是一架欲望机器,其哲学事业的重要部分在于颠覆传统的柏拉图主义,继尼采之后,他高标身体的本体性地位,力图复兴肉体,使肉体重新"唯物主义化"。

美国学者舒斯特曼针对轻视身体的美学传统,则提出一个以身体为中心的学科概念,即"身体美学"(somaesthetics)。他认为没有什么比占统治地位的理性更无能的了,非物质的形而上的理性不可能把握专属于感觉领域的事物。鲍姆嘉通的美学告诉我们,美学就是感性学。鲍氏虽然历史性地开拓了整个感觉领域,但出于理性主义立场,他所开拓的实际上又只是"理性的殖民化",而"审美关注的是人类最粗俗的、最可触知的方面……审美是朴素唯物主义的首次冲动——这种冲动是肉体对理论专制的长期而无言的反叛的结果。"③所以必须反思并重建美学。

2. 批判女性身体历史和身体实践,反抗菲勒斯中心主义,重建平等的性别政治学

不可否认的是,伴随着政治理念和社会实践的发展,女权运动在世界范围取得了重大进步,女性在实际生活中获得了越来越多的解放。但女性的解放在当今消费社会似乎是不全面的,也是复杂的,这一点由于女性身体全

---

① 引自[法]米歇尔·昂弗莱:《享乐的艺术》,刘汉全译,三联书店2003年版,第241页。
② 引自[法]米歇尔·昂弗莱:《享乐的艺术》,刘汉全译,三联书店2003年版,第101~102页。
③ 伊格尔顿:《审美意识形态》,王杰等译,广西师范大学出版社2002年版,第1页。

面进入消费领域而更加变得扑朔迷离。女性主义者由此进入女性身体批判,展开对菲勒斯中心主义(phallocentrism,男生殖器中心主义)顽强而持续不断的清算。

诚然,男性霸权的阴影挥之不去。比如身体展览,人们注意力全神贯注的对象几乎都是女性身体,"女性裸体几乎从一开始就是男性的情欲化的观看对象",并且对女性裸体的表现"日益呈现出侵犯隐私的调整,好像女人是在亲热、在沐浴或梳妆,或者裸露于床第的时候被人看到的"①。而"在父权制社会里,男性的身体俨然是不成问题的,免于成为好奇心或表现的对象,从而也得到了更为彻底的隐藏"②。弗·詹姆逊也认为,男性霸权及其快感的"首要对象是妇女的身体,或者更确切地说,妇女的肉体",在观看中,建构起男性"作为他者、压迫者、和一个类似于阶级敌人的统治形式的实践者"③角色。

所以,面对当代社会大胆的"身体写作"、毫无顾忌的隐私展览、泛滥的体位特写,尤其它们的对象几乎都是女性,女性主义者认为,这体现的是一种性别政治和性别权力关系,因为男性的凝视占据统治地位:女性不过是男性为满足性欲而被设计的性对象。美国女性主义者 A·德沃金(Andrea Dworkin)指出,从本质上来说,色情描写、身体暴露等等是一种以阴险的方式对女性所实施的暴力行为。针对消费社会无所不在的女性身体和隐私暴露,这一认识具有诊断意义。

中国目前众多的所谓"美女作家"和个别的"美男作家"实践着的"身体写作"、性爱白描,以及诗坛上某些人提出的"下半身写作",似乎都是商业炒作,与消费主义的合谋,以及对男性中心主义的迎合。身体的开放就是感觉的开放,这是抗议一切专制,包括男权专制的手段,正如伊格尔顿所说:"如果专制主义不希望引起反叛,那它就必须为感觉倾向营造宽容。"④但在实际的美学实践中,情况可能并不如此简单。尤其是女性作家的身体写作,虽然

---

① 布鲁克斯:《身体活:现代叙述中的欲望对象》,朱生坚译,新星出版社 2005 年版,第 23 – 24 页。
② 布鲁克斯:《身体活:现代叙述中的欲望对象》,朱生坚译,新星出版社 2005 年版,第 19 页。
③ 弗·詹姆逊:《快感:文化与政治》,王逢振等译,中国社会科学出版社 1998 年版,第 142 页。
④ 伊格尔顿:《审美意识形态》,王杰等译,广西师范大学出版社 2002 年版,第 7 页。

有时打着女权主义的旗号,但仅仅通过私密经验尤其是性经验的直白,可能永远无法接近真正女权主义的初衷,也永远无法实现平等的性别政治学。在毫无顾忌地身体展览中,虽然表征了一定的女性的解放和自由,但同时又以一种极端的方式落进了消费主义的陷阱和男权主义的怀抱,女性终归没有摆脱"被看"的命运!

十六 当代社会的后现代性
——鲍曼思想解读

齐格蒙特·鲍曼(Zygmunt Bauman,1925—),出生于波兰波兹南一个贫困的犹太家庭,英国著名的社会学家,同时又是影响很大的后现代主义理论家,现为英国利兹大学和波兰华沙大学退休的社会学教授。其主要著作有:《朝向一种批判的社会学》(1976)、《阐释学与社会科学:理解的方法》(1978)、《阶级的记忆》(1982)、《立法者与阐释者:现代性、后现代性与知识分子》(1987)、《论自由》(1988)、《现代性与大屠杀》(1989)、《通过社会学去思考》(1990)、《现代性与矛盾性》(1991)、《必死性、不朽性与其他生活策略》(1992)、《后现代性的通告》(1992)、《后现代伦理学》(1993)、《生活在碎片之中——论后现代道德》(1995)、《后现代性及其缺憾》(1997)、《全球化》(1998)、《流动的现代性》(2000)、《个体化社会》(2001)、《共同体》(2001)。其中,《立法者与阐释者》、《现代性与大屠杀》和《现代性与矛盾性》构成鲍曼本人所谓的"现代性"三部曲,《后现代伦理学》、《生活在碎片之中》和《后现代性及其缺憾》则构成"后现代性"三部曲。

鲍曼的传记作者、英国的丹尼斯·史密斯指出:鲍曼作品有两个叙事,一个是早期的朝着传统社会主义者的乌托邦前行的叙事,一个是晚期的从现代性向后现代性转型的叙事。①

在后一个叙事系列中,鲍曼的研究涉及知识分子问题、现代性与后现代性、工业社会理论,以及思想史、社会哲学、文化研究等领域,他从知识分子的身份变迁、流动的个体化社会、后现代社会的不确定性、后现代伦理等方面,相当全面而且细致地描述了当代社会的后现代性质,这可以为我们考察

---

① 丹尼斯·史密斯:《后现代性的预言家:齐格蒙特·鲍曼》,江苏人民出版社2002年版,第7页。

西方艺术和美学现实提供一种重要的背景知识。

(一) 知识分子的身份变迁

1. 知识分子定义

"知识分子"一词出现于 20 世纪,是"用来指称一个由不同的职业人士所构建的集合体,其中包括小说家、诗人、艺术家、新闻记者、科学家和其他一些公众人物,这些公众人物通过影响国民思想、塑造政治领袖的行为来直接干预政治过程,并将此看作他们的道德责任和共同权利。"[1]鲍曼对于知识分子的定义说明:知识分子不同于法国启蒙时代的哲学家群体和文人群体,而是已经分布在各个领域。在鲍曼看来,"知识分子"一词被创造出来,是为了重申和复兴知识分子在启蒙时代的社会核心地位,以及当时与知识的生产和传播相关的总体性关怀,体现并实践真理、道德价值和审美判断三者的统一,重新树立知识者团体的政治、道德和审美的集体权威。鲍曼认为,知识分子的意味在于:"一种广泛而开放的邀请——邀请人们加入到这一种全球化的社会实践中来"。[2] 所以,"成为一个知识分子"的意向性意义体现在超越自身专业或部门的局部性关怀,参与到对真理、价值判断、时代趣味等问题的探讨中来。因之,在鲍曼那里,是否是一个知识分子的尺度不在于您是否身处于学院之内或某一专业领域,而在于您是不是一个公共知识分子,在于您有没有知识话语的参与感、参与权和参与行为,换言之,您是否进入了某种"实践模式"。

2. 后现代知识分子的实践模式

鲍曼认为,从启蒙主义时代以来,形成了两种知识分子的实践模式:现代性实践模式和后现代实践模式,由此相应地出现了知识分子的两种不同的身份:立法者和阐释者。这里,鲍曼指出,现代性和后现代性与工业社会和后工业社会、资本主义社会和后资本主义社会不是对应的,也与现代主义和后现代主义不是相应的同义词,因为后两词与自我意识、文化和艺术样式相关,而他的现代性和后现代性术语表达的是知识分子角色的两种境遇,以及两种截然不同的策略。现代性实践模式和后现代性实践模式虽然可以从

---

[1] 齐格蒙特·鲍曼:《立法者与阐释者》,洪涛译,上海译文出版社 2000 年版,第 1 页。
[2] 齐格蒙特·鲍曼:《立法者与阐释者》,洪涛译,上海译文出版社 2000 年版,第 2 页。

历史分期这个层面去看,但并不表明它们完全是历时性的互相排斥的两种前后相继的模式,换言之,两种实践模式完全可以是一种共时性存在,只不过在某一历史时期,其中一种模式占据了主导地位。

  两种实践模式的差异,表现了两者对世界的理解特别是对社会生活的理解上是不一致的,对知识分子实践的相关本质与目的的理解方面亦有歧异。立法者角色与典型的现代型世界观相适应。后者认为,世界在本质上是一个有秩序的总体,历史被视为是永不停息的进步,"是一场最终能够胜利凯旋的艰难的战斗","是一场理智反对情感或动物本能、科学反对宗教与巫术、真理反对偏见、正确知识反对迷信、反思反对无批判之生活、合理性反对情感的作用及习惯统治的斗争"。① 因此现代性的首要的基本的方面表现为它把自己界定为"理智和理性的王国",正如马克斯·韦伯把历史等同为理性化的进程。鲍曼评价说,对世界与历史的把握和解释就构成知识。这种知识可以成为"预见和控制事件的手段"。控制的有效性与对自然秩序的充分了解即知识的正确性密切相关,它们相互论证,共同为社会提供一种放之四海而皆准的评判标准和权威话语,所以这种标准是普遍性的标准,而且这种标准是由知识分子确立的。所以,鲍曼汲取福柯有关权力的思想,认为知识者话语是一种权力话语,因此,"立法者"角色这一隐喻,是对典型的现代型知识分子策略的最佳描述。在传统意义上即与后现代社会相对的"现代社会",知识分子主要担当立法者角色。当面对所有其他社会群体时,文化精英群体承担了"园丁"的功能,即知识精英话语作为一种立法者话语存在,它由对权威性话语的建构活动构成,这种权威性话语对争执不下的意见纠纷作出仲裁与抉择,并最终决定哪些意见是正确和应该被遵守的。知识分子权威的形成是一种良性或恶性循环,因为如鲍曼所言,知识分子群体拥有比非知识分子更多的机会和权利来获得更高层次的客观知识,从而被赋予更多的从事仲裁的合法权威。这种更多的机会和权利归功于"程序性规则"。正是程序性规则保障了真理的获得,保障了有效的道德判断的形成和艺术趣味的选择。由于程序性规则的有效性,从而保证了运用和阐释这种规则的普遍有效性,因此知识分子与社会秩序的维护、完善形成直接和决定性关系。

  典型的后现代型世界观则认为,世界在本质上是由无限种类的秩序模

---

① 齐格蒙特·鲍曼:《立法者与阐释者》,洪涛译,上海译文出版社2000年版,第149—150页。

式构成。换言之,这种世界观颠覆了现代型世界观对于总体秩序、普遍规则的看法,也拒斥了普遍性知识话语的统治权,把一元的实践模式导向多样化,所以任何一种有关秩序的话语都不是评判实践有效性的普遍尺度,而只有在某一特殊领域和传统中才是有效性的。这是否就意味了:知识话语成了一种"地方性知识"?在鲍曼看来,答案是肯定的。他说:"在传统之外,在'地方性'之外,不存在衡量特殊性实践的标准。对于各种知识体系的评判,也只能来自于各种传统之'内部'"。① 因此在比之传统的"现代社会"更具后现代性的"当代社会"中,知识分子主要履行阐释者的功能。因为,如果说,现代性坚信知识绝对主义的话,那么,后现代性则把知识相对主义视为是世界的永恒的特征。从这可以看出,鲍曼从社会学分析出发,接受的仍是后现代主义前驱倡导的多元主义精神。他认为,阐释者角色这个隐喻是对典型的后现代型知识分子策略的最佳描述。"阐释者角色由形成解释性话语的活动构成,这种解释性话语以某种共同体传统为基础,它的目的就是让形成于彼一共同体传统之中的知识系统所理解。"②这就是说,阐释者的目的在于防止人类交往行为发生意义的曲解,正因为知识话语是多元的,而为了不同话语和领域之间的交往和理解,所以决定了知识者的身份只是阐释,而不是立法,或者说,只是局部的立法,而不是普遍的立法。鲍曼说,后现代性策略虽然拒绝了现代型知识分子的普遍主义野心,但在自己局部的传统之内又企图保持这一野心。鲍曼还指出,后现代性知识(策略)并不是对现代性知识(策略)的排斥和割裂,相反,如果没有对现代性传统的继承,就没有后现代性知识的构建。

(二)流动的个体化社会

当代社会是一个个体化的社会,这个社会的来临源于社会本身的不断"流动性"。鲍曼在《流动的现代性》中认为,"流动性"是现当代社会的一个突出特征,所以他用"流体"一词来比喻"现代"这一时间范畴的"现在"阶段,并认为"流动性"是现代性的表现,同时也是后现代精神的重要特征。值得指出的是:鲍曼有时侧重于在与"后现代性"相对的意义上运用"现代性"

---

① 齐格蒙特·鲍曼:《立法者与阐释者》,洪涛译,上海译文出版社2000年版,第5页。
② 齐格蒙特·鲍曼:《立法者与阐释者》,洪涛译,上海译文出版社2000年版,第6页。

一词,有时则更多的强调二者的相关性和连续性,而此处的"现代性"必须作宽泛的理解。一般而言他认为当代社会本身既是现代性的又是后现代性的,而且在现代性与后现代性之间并没有割断的痕迹,不管是在时间性还是在美学性质上,后现代性只是现代性的一种发展和独特表现,因此实际上,流动性亦是后现代社会和后现代性的重要特点。鲍曼指出,"流动"表明当代社会的一个特点是不断的变化,是对传统不断地突破。"流动"既标明当代社会的变化特点,从而也表示现代性本身亦是一个内涵不断变化的概念。他用"瓦解传统"一词概括了当代社会不断流动的性质,指出"瓦解传统""是现代性的永恒特征"①。对古典传统的瓦解,使工具理性或经济这一关键性角色占据了传统所腾出的空场。"传统的瓦解导致经济更加摆脱了传统政治的、伦理的和文化的阻碍。它积淀出了一个新秩序,一个首先按经济标准来界定的新秩序。"②这种经济新秩序造成了无情的社会分化和流动性或不确定性,使个体化社会处于惶恐不安的矛盾和忧虑之中。这里鲍曼强调的是现代性所具有的工具理性的张扬,从而使社会在不断地冲破传统中进化;在这个过程中所造成的社会的流动性,既标明个体化社会的到来,又是个体惶惶不安的动因,这是现代性所引出又包含在现代性中的一种后现代性的呈现。

这种"流动"的现代性体现了一种重要的后现代精神,即反对了宏大叙事。这是"个体化社会"来临的必然逻辑。在个体化社会里,人们对政治的冷漠日趋严重,对包含个体生活的各种亲密关系的大众生活空间进行"殖民分割",从而导致"大众的崩溃",稳固生活纽带的迅速衰退。③ 个体生活方式切断了个人与社会连接的各种纽带。但是,个体只有与社会联为一体,才能保证生活意义和永恒价值。对于个体来说,社会是个体获得短暂快乐的场所,是品味永恒、消除恐惧的栖居之地。家庭和民族是现代社会中两座让个体通达生活意义的桥梁,但它们却在后现代社会里逐渐坍塌了。鲍曼指出,现代性试图用理性主义疗救社会的种种病症,诸如心理焦虑、道德沦丧等文明病,但不仅无法治理前现代社会的自然的混乱,反而制造出整体的人为混乱。因此现代性努力建立秩序的企图总是流于破产。在鲍曼看来,在一个充满差异、"他者"的个体化社会里,宽容"他性"的存在,承认相互间的

---

① 齐格蒙特·鲍曼:《流动的现代性》,欧阳景根译,上海三联书店2002年版,第8页。
② 齐格蒙特·鲍曼:《流动的现代性》,欧阳景根译,上海三联书店2002年版,第6页。
③ 齐格蒙特·鲍曼:《个体化社会》,范祥涛译,上海三联书店2002年版,"序言"第8页。

相异性,在差异中谋求一致,才是个体自由、保障的前提。

(三)现代性与后现代性以及二者的缺憾

鲍曼的《后现代性及其缺憾》是他针对弗洛伊德的《文明及其缺憾》(1930)而写的。鲍曼认为,弗洛伊德此书其实就是对现代性的批判,因为只有现代社会才会把自身看作是一种文化或文明活动;从修辞学角度而言,"现代文明"这一表述乃是冗语。在弗洛伊德的《文明及其缺憾》中,作者表明了:文明的进程或历史发展的收获的另一面就是损失,作为文明、文化的同义词之现代性,守望着一个"纯净之梦",它与美、清洁、秩序有关。换言之,现代性理想是追求美、清洁与秩序。但是这些成果并不是自然而然地到手的,而是必须压制自己的许多冲动。在弗洛伊德那里,人的欲望、冲动出自本能。弗氏把按照冲动、欲望等本能行动谓之"自由"。实际上这种自由乃弗氏心理学的"快乐原则",而获得美、纯净、秩序则必须执行现实原则,即,必须抑制自己的本能。抑制是痛苦的,对痛苦的防御则产生了自身的痛苦。弗氏说:"文明建立在对不能克制的基础之上。"文明抑制了人类的性欲望和攻击性,所以弗氏又说:"寻求自由的冲动,同文明的特定形式与要求相背离"。文明,作为一种加诸无序人性之上的秩序,是一种人的理性的妥协、协定,从而换取一种现实中的安全感,因此在文明社会里,快乐原则被迫到了现实原则之下,换言之,在文明的理性社会,即鲍曼称呼的一个"现代性"的社会里,现实原则大于快乐原则。文明是现实原则的产物。如果说,文明保障了美、清洁、秩序和安全,那么,它的缺憾就是失去了个人"自由",放逐了快乐原则。人类用个人自身的快乐或幸福来换取一个社会的平衡和安全。弗氏突出了安全与自由的对立,以之为文明(现代性)及其缺憾的一个集中表述。弗氏把"难以抗拒的冲动"、"调节"、"抑制"、"被迫的克制"作为现代性的缺憾。鲍曼在弗氏的基础上总结说,"作为现代性的标志,这些缺憾是源于过量的秩序及其密不可分的产物——自由的缺少。受到威胁的安全需要牺牲自由,首要是个体寻求快乐的自由。在以安全为基础的文明的框架内,较多的自由意味着较少的缺憾"。[①] 相反,较多的秩序则意味着较多

[①] 齐格蒙特·鲍曼:《后现代性及其缺憾》,郇建立、李静韬译,学林出版社2002年版,第2、3页。

的缺憾。因此,鲍曼提出,真正的现代并不是延缓满足的应允,而是被满足的不可能性。

他提出了现代性两种典型的人格类型:英雄和牺牲品,其相应的特定阶层是"新贵"和"贱民"。他这里又重提了我们上面论述过的他的一个观点,即现代性的流动性。"现代性是静止的不可能性;'现代'意味着不断运动。"①新贵即社会中的"暴发户",作为现代性的英雄,他们却并不遵守现代性的游戏规则,甚至是规则的颠覆者。因为如果您按照游戏规则行事,您就不可能获胜。鲍曼借别人的话说:"在具有现代性特征的骚动的世界中,对于任何人任何时候而言,'认同意味着拒绝成为他人想让您成为的东西',您被拒绝了拒绝的权利;您没有这样的权利。因此,受挫的献身变成了反叛。归属的神话被炸得粉碎"。② 换言之,现代性的英雄恰恰是现代性的反叛者。"现代性最出色的、最忠诚的子孙与其说表达了子女的忠诚不如说变成了其掘墓人"。因为那些被称之为新贵的人是冒险家,他们注目现代性技巧的构建,既是现代性秩序的利用者,又是其破坏者;他们利用了"安全"——这一文明的基础,又"拒绝了舒适的到达,他们注定迟早要谴责任何安全的避风港"。③ 或许这正体现了鲍曼《现代性与二难》的标题所包含的思想。如果新贵是现代性的英雄和投机取巧者,那么,"贱民"就是现代性的牺牲品。因为贱民位于现代性的秩序之外,他们几乎没有等级,是真正的边缘人或现代性墙角的影子,不属于现代性归属秩序之内。但鲍曼似乎乐观地为他们指出了希望:没有人会永远归属于某地。"现代性为贱民带来了希望"。鲍曼的逻辑假定是:现代性是流动的。他还安慰贱民说,许多新贵也是带着最初的污迹从贱民转化而来的,他们至今没有洗净污迹,随时都可能为新起的新贵腾出地盘而沦为原形。鲍曼把人类的不确定性、流动性、忧虑在此表述得淋漓尽致又触目惊心。这样的现代性或许已经是后现代性了,因为鲍曼说,这样一个不确定的社会,已经是后现代时期了,但现代性会终结吗?鲍曼回

---

① 齐格蒙特·鲍曼:《后现代性及其缺憾》,郇建立、李静韬译,学林出版社2002年版,第83页。
② 齐格蒙特·鲍曼:《后现代性及其缺憾》,郇建立、李静韬译,学林出版社2002年版,第88页。
③ 齐格蒙特·鲍曼:《后现代性及其缺憾》,郇建立、李静韬译,学林出版社2002年版,第90页。

答:"未必。"

作为一本论文集,鲍曼在《后现代性及其缺憾》里面考察了道德、艺术、文化、宗教、性等诸多领域,在简单论及弗氏的文明观之后,他主要想论证后现代性的缺憾。鲍曼认为后现代社会的显著特征是不确定性。这种不确定性提供了自由——主要还是弗氏精神分析学意义上的自由——的可能性,但是不确定性又提供了另一种可能性,即丧失人类恋恋不舍的"安全"的可能性。如果现代性的二难是安全与自由的二难,后现代性的二难则是同样形式的,但又完全颠倒过来的二难,即自由与安全的二难。正如安全的代价是失去个人自由,自由的代价就是放弃心理的安全,生存于迷惘、矛盾、焦虑、困惑的无序状态之中。如果现代性的缺憾源于安全,表征为自由的丧失,后现代性缺憾则源于自由,表征为安全感的丧失。"如果说现代性的缺憾源于……容忍了受太少自由的安全,那么,后现代性的缺憾则源于容忍了太小个体安全的寻求快乐的自由。"在后现代社会,"快乐原则是首席法官",反理性主义的个体自由至上成为一个准则。但任何收获都伴随着损失而来,"当自由在安全的神坛上牺牲时,自由的光彩最为亮泽,当安全在个体自由的神殿下被牺牲时,它便偷走了自由这一牺牲品的光彩。"①

可见,"自由"是鲍曼概括后现代社会特征的一个极其重要的词汇。鲍曼《自由论》(1988)指出:自由是一种社会关系。鲍曼将自由称之为游戏,但这种游戏对参加游戏的一切人而言,不是双赢的,因为自由是一种社会关系的不对称性,某人、某群体或某类自由总是意味着另一人、另一群体或另一类自由的失去。这种自由的游戏亦不是固定的,它如同于拔河比赛,随时松手都可能改变游戏者的命运,换言之,在鲍曼看来,游戏场上没有永远的胜利者,也没有永远的失败者。他还指出,自由即一种选择的自由。但是自由既是后现代社会的一道美味佳肴,又是一个陷阱,一个无法逃脱的悖论:人们既想吃掉蛋糕,又想拥有它;既想享受充分选择的喜悦,又不必担忧因为错误的选择而遭受惩罚。换言之,人们渴望没有焦虑的自由。② 但是在一个个体化变动的社会,它永远是幻影。世上没有免费的午餐。鲍曼还指出,自由的另一矛盾在于:正像激进自由主义者伯沃里奇所指明的,个体自由既需

---

① 齐格蒙特·鲍曼:《后现代性及其缺憾》,郇建立、李静韬译,学林出版社2002年版,第4页。
② 齐格蒙特·鲍曼:《后现代性及其缺憾》,郇建立、李静韬译,学林出版社2002年版,第247页。

要集体的保护,又需要撕碎编织起来的所有的保护网。原因在于,保护网抑制了个人主张的动机,同时人们付出得到保护的代价是昂贵的。因此鲍曼说,我们尤其要"警惕在社会整体——支配与压迫的一种永恒代码——的祭坛上牺牲个体的号召"。①

鲍曼认为,如果说现代性首先表现为"确定性"以及对于"普遍性基础"和知识的崇拜,那么后现代性则最主要地表现为是一种"多元主义",一种对现代理性的失望和反思,一种对现代理性霸权的一元论的改弦易辙。后现代的"自由"缘自社会的"不确定性"——后现代社会或后现代性最重要的特征。这种不确定性既是"自由"的前提,又是"自由"的表征,如马夸德所说:"多样性,恰恰是多样性是人类自由的机会。"它亦是"流动性"的体现。无疑鲍曼对现代性和后现代性是有所区别的,同时又坚决反对将两者割裂,反之认为,后现代性是对现代性传统的更深层次的张扬,是"深度现代"的,"超现代"的。鲍曼认为现代社会(现代性)与后现代社会(后现代性)的区别之一在于:前者主张确定性、真理、整体性。而对于后现代性而言,现代确定性的复归不再可能,大写的真理不再可能,而只有"复数的真理"。因为"历史充满了以唯一真理的名义进行的大众谋杀"。② 我们正生活在一个多样化和多声道的世界。

鲍曼对不确定性的强调表现在他对传统"真理"观的评价。他指出:真理观念属于权力的修辞学;只有少数精英可以走出柏拉图漆黑的烟雾缭绕的"洞穴",掌握并传播知识、真理的"阳光"。这种真理观是对普遍客观知识和"确定性"的信仰。但后现代社会拒绝了绝对的客观真理观,因为后现代个体化社会承认了差异的合法性。差异性不是后现代的专有事物,前现代和现代社会都存在,但是,"前现代与现代人都发现并实践了他们应付多样性所假定的挑战的方式"。只有后现代承认并确立差异或不确定性的必然性与合法身份,并予以突出开来。由此在不确定性的基础上,出现了从个人到群体、民族、国家之间的认同难题。如果现代性认同难题在于如何建构一个可辨认的普遍形式,后现代性认同难题则"源于长期坚持任何一个认同的

---

① 齐格蒙特·鲍曼:《后现代性及其缺憾》,郇建立、李静韬译,学林出版社2002年版,第253页。

② 齐格蒙特·鲍曼:《后现代性及其缺憾》,郇建立、李静韬译,学林出版社2002年版,第245页。

困难,源于发现这样一个能够被终生认出的认同表达形式的实际不可能性,以及导致的需要并不坚定地信仰任何一种认同"①。

从不确定性和认同理论出发,鲍曼认为"观光者"和"流浪者"是后现代性的两种人格范式,分别代表后现代性的英雄角色和牺牲品角色。在不确定性社会,一个人要么是观光者,要么是流浪者,要么是两种身份、角色的不断"流动"。"后现代生活策略的轴心不是使认同维持不变,而是避免固定的认同。"②所以观光者的特征是"自觉"地避免固定认同的出现,"自由"地选择观光的下一个地方,而流浪者是"被动"逃离认同的固定,因为他们不被社会固定地认同。观光者生活的核心是不断移动,而不是如他们的先驱者——朝圣者那样——"到达",观光者只是"逗留"。他们不留恋家,因为他们发现家太熟悉,因而令人厌倦,没有了吸引力,所以他们只是"旅行",变成了漫游者。因此,观光者以废除不确定性的方式保持自身的不确定性。流浪者与观光者截然相反,并非所有的流浪者都自愿流浪,他们宁愿呆在原地,但他们被一种力所推动而不得不流浪。所以对他们而言,流动不是自由,自由毋宁说是不必流动,而呆在观光者不愿停留的"家"。如果说观光者流动是因为他们发现世界具有无法抗拒的吸引力,那么流浪者移动是因为他们发现这个世界具有难以忍受的冷漠。在当今社会,流浪者被视为城市不受欢迎的流动垃圾。观光者旅游是因为他们想那样做,流浪者"旅游"是因为他们除此以外别无选择。鲍曼指出,观光者和流浪者都是当代生活的隐喻。"在后现代社会,我们在某种程度上都在移动,不管是身体的还是思想的,不管是目前的还是未来的,也不管是自愿的还是被迫的……在此,我们境况的共同性终结了,差异开始了。"③他说,观光者和流浪者的对立是后现代社会主要的、首要的分离。每一个人都处在完美的观光者和不可救药的流浪者这两级之间的某一个位置。具体在什么位置,则取决于个人的自由程度。"选择自由在后现代社会在众多分层因素中是最根本的。"一个人

---

① 齐格蒙特·鲍曼:《后现代性及其缺憾》,郁建立、李静韬译,学林出版社2002年版,第150页。

② 齐格蒙特·鲍曼:《后现代性及其缺憾》,郁建立、李静韬译,学林出版社2002年版,第105页。

③ 齐格蒙特·鲍曼:《后现代性及其缺憾》,郁建立、李静韬译,学林出版社2002年版,第109页。

拥有选择自由的程度越高,则在后现代社会阶层中的地位越高;而后现代社会的差异、不确定性主要是由现实的选择范围造成的。

鲍曼明显地接受了当代解释学思想,认为艺术的意义也是不确定的。"艺术的意义存在于艺术家与观众之间的某一领域。"换言之,艺术意义的不确定性存在于"解释的自由"中。如果把传统的"再现"当作固定现实的展现,把"象征"当作普遍意义的传达,那么后现代艺术(当代艺术)则抛弃了这一套"保证艺术创造'再现'状况的传统的规则与象征"。"当代艺术不再关心'表现';它不再假设,需要艺术作品捕捉的真理存在于'隐藏'的别处。"在后现代艺术世界,"所有的意义都是一种提议",需要经得起讨论和争论,需要解释与再解释;"没有意义是由定义来确定的,而且,没有意义能够凭借一次定义就是明确的。"换言之,在此,符号在意义的寻求中漂流,意义也在符号的寻求中漂流。这样就终止了传统上"意义"的确定性、一元化神话,意义成为意义的可能性。"后现代艺术的意义,是模拟意义形成的过程,并保护它免遭终止的危险。……后现代艺术……带来了意义永久的缺失性。有人走得更远,提出后现代艺术的意义就是意义的解构;更确切地说,后现代艺术的意义就是揭示意义的秘密,即现代理论的实践意图隐瞒或隐藏的秘密——意义仅'存在'于解释于批判的过程之中,并与之共同消逝。"[①]我们发现,鲍曼这里所谈的正符合德里达对于符号意义的解构主张。在德里达那里,意义不仅取消了形而上学的和中心、基础的地位,而且在"播撒"、"异延"的能指"踪迹"中,意义趋向了虚无。

这样,后现代艺术成为一种颠覆性力量——反对逻格斯中心主义的话语场;同时,它不仅是一种批判力量,也是一种解放力量。阐释过程"不可避免地带来了对客观真理和现实主观原因的质疑。"因此,"它从日益封闭和瘫痪的共识的专制中,解放了大量的生活的可能性。"通过引入阐释"自由"的概念,确定的意义成为可能的意义:"不仅通过(自由)唤醒想象,并使可能性永葆青春,而且也通过使信条不断流动,避免使之僵化成为毫无生机的确定性"。因此后现代艺术家只剩下了一种可能性:"进行实验"。这种实验并非遵守科学主义的验证原则,也非维持集体行动不可或缺的一个阶段,而是完

[①] 齐格蒙特·鲍曼:《后现代性及其缺憾》,郇建立、李静韬译,学林出版社2002年版,第125－128页。

全相反,它只有模糊的草图,"版图"尚未被证实确实存在,而且也不能保证它已经出现在画出的"地图"上。因此,实验是意义的冒险,放弃了一切可被普遍赞同的共识形式。鲍曼最后说:"后现代艺术的意义就是向意义的艺术敞开了大门。"①

(四)后现代伦理

鲍曼在《后现代伦理学》中说,他本书想研究的是后现代伦理,而非后现代道德。这就是说,鲍曼力图对后现代道德问题进行宏观上理论的甚至哲学的把握,而不想停留在对后现代具体的道德问题的研究上。他以后现代为视角,主要是运用社会学方法,视域广及教育、政治、性别、种族、排犹主义等问题。他认为现代伦理学诸理论(而不是具体的现代道德关怀)已经不适合用来阐释后现代的道德问题,因此,伦理学家和社会学家等需要对后现代道德本身展开调查,建构新的伦理学。针对有人提出的后现代社会不需要伦理学的主张,鲍曼认为这是错误的看法。我们只能认为,现代伦理学确实过时了,同时需要建立适应后现代社会的伦理学。里坡维特斯基《责任的黄昏》(1992)认为,人类已经进入后义务论时代,在这个时代,人类从强制的"责任"、"戒律"和"义务"中解脱了出来,自我牺牲的观念已经非法化。我们的时代已经是一个彻头彻尾的个人主义的时代。后义务时代仅仅承认最低限度的道德,我们应该对随之将来的自由而欣喜。鲍曼把里坡维特斯基称之为"后现代解放"的游吟诗人,但鲍曼不满意于里氏倒果为因的做法,即把应当解释的东西用来解释别的东西。鲍曼认为,后现代伦理学之源被现代伦理哲学和政治实践遮蔽了,因此后伦理学的任务就是把人类原初道德力量发掘出来,而不能是一种简单的现象描述,其研究主题也不再是失去时代性的课题,诸如人权、社会正义、和平、民主、福利等。

鲍曼认为,现代伦理思潮以理性为基础,它与现代立法实践相结合,在普遍性和根本性的相似旗帜下寻求社会问题的解决。在立法者的实践和哲学家的设想中,普遍性被定义为一种伦理的道德的律令,"它强迫每一个人

---

① 齐格蒙特·鲍曼:《后现代性及其缺憾》,郇建立、李静韬译,学林出版社2002年版,第133页,第128页,第133页。

认识到'普遍性'是一种权利,因此要把它接受为一种责任。"①在立法者的实践中,法律的根本性则代表了国家的强制力,这种根本性是强制的。因为现代法律和伦理要求是一种他律,人的伦理行为亦是一种他律的理性行为,而并非个体的自律行为。面对他律性伦理要求,自律的个体可能首先质疑:我为什么要是道德的?鲍曼指出,道德思想和现代性的实践被一种信念所激励,即相信一种没有矛盾的、非先验的伦理学法典存在的可能性。而对这样一种可能性的怀疑就是后现代伦理学。这个"后"并不简单表示是处在"现代"这一时间意义上的"后",而主要地意味了它对于现代伦理学的批判态度。现代伦理和后现代伦理可能同时存在于我们今天这个社会或其他社会,但无疑后现代伦理更多地体现于后现代社会。

他指出了后现代的道德状况的几个标志和内蕴:(1)人在道德上善恶并存。这亦是道德的原初状况:"善恶面对面地存在于人'最初场所'的中心"。"在人类结合在一起的原初结构中,一种非善恶共存的道德之存在是不可能的。"鲍曼的意思其实是在为后现代个体自发行为的正当性辩护,在鲍曼那里,他把个人的自发行为实际看成了真正的道德行为,而在文明(鲍曼意义上的现代性)社会,"善"才是符合道德的,"恶"(包括不受伦理约束的自发行为)则是不道德的。而鲍曼把善恶共存视为了道德的原初结构,道德的本质不是他律,而是自律。(2)道德现象在本质上是"非理性"的,鲍曼说,"从'理性秩序'的角度来看,道德是并且注定是非理性的。"他指出现代道德和法律则要求人们在正确和不正确之间作出理性的选择。这仍然是批判现代道德的伪道德性。因为出自功利计算之前的非理性的自发行为才是真道德,而现代道德"把道德现象从个人自治的领域转换到靠权力支持的他治领域"。"它用可习得规则之知识代替由责任组成的道德自我。它把在以前应采取道德立场时曾经是他者和道德的自我良心的责任转给了法典的制造者和守护者。"(3)因此道德具有"无可救药的先验性"。这决定道德自我的实践充满了不确定性。(4)道德不能被普遍化。鲍曼认为,这并不是赞同道德相对主义,因为相对主义最终走向的是虚无主义。而鲍曼之所以要反对道德"普遍性"的做法,是因为道德"在现代仅仅被当作一种经过稀疏伪装的宣

---

① 齐格蒙特·鲍曼:《后现代伦理学》,张成岗译,江苏人民出版社2003年版,第10页。

言,宣布进行一体化、进行一场填平差异、消除'狂热'的(自治的、任性的、无法控制的)道德判断来源的热切运动的企图","可能只会采用他治的、外部强制的伦理规则取代道德自我的自治责任的形式"。① 这意味着道德自我完全的无能化或毁灭。而后现代新图景的变化,已经或正在唤醒我们对道德、道德生活的纯正理解。鲍曼认为,"现代企望及雄心的破碎,和社会化调整及个体行为一致化幻觉的消退,使我们能比以往国家清楚地洞悉道德的本相。"②鲍曼指出,人类注定是或本质上是一种道德存在,即一开始,人就不得不面对他者的挑战,面对为他者承担责任的挑战。人类的境况首先是一种道德问题,面对生活的选择首先是道德的两难选择,这种选择先于理性所告诉我们的对于"善"与"恶"的区分。后现代生活境况为我们思考道德原初结构提供了切入口,同时,我们也只有把道德原初结构的建立视为真正的伦理学问题,才能分析现代伦理学在后现代的不合时宜。鲍曼认为,后现代伦理学研究必须联系后现代生活及其策略的背景来展开,从而去发现道德的原初场景——道德选择的场景和发现道德选择的场景。在《生活的碎片》中,鲍曼延续其对于后现代的看法,认为这是一个不确定性的流动的分散的个体化社会,并用了"碎片"一词来比喻后现代人类的生活状况。他认为,后现代人们破碎的生活,是后现代道德问题的根源。碎片式社会情境,包含了许多表征。在这个社会里,暴力——一种自行其是的风格、知识分子边缘化和社会错位、人的部落化或层级化,等等,都在催生着后现代道德的蔓延。在诸多的矛盾状态下,鲍曼不知——我们也不知——这些矛盾是后现代生活的障碍还是它的新的开端。

---

① 齐格蒙特·鲍曼:《后现代伦理学》,张成岗译,江苏人民出版社2003年版,第12-15页。
② 齐格蒙特·鲍曼:《生活在碎片之中——论后现代道德》,郁建兴等译,学林出版社2002年版,"序言"第1页。

十七　消费文化视野下的后现代主义

言说后现代是一种时髦,自20世纪60年代以来至今就不曾停歇过,在80、90年代的英语世界更成为了一道蔚为壮观的知识风景;但亦是一种冒险,因为按照后现代主义逻辑,谁的言说都注定只是"多元"中的一元,而沦为理论话语游戏。但亦不乏事实上的经典界说,提起后现代主义,都言必提哈桑、罗蒂、德里达、杰姆逊、利奥塔德、波德里亚等,这与后现代主义的多元论、反元叙事恰成反讽式对照。或许后现代主义的生命景观、社会现实与后现代主义的术语操作本身是不一致的。

不可否认的是:种种言说又对后现代概念清理有着不同的助力。哈桑最为著名的是用"不确定性"和"内向性"等十一点定义来概括后现代主义艺术(尤其是先锋派、实验派艺术)实践①,其理论未能延展至政治、生活层面。罗蒂是从实在主义哲学出发,认为"我们必须抛弃言语的以及思想的一致性概念"②,提出了后现代主义哲学观:反对传统哲学的镜式本质,从而反对了基础主义、本质主义和形而上学。利奥塔德则将资本主义发展分为三个阶段:前工业社会、工业社会和后工业社会,侧重从时代分期上考察后现代的知识状况,认为"后现代"即指对于元叙事的怀疑精神,在知识计算机化的高科技信息社会,一切宏大叙事诸如意义、人类解放等启蒙话语都将失去其合理性,其要义在于反对知识的绝对化和霸权化,与哈贝马斯捍卫现代性、重建交往理性和生活秩序的态度截然相反。而后者是在与前者、德里达、丹尼尔·贝尔等人的争论以及一系列著作中建构起这一想法的,只不过他站在狭隘的普遍意义的"现代主义"定义下,即强调理性的绝对性、现代主义的进步性,而反对利奥塔德所主张的怀疑精神,也反对贝尔将资本主义的文化矛

---

① 王岳川、尚水主编:《后现代主义文化与美学》,北京大学出版社1992年版,第119–120页。
② 罗蒂:《哲学和自然之镜》,李幼蒸译,三联书店1987年版,第106页。

盾归因于现代主义,主张把文化的现代性与社会的现代化区分开,而贝尔等新保守派的学说"混淆了一方面是社会现代化的可喜过程以及另一方面是令人痛惜的文化发展——之间的关系"①。对德里达的反语音中心主义和逻各斯中心主义亦有微词。

以上理论家中有些人——譬如贝尔,带有一定的经验主义色彩,而大多数却停留于对后现代主义本身作现象学描述或解析,不少是以反形而上学精神在提供着事实上的形而上学话语操练。这招致了英国经验主义文化学家的批评,认为以上学者种种后现代话语显得很抽象和理论化。"与这种理论上的产物相比,对于作为一种经验现象或历史现象的后现代主义,人们相对说得很少。"②由此英国文化学学者提出,应该把后现代主义确认为一种经验的现象,从经验确证来考察当代社会是否正在出现后现代主义,其关注的焦点是消费社会、审美俗化、大众媒介与后现代主义的关系。譬如英国学者费瑟斯通较多地吸纳本国经验主义的传统做法,从消费文化入手分析后现代社会的文化特征。而他们得出的结论与深濡大陆理性主义传统的理论家却是相同的,即后现代主义表征着主体式微、权威消解、本质现象化、欲望视觉化、所指能指化等倾向。费氏等英国学者从消费经济、文化普世化的现象来剖析后现代,其实是一种明显的社会学方法。通过经济、文化、社会的背景描述,他们认为能较切实地阐释后现代主义生发的根源。但另一方面,这样一种实证主义的解读方式,并非英国人所独创。杰姆逊已在部分的意义上采用了,法国人波德里亚、社会学家布尔迪厄则提供了相当出色的范例。这些人正是费氏等人主要的话语资源之所从。

(一)后现代主义的消费文化语境

从消费文化方面来读解后现代主义,必须解决几个问题,以之为讨论后者的前提:(1)消费社会的独特性在哪里? 即如何区别对待消费社会和前消费社会? (2)消费社会形成的动力资源何在? 它涉及何种消费观念的转型? (3)具体来说,应该如何定位文化工业、大众传媒在当代社会的角色性质? (4)消费、商品与文化、美学的互渗性联结表现出怎样的特质? 一般认为,消

---

① 王岳川、尚水主编:《后现代主义文化与美学》,北京大学出版社1992年版,第14－15页。
② 多米尼克·斯特里纳蒂:《通俗文化理论导论》,阎嘉译,商务印书馆2001年版,第244页。

费社会就是信息社会、高科技社会,或者叫高度发达的资本主义社会。这是一个生活同质化与多元化并存的社会,感官享受取代了理性反思,人们"满足的源泉和社会理想行为的标准不再是工作劳动本身,而是他们的'生活方式'"①。从物质丰盈、思想平面化和艺术化归生活的部分现实参照及理论臆想出发,有些人因此宣称艺术终结了,意识形态终结了,历史也终结了。

这种消费社会就是所谓的后现代社会。将消费社会与后现代社会进而与后现代主义相等同,正是杰姆逊、波德里亚、布尔迪厄和英国学者的普遍做法,这里就包含着一个假定,即后现代主义表征了社会的转型,可视之为一个时代分期概念。譬如杰姆逊认同资本主义的三阶段发展论:市场资本主义、垄断资本主义、晚期或跨国资本主义。杰姆逊在此基础上提出了与之相吻合的三阶段的文化发展论:现实主义、现代主义、后现代主义。对杰姆逊而言,后现代主义不仅仅是一种特殊的文化风格,而且是晚期资本主义或跨国资本主义的文化逻辑。在这一阶段内,尚未商品化的领域全面进入纯粹的资本形式。

从前消费社会(现代社会)转入消费社会(后现代社会),是建基于假想之上:资本主义的经济发展需求从生产已转向消费。也就是说,现代资本主义的发展动力是生产,是持续改善其生产条件,持续更新商品制造设备,发展重工业和基础设施,培养生产技能。而一旦建立起充分起作用的资本主义生产体系,空余时间所占比重越来越大,休闲、享乐等消费需求则成为主导的发展动力,时代进入了消费社会。这标志了对消费的地位、本质的看法已远远超越了古典经济学的范围。在后者看来,消费主要是为了生产和生活需求而去耗费物质的一种物质行为,消费的手段性质跃居于目的性质之上而流为一种纯粹的经济行为,这正是"现代社会"的要求,即发展、生产是第一位的,并不提倡为所欲为的消费行为,消费是生存手段,而非生活方式,所以,如韦伯所说,节制、禁欲等新教伦理才成为资本主义的精神。"贪得无厌绝对不等于资本主义,更不等于资本主义精神。"②而在许多后现代主义研究者看来,在后现代社会,消费不再是或主要不再是一种物质行为、纯粹的经济行为,而变成了一种生活方式,一种符号消费和象征性消费之类的文化

---

① 丹尼尔·贝尔:《资本主义文化矛盾》,赵一凡等译,三联书店1992年版,第34页。
② 马克斯·韦伯:《新教伦理与资本主义精神》,彭强、黄晓京译,陕西师范大学出版社2002年版,第15页。

行为。人们的购买行为、消费行为不是为了产品的实用即使用价值而去的,看中的是其形式与品牌,品牌因之成了一种经济和人的声望的象征。布尔迪厄和费瑟斯通等人因此提出声望经济的说法。显然,从生产转向消费,一是资本主义生产扩张的需要,一是为享乐合理化制造理由与条件。

但是,这种享乐行为与符号消费行为又显示出人们的等级差异和身份政治,民主、平等依然是一个盛世神话。波德里亚在其早期作品《消费社会》中分析了符号消费的基础,即资本主义的生产扩张所造成的物质丰盛。"我们生活在物的时代","正如狼孩因为跟狼生活在一起而变成了狼一样,我们自己也慢慢地变成了官能性的人了"[1],人的欲望已感官化尤其是影像化,这又源自资本主义的浪费式消费。在后现代社会,消费即浪费,生产的持续动力不是来自商品的使用价值,而是来自其"死亡"或加速其死亡,一切传媒譬如广告,耗费巨资,为的只不过是去除商品的使用价值、时间价值,使它屈从于时尚而促进产品更新,消费文化则成为"垃圾箱文明",并且标示人们的身份差别,"告诉我您扔的是什么,我就会告诉您您是谁!"所以,消费并没有构建"初级的民主平台"[2]。

他夸张地指出:"人们从来不消费物的本身(使用价值)———人们总是把物用来当作能够突出您的符号,或让您加入视为理想的团体,或参考一个地位更高的团体来摆脱本团体"[3],因此符号消费变成了社会分类和区分过程。费瑟斯通吸收这一看法,也提出商品消费是一种标签,炫耀型消费得以大行其道,商品的使用价值让位于交换价值,让位于商品形式的符号象征性,并引进了布尔迪厄的资本理论。后者将资本分为三种类型:经济资本、文化资本和社会资本。文化资本是知识转化为资本的潜在形式,为"新型的文化媒介人"所拥有。他们借助或催生文化工业和传媒事业,利用符号变换或更新来迎合、引导或控制时尚,从而使文化资本、社会资本升值并进而转换为可量化的经济资本。在《区隔》(亦可译为《区分》)中还指出,文化资本的多寡表征不同品位的社会场域。"每一种趣味都聚集和分割着人群","一个人就以此来对自己分类,同时也被其他人分类"[4]。

---

[1] 波德里亚:《消费社会》,刘成富、全志钢译,南京大学出版社2001年版,第2页。
[2] 波德里亚:《消费社会》,刘成富、全志钢译,南京大学出版社2001年版,第24、46页。
[3] 波德里亚:《消费社会》,刘成富、全志钢译,南京大学出版社2001年版,第48页。
[4] 朱立元:《西方美学名著提要》,江西人民出版社2002年版,第618页。

这些文化媒介人是知识分子的变体,是中产阶级的催生力量和辩护人,也就是说,文化媒介人垄断文化工业和大众传媒,控制符号生产与传播,使文化大众成为形式上的中产阶级,满足于生活同质化的共同嬉戏,并使艺术、美学与文化进入民间社会、日常空间。所以,在很多后现代研究者那里,大众传媒都被看作是消费社会的支柱与促成后现代主义的重要力量。大众传媒的显著特征是在工具理性的支配下,借重高科技来造成信息与影像的"通货膨胀"(纽曼语),成为了"符号政治经济学"(波德里亚语)的主导因素。后现代社会理论的一个前提性理念即享乐的正当化和消费主义的普遍流行,如此一来,文化工业、大众传媒日益凸显其控制力与渗透力,文化的商品化、商品的文化化与审美的泛化、俗化也就势在必行。针对文化的俗化和审美的位移,许多后现代论者和民粹主义者为之而欢呼,称之为当代民主的一种落实,法兰克福学派(本雅明除外)则痛心疾首,因为大众文化以复制代替原创,以"光晕"效果取代"震惊"。晚近的伊格尔顿则指出,后现代主义只是一个幻象,后现代主义所批评的对象根本就不存在,因之这种批评好比"丢掉了餐刀,人就干脆宣布面包已经切好了"①,并反问,启蒙主义必然导向集中营吗?杰姆逊、波德里亚等人实际上延续着法兰克福学派的批判路径。波氏拈出"类像"一词,吸收本雅明的"复制"概念和麦克卢汉的传媒理论,认为传媒制造的只是"类像"(simulacrum,又可译为"假象"、"幻象"),只是"仿真"文化。如果以前的符号是和意义交换,一个符号指向一个深层意义;而在"仿真"文化中,符号远离意义,在一个无本源、无根基、无所指的循环系统中只和自身进行交换,文化文本成为能指的聚集,影像、视听满足的是感觉欲望的瞬时快感。

就这样,在文化工业与商品逻辑的双重胁迫下,文化、艺术与商品经济在交媾中融化,即一切都可以拿来消费,文化亦难免被消费的命运;文化变成商品,并揭开重帏,落为搔首弄姿的马路天使;另一方面,为了增强快感和满足感以及体现身份和参与意识,一切又都可以美其名曰"文化",在文化的氛围里捕捉快乐时光,文化在这里是一个动感十足的花瓶。令人头晕目眩的商业中心被装扮为后现代的文化中心,掩盖其下的是欲望流动。此即消费文化的含义,是消费与文化的互渗。费瑟斯通亦是如此来分析二者的互

---

① 特里·伊格尔顿:《后现代主义的幻象》,华明译,商务印书馆2000年版,第13页。

动关系:"首先,就经济的文化维度而言,符号化过程与物质产品的使用,体现的不仅是实用价值,而且还扮演着'沟通者'的角色;其次,在文化产品的经济方面,文化产品与商品的供给、需求、资本积累、竞争及垄断等市场原则一起,运作于生活方式领域之中。"①

(二)消费社会中后现代主义的特征

由于把后现代主义看作是一个经验的现象,英国文化学家很多认为后现代主义不仅仅是理论话语游戏,是一个学术术语,也不仅仅是一种新型的思维方式,更不仅仅是一场先锋派或波普化的艺术运动,虽然他们——譬如费瑟斯通,并未否定后现代主义确实最先出现在建筑、音乐、电影、小说等艺术领域。那么,应该如何来看待后现代主义呢?后现代主义在消费社会又体现出什么样的特点呢?英国经验主义者认为,更应该把它视为一场人们正在经历的文化变迁,这种文化变迁,是消费社会中人们生活方式变化的体现,因此,谈论后现代才吸引着更多的公众兴趣。费瑟斯通更是由此而反对将后现代文学和美学倾向简单地理解为"对当今席卷西方世界的政治反抗浪潮的一种反映"②。

他对后现代特征的分析,建立于对"现代"与"后现代"一系列的概念梳理的基础之上。首先是现代性与后现代性。现代性一般说来出现于文艺复兴时期,指"社会世界中进化式的经济与管理的理性化与分化过程",而后现代性,意味着一个时代的转变,要理解它,就应该结合消费社会现实,"去集中讨论真实的文化实践",关注后现代文化产品的生产、分类、流通及消费群体之间不断变化的权力平衡。其次是现代化与后现代化。现代化在发展经济学那里指在传统社会结构与价值之基础上的经济发展结果。也指涉"以工业化、科学与技术、现代民族—国家、资本主义世界市场、城市化和其他基本结构要素的增长为基础的社会发展阶段"。显然这是从经济决定论角度来讨论的,那么,后现代化即指信息技术与商品生产发展所导致的社会转型与制度变迁,具体来说,是"指意文化的胜利"。最后是现代主义和后现代主义。从严格的意义上讲,两者指艺术运动和艺术风格,虽相区别,但亦有渗

---

① 迈克·费瑟斯通:《消费文化与后现代主义》,刘精明译,译林出版社2000年版,第123页。
② 迈克·费瑟斯通:《消费文化与后现代主义》,刘精明译,译林出版社2000年版,第1页。

透与延续。前者出现于 20 世纪初期,后者流行于 60 年代的纽约,后扩展开来。但费瑟斯通明显地赞同从广义的文化方面来对待它们,即二者指不同的文化复合体,一个意指现代性文化,一个意指后现代性文化。总的来看,要理解"后现代"语族,应抓住三个方面:(1)艺术、知识、学术场域的变迁;(2)包括符号商品生产、消费、流通模式在内的文化领域的变迁;(3)不同群体日常生活实践与体验的变迁。

由此经验研究出发,后现代主义的关键特征则是:艺术的消解即日常生活的审美化,随之而来的是高雅文化与大众文化之间差异的抹平,消费和文化的平面化,人们沉湎于"能指"的狂欢而放逐"所指"的深度,文化成为没有围墙的博物馆。费瑟斯通认为,这就是杰姆逊所强调的后现代文化的两大特色:实在转化成了影像;时间碎化成一系列当下的瞬间片段[①]。

另一英国学者斯特里钠蒂采取与费氏同样的立场来分析后现代主义,认为其主要特征体现于人们的消费行为与生活行为之中。通俗文化符号与媒介现象日益支配着我们确定自身和周围世界的方式,在后现代状况下,文化与经济难分难舍,消费领域———我们购买什么和决定我们购买什么,正日益受到大众文化与传媒的影响。这是一个"形象支配着叙事"的散文时代。大众文化反偶像、重拼贴等做派不仅存在于文化领域,也风行于生活世界。这一切都表明:元叙事衰落了,文化与社会之间、艺术与通俗文化之间的差异在抹去。[②] 这就是后现代文化的特征。

这一看法也主要借鉴于杰姆逊。后者把后现代主义假想为晚期资本主义的主流文化,这一观点遭到了不少异议,但他对影像文化等问题的剖析却多为人征引、认同。杰姆逊认为,后现代主义是东拼西凑的文化杂烩:"对历史典故自鸣得意的玩弄",因而只是"空洞的复制品"[③]。这一方面是批评生活现实和广义的文化现象,另一方面,更重要的是对大众文化尤其是视觉(影像)文化的批评。代表主体性消亡的影像文化的大面积流行,意味着个人的和独特的想象力的结束,而这种想象力曾经充实了现代精英主义的美

---

① 迈克·费瑟斯通:《消费文化与后现代主义》,刘精明译,译林出版社 2000 年版,第 179 - 180 页。

② 多米尼克·斯特里纳蒂:《通俗文化理论导论》,阎嘉译,商务印书馆 2001 年版,第 244 - 262 页。

③ 杰姆逊:《理论文章的意识形态》,伦敦 Routledge 出版社 1988 年版,第 105 页。

学和文化实践。以大众影像文化为标志的后现代文化因之沦落为一种"引用"文化，一种平淡或缺乏深度感的文化。文化在"爆炸"中扩张进生活的每一个角落，一切都成为"文化的"了。更可悲的是：后现代主义是毫无希望的商业文化，复制和加强了资本主义的消费逻辑及商品逻辑，文化不再是意识形态的，相反成了一种经济活动，或许还是最重要的经济活动。可见，站立于新马克思主义立场，杰姆逊对文化怀有浓厚的恋旧感和法兰克福学派式的悲观主义。

从消费文化这一角度来观照后现代主义，无疑认定后现代主义是已经存在的社会文化现象。这一经验的立场，也许不如从哲学层面那样看得全面透辟，使人觉得流于琐屑的现象分析，但这种切近感和易于事实认定的性质，却是许多纯理论思辨所忽视与缺乏的。波德里亚、布尔迪厄、杰姆逊，尤其是英国经验主义文化学家对后现代主义的社会实证分析，其中无疑有主观臆测的成分，夸大了后现代主义的流行，譬如，所谓元叙事的衰落、传媒对现实的统制力以及艺术与民间社会、通俗文化之间的统合等等，都只是部分的现象，并未如他们所假定的那样普遍，所以，他们未能提供其主张所需要的各种经验上的基础，但其中尤其是关于大众文化和传媒，作了许多扎实的理论推进工作，为我们贡献了思考的新视野和切入点，并可视为当代西方文化研究热潮兴起的一个征兆和酵素。

十八 当代消费神话与文化命运
——波德里亚思想管窥

让-波德里亚(Baudrillard,1929—   ),法国著名思想家,现任巴黎第十大学(南特大学)社会学教授;被称为"迄今为止立场最为鲜明的后现代思想家之一"、"后现代世界的守护神"和"新纪元的高级牧师"[①]。他的思想深刻而驳杂,关于消费、符号和文化现象的分析是其中最精彩的部分。这些分析虽然主要是以社会学视角进行的,并具有明显的经验性质,但其犀利的笔触、尖锐的后现代锋芒,又使他的思想远远溢出了社会学界,而广泛影响到哲学、美学和诗学等领域。在《消费社会》(1970)、《生产之镜》(1973)、《符号交换与死亡》(1976)以及《拟像与仿真》(1981)等等力作中,他精到地剖析了关于消费的符号性质和文化在消费社会的泛化命运及其实质,为我们思考今天中国的文化现象和文学艺术的危机提供了一份激动人心的资源。

(一)丰盛表象与消费悖论

1. 丰盛表象:消费神话的基础

在一个全面卷进消费狂潮的后工业社会,不再是以生产为主导特色的工业社会,而变成了消费社会。生产社会与消费社会的区别就是工业社会与后工业社会的区别。在后工业社会,无孔不入的消费主义完全建基于物质丰盛的前提上。波德里亚认为,物质丰盛是"消费社会"形成的物质前提,物品堆积是丰盛的最基本的而意义最为深刻的形式,物品、霓虹灯等构成一幅炫目的"节日"图景。

但是丰盛已经破坏了我们对于物质的原初感觉,人们在这个社会,消费、购买不再着重于物质的用途,而是为了满足我们被刺激起来的欲望,满

[①] 凯尔纳、贝斯特:《后现代理论》,张志斌译,中央编译出版社1999年版,第143页。

足一种莫可名状的动机,或者为了满足物品显现出来的身份、涵养、文化品质。因之,丰盛变为虚有其表的"表象"。表象之为表象就是说:消费的动机在丰盛的怂恿下,源源不断地流出来,这样,当我们消费的时候,我们已经忘了我们为什么要消费的原初动机,我们流连于商品之间,最终我们就淹没在商品里面;商品总是连续地勾引我们,以致我们最后仅仅是为了消费而消费;在丰盛社会,不是我们控制消费,而是消费牵引我们。也就是说,消费动机既是文化的,又是官能性的,既是无意识的,又是被迫的。因之波德里亚对于丰盛的消费社会发出了哀叹:"我们生活在物的时代","正像狼孩因为跟狼,我们自己也慢慢地变成了官能性的人了。""物既非动物,也非植物,但是它给人一种大量繁衍与热带丛林的感觉。现代新野人很难从中找到文明的影子。"①因为作为人类产物的物,反过来包围人、围困人。奢华和丰盛下的潜流乃是一个并不文明的丛林原则,人类在消费中返祖。

物质丰盛的表象直接催生出消费神话,这种神话建立在个人或集体的消费心态上。这种心态最重要的体现就是:人们在消费中隐藏一种对于奇迹的期待,借以超越我们日常生活的平庸。这是一种原始心理的现代遗留,是现代新野人的返祖现象。"这种心态的意义建立在对思想具有无比威力的信仰之上的:这里所信仰的,是标志的无比威力。富裕、'富有'其实只是幸福的符号的积累。"②这就是说,现代人的消费更多的不是物质内容的消费,而是对于物质的形式的消费,是一种符号消费和形象的消费,这样,在消费中我们得到一种精神自慰。消费社会中消费的符号化形式化特点,就是消费神话的"原形"。

2. 消费神话的悖论

丰盛表象所产生的消费神话乃是一个幻影。因为消费是一种意识形态,是社会分层的显影。我们祈求的个人和社会的平衡总是遥不可及;我们享受物的消费时的平等形式,却遗忘了消费制造的不平等内涵;消费以同质化、个性化的伪装面孔来抚摸不同阶层人们的物质感觉,从而遮掩阶层之间的沟痕。

同时,这个神话也包含诸多悖论,它们直接滋生于丰盛表象的基础之

---

① 波德里亚:《消费社会》,刘成富、全志钢译,南京大学出版社2001年版,第2页。
② 波德里亚:《消费社会》,刘成富、全志钢译,南京大学出版社2001年版,第9页。

上。

悖论之一:"危害"。

丰盛、富裕、堆积的程度越高,危害也就越大。所以丰盛是双刃剑,后工业社会里,一方面有我们渴慕的物质丰盛,一方面又有恶的、毒的丰盛。恶的、毒的丰盛本身即是危害。从本质上说,所有危害"都是随着丰盛节奏的本身而增长的"①。换言之,种种危害既是工业发展和技术进步产生的后果,又是消费结构本身使然。有目共睹的是,不断浸淫的经济活动导致了人类对于未来、对于天和地空前的担忧。因为,丰盛总是与减少或缺乏相伴而行。蓬勃发展的矿泉水产业只不过表征了城市的水荒或水害。道路增加的时候,绿地就在减少;人类增加的时候,自然就在减少;产出增加的时候,资源就在减少。最严重的危害,也许是文化的和心理的危害。波德里亚认为,文化和心理危害是无法统计的,它无法量化或以画面来揭露。大众媒体的轰炸就是这种危害,因之针对此,西方有人提出要设立一种"智力危害罪"。消费社会中文化和心理危害的一种普遍表现乃是不安全感。波德里亚指出,财富的生产过程致使劳动力频繁流动,也就是职业的非稳定性,使社会负担变得异常严重,这尤其容易滋生一种不安定感,以致有人认为:"消费社会的主要代价,就是它所引起的普遍的不安全感"②。

但消费社会的吊诡之处在于:很多危害及其转化形式,譬如事故受害者的医疗花销,竟然作为一种消费来计算,作为一种生产动力、增长与财富的指数来对待。其另一吊诡之处在于:消费的增长被视为一种丰盛的象征。但令我们哭笑不得的是,有些支出是我们并不期待的消费,也非正常的消费,譬如毒品、烈性酒,甚至军事预算,以及各种夸耀性和赔偿性开销。但是,所有这些,就是增长,也就是丰盛。这表明人们把危害作为"积极"的因素,持续发展的因素来对待。这种对待危害的态度其实是文明史与生俱来的。文明,总是多把恶,而不是善,当作发展进步的动力。18世纪芒德维勒在《蜜蜂寓意》中就认为,一个社会的平衡靠的不是德而是恶,社会和平与人类幸福建立在人类不断触犯制约本能之规定的不道德行为上。波德里亚指出,如果人们说芒德维勒是厚颜无耻的,那么真正厚颜无耻的,是社会秩序,

---

① 波德里亚:《消费社会》,刘成福、全志钢译,南京大学出版社2001年版,第19页。
② 波德里亚:《消费社会》,刘成福、全志钢译,南京大学出版社2001年版,第21页。

生产秩序。①

悖论之二：浪费。

从根本上说，危害是丰盛的结果，而浪费是丰盛的象征。浪费当然首先表现在对于物的践踏，同时，它亦是"财产总量丰盛的多余符号"。因此，浪费是文明的产物，是一种文化形式，是消费社会人类的一种生活而非生存的方式。文明给予我们的是生活，而不是生存。文明生活的部分指代形式就是浪费，个人和社会皆然。这就是说，人类只有在物质盈余或浪费得以可能的时候，才会感觉到这不仅仅是生存，而是生活了。

浪费不是"消费社会"独有的现象，但是只有在这个社会，浪费才变得如此突出，而且如此必要。原因之一在于，浪费是一种经济的动力。浪费的越多，生产就越快，消费也就越红火。所以波德里亚说，浪费的功能之一就"在于大众消费的经济振兴"。明星们朝穿暮扔的奢侈连衣裙，是一种高尚的豪华的浪费，而当被大众传媒把这一幕壮观的浪费推向前台时，又促进了大众的浪费。消费逻辑总是在算计人们的浪费，所以商品的短暂化而非永恒化就是浪费的具体表征。没有制造商希望自己的产品万古长新。所以。今天的生产，并不是根据商品的使用价值或其可能的使用时间而存在，而是恰恰相反，根据其"死亡"而存在。只有物品"死亡"了，新的消费才会起来。广告就是加速产品死亡率的帮凶，广告的"唯一的目的不是增加而是去除商品的使用价值，去除它的时间价值，使它屈从于时尚价值并加速更新"②。换言之，广告的阴谋在于促进浪费，而不是"使用"产品，从而保证生产秩序的循环再生。因而在一个消费全面扩张的社会，它鼓励浪费，并把浪费式消费设定为我们的一个日常义务，因为消费社会需要商品来存在，确切地说，需要浪费、摧毁、破坏商品来存在。因此，"破坏"或"浪费"是消费社会唯一代替"生产"的根本办法。一切制度性保障结构如保险公司还在隐秘的层次，使浪费或破坏合法化。而且，我们也在浪费、破坏中得到物质丰盛的证明。商品只有在破坏中才显得富余，人类只有在消耗、浪费中才证明财富。故此，浪费成为后工业社会的巨大象征，破坏注定成为消费社会决定性功能之一。原因之二在于：浪费是一张身份政治的名片。奢侈既是财富的象征，又是社

---

① 波德里亚：《消费社会》，刘成富、全志钢译，南京大学出版社2001年版，第23页。
② 波德里亚：《消费社会》，刘成富、全志钢译，南京大学出版社2001年版，第29页。

会结构的符号。奢侈即浪费,它总是少数特权派的特有财产,其功能确切地说是表征阶级特权,提供社会阶层重新洗牌的机会。奢侈这种浪费式消费已经超出了生存维度和物质消费的范围,因而消费社会建立了"垃圾箱社会学",出现了"垃圾箱文明":"告诉我您扔的是什么,我就会告诉您您是谁。"[1]当然在一切等级社会,浪费都会出现,也会在不同范围或程度成为权力象征、炫耀方式或阶级身份证明,贵族阶级就是在无益的浪费中体现自己的优越感和权威的。今天,奢侈虽然仍是少数,但不同尺度的浪费从来没有像今天这样普遍,在中产阶级逐渐增多的情况下,浪费甚至已经平民化。人们企图在浪费中来建立自己的声望价值、象征价值和精神满足感。浪费是一种声誉、地位、权力、身份等等的标准。因此消费并非内容的消费,而走向符号性和形式性。这样的消费本质上即浪费,因为它与我们的生存无关。"在起码的生存之外,任何生产与消费都可以冠以消费。"[2]追逐时尚和品牌,亦是这种性质。因此才有布尔迪厄所谓的符号资本,这意味着符号而不是物质的使用价值,决定或体现着时尚走向,并转化为消费社会的商业资本。

悖论之三:疲劳。

在后工业社会,疲劳不是生理性的,而是心理的、文化的;不是个人的,而是社会性的;不是地区的,而是世界性的。如果说饥饿是前工业社会的主要问题,那么疲劳则是后工业社会的集体症候。而且,它像流行感冒一样相互传染,快速播撒,成为世纪顽症和集体心理阴影。"无法控制的传染性的疲劳",与无法控制的暴力一样,都是丰盛表象下消费社会的"特权"。更令人恐惧的是,我们不知疲劳来自何处,我们为什么疲劳,以及我们如何解决这种疲劳,因为,"它与肌肉及体能的疲劳毫不相干",它并非缘自体力的消耗。波德里亚指出,这种非病理性疲劳至少意味了一件事情,即我们以为丰盛带给我们满足,却不知满足同时造成许多社会的赤字;"这个自以为且自视为总是朝着取消努力、朝着解决紧张、朝着更多的简单和自主而持续前进的社会,事实上是一个充满了应激、紧张、兴奋的社会"[3]。消费的大众化不但未能实现机会均等和社会竞争的缓和,反而使各种竞争日趋激烈、尖锐。在这个充满了普遍化、总体化竞争的社会中,我们饱尝欲望的、社会的多重

---

[1] 波德里亚:《消费社会》,刘成福、全志钢译,南京大学出版社2001年版,第23页。
[2] 波德里亚:《消费社会》,刘成福、全志钢译,南京大学出版社2001年版,第27页。
[3] 波德里亚:《消费社会》,刘成福、全志钢译,南京大学出版社2001年版,第208页。

心理压迫。消费不但挤压我们永无尽头的满足欲望,又用身份政治煎熬我们对于社会层级化的上升渴求。我们总是"在内心"不甘人后。"心理的贫困化"导致消费狂潮,也使我们成为消费奴隶。因此,消费主人公疲劳了,而且不得不疲劳。

不过,疲劳对于这个社会有一种积极意义,即疲劳也许与公开的暴力相距不远。疲劳可以被解释为"当代人对这种生存环境消极拒绝的应答"[1],这种消极拒绝是一种"潜在的暴力",随时可能化为公开暴力。因之疲劳是与普遍消极性的社会束缚相对立的"唯一积极性关系"。波德里亚由此认为:疲劳是反抗的前兆,是潜在的不满,它不同于纯粹的消极性,因为后者恰恰就是对系统"快乐的妥协",是对制度化社会的驯从;而疲劳,则具有某种积极性,乃一种潜在的、传染的、没有自我意识的反抗。正因为疲劳是一种潜在的积极性,所以它能突然转变为公开的暴力。对于身历法国五月学生风暴的人,波德里亚认为这场运动就是疲劳的转化形式。

(二)当代文化命运

1. 世俗化:文化在消费社会的"命运"

消费社会是文学艺术等文化形式世俗化的母胎。消费社会制造出一种消费逻辑。所谓消费逻辑,即是指在消费社会,没有什么东西属于非卖品,一切东西都可以面向大众流通。受此逻辑的摆布,一切文化形式都转化为可供流通的商品,故此文化的世俗化势在必行,也在所难免。在这个消费的社会,文学艺术等文化形式的"命运"是沦为商业的同谋,以至被商业所同化,并进而泛化开来。精英文化与大众文化的差异被抹平,既是后现代文化的现实,同时这种现实又是消费逻辑的必然结果。齐格蒙特·鲍曼(Bauman)也指出过,在西方的消费社会里,广义的文化领域,狭义的"高雅文化"领域,它们都被"取代"了,即它们都被商业流程所渗透。[2] 由此鲍曼认为,后现代知识分子从文化的权力位置即单向制定、传输的"立法者"角色转向现在的"解释者"角色。英国另外一个学者戴维·卡瑞尔(Carrier)也指出:艺术和文化产品的命运不再掌控于制作者或传统的作者手里,艺术性的高低

---

[1] 波德里亚:《消费社会》,刘成富、全志钢译,南京大学出版社2001年版,第209页。
[2] 鲍曼:《立法者与阐释者》,洪涛译,上海人民出版社2000年版,第165页。

不再成为艺术是否受人欢迎的关键性尺码;在今天,艺术的流行和艺术批评的真理性受制于市场的逻辑,只有足够多的人在艺术市场认可了某一艺术,它才是有价值的或可以转化为价值;因为今天,"审美判断就是经济判断"①。

波德里亚亦论说了文化在后现代消费社会中大众化的情形。他说,在丰盛的现代社会,文化中心成为商业中心的组成部分,甚至商业中心就是大众文化的中心。文化的商品化和商品的文化化几乎是同时进行的。在现代化卖场里,一切商品活动,诸如服装、餐饮等,都被文化化了,就是说,它们都被置于一个文化的"氛围"里,带有游戏的、休闲的性质,文化中心变成了"华丽的陪衬",商品则在物与符号之间变换不停。因此文化中心的艺术性策略在于玩弄文化与商业的骑墙者角色,在于玩弄商品符号的模糊性,让人们在忘记商品使用价值的时候,沉浸于商品的符号价值、交换价值所带来的快感之中。大卖场等购物中心在一种强烈烘托出的文化氛围里,使商品似乎成为一种文化标签,又使文化获得商业价值。购物中心是文化当代命运的表征:在此,"艺术和娱乐与日常生活混而为一"。"这是普及了的新文化,在一家上等的杂货店与一个画廊之间,以及在《花花公子》与一部《古生物学论著》之间已不再存在什么差别"。因为"我们处在'消费'控制着整个生活的境地"。以商业、工业生产为前提的消费社会的逻辑必然导致文化的泛商品化或者商业的泛文化化。对于商业选择来说,从杂货店到高档时装店,两个必要的条件是"商业活力和美学感觉"。② 换言之,现代化高级购物中心既追求商业利润,又在其中以文化为装点,在文化氛围中把现代节奏和"昔日的闲逛"融汇在一起,使人产生一种从未有过的惬意感,从而巧妙地技术化地把舒适、美丽和效率结合在一起。

文化世俗化的涵义在于文化的"媚俗"。因为媚俗才流行,因为期待流行才不得不媚俗。媚俗因而成为文学艺术转化为消费型文化之后的重要特点。波德里亚认为,当代物品中一个主要的、带有摆设的范畴,便是媚俗。媚俗既是艺术等文化形式在消费社会的特征,其本身又是一个文化范畴。媚俗的激增,是平民化的结果,它在消费社会的社会学基础就是"大众文化"。换言之,大众文化的基本性质就是媚俗,并把精英文化拉进自己的阵

---

① David Carrier, "Art and its Market", in Richard Hertz, Theories of Contemporary Art, Prentice Hall, Englewood Cliffs, 1985, P202.

② 波德里亚:《消费社会》,刘成福、全志钢译,南京大学出版社2001年版,第5、6页。

营。波德里亚认为,在这样一个传媒社会里,媚俗的社会原因在于"流动性"。"流动"在此意味着人们社会身份的改变。消费一方面造成人们身份的差异,一方面也创造或表征身份转变的可能。社会的科层化(层级化)并不是固定的,它总是意味着对于科层的突破和社会的重新或不断编组。当人们沿着社会等级发展,终于达到更高的地位时,就提出与之相应的文化需求,从而需要配套的符号来标明或炫耀这种新的地位。在此情况下,精英文化只能降格以求。波德里亚指出,在一个没有流动性的社会里,不存在媚俗的现象。这就是说,社会等级是固定的,贵族永远是贵族,平民永远是平民,因而文化也就永远可以保持固有的对象和水平。精英文化是一种特权文化,反映了一种深刻的权力关系和制度策略。只有在流动性的社会里,文化的混合才有了可能性。从根本上来说,媚俗表示了对文化权力的重新编码和文化产品的重新估价,通过占领稀有物品和精英文化,来使文化的范围扩大,从而稀有的物品就不再稀有化,其价值在某些阶级看来也就逐渐递减。稀缺物品和精英文化的独特品质表现在它们总是与"有限主体"联系在一起,表征着社会等级的差别,因而体现出社会学的功能。当分享这些物品的主体不断增加的时候,物品就呈现出"价值贫乏"。所以稀有物品的社会学功能"时刻规定着特定社会范畴在特定社会结构状况下通过特定物品或符号来表明自己与其他范畴的区别和确定自己地位的可能性"[①]。所以当越来越多的阶级对某一特定符号进行接触时,高等阶级就要处心积虑制造和利用其他数量有限的符号以示与别一阶级的距离。旧的稀有化过去了,则新的稀有化还会起来;老的经典俗化了,新的领域又被圣化。俗化和圣化的不断衍生,扩大了文化传播和文化消费的地盘。

2. 反美学或反象征:当代文化命运的一个体现

对于文化问题,波德里亚的态度是"暧昧"而复杂的:一方面,他给予文化的世俗化以一定的肯定与同情,因为他在消费问题上用力地呼唤真正的民主和平等;另一方面,他似乎又对文化俗化的必然性无可奈何,留恋着精英主义和文化的精英化。作为受过马克思影响的"左派"知识人,他思想中出现这种矛盾性并不令人奇怪。他认为文化的媚俗现象有其美学功能,但具体说却是一种"反美学"的功能:过去精英文化的特征是独创性,而当今消

---

① 波德里亚:《消费社会》,刘成富、全志钢译,南京大学出版社2001年版,第115页。

费型的大众文化则是"模拟",媚俗提出的是"模拟美学"。波德里亚认为,"模拟美学是与社会赋予媚俗的功能深刻相关的;这一功能便是,表达阶级的社会预期和愿望以及对具有高等阶级形式、风尚和符号的某种文化的虚幻参与;这是一种导致了物品亚文化的文化适应美学。"①质言之,模拟美学是反传统美学的。在这里,可以见出阿多诺和霍克海默的传统,他们两人即是以模拟和复制作为文化工业的特点。不同的是:他们两人所代表的德国传统对模拟的大众文化持强烈反对态度,而由上可知,波德里亚则对此表现出反对与认同混杂的复杂态度。

不过波德里亚的反对态度似乎更为明显。由于消费的逻辑在于消费的符号性而非实用性,更由于符号性消费拒绝了意义的深度模式,故此波德里亚发出艺术"沦落"了的叹息。对于波德里亚来说,后工业社会的消费是一种淘空了内容的形式消费,因此晦涩高雅的精英文化、经典文学艺术才可以参加到大众文化的狂欢中来,成为众语喧哗的对象。在消费社会中,艺术的内容与形式被割裂了,表层影像与深层意蕴之间筑起了栅栏。因之,如果说精英文化和经典艺术是一种"象征"美学,那么大众文化和流行艺术就是"反象征"的美学。受消费逻辑所控制的流行艺术,"其中缺乏创造物的象征价值和内在象征关系:它完全是外在的。"②在符号消费的操纵下,艺术一步步趋向世俗化,逐渐停止对道德和心理价值的参照,拒绝对灵魂的隐秘发问。所以当今消费逻辑取消了艺术表现的传统崇高地位。

更具体一点来说,之所以说流行艺术等消费型文化是反象征的,是因为对艺术的消费和对其他物品的消费一样,成为一种符号的形式的消费。如果"象征"意味了对深层意义的揭示,符号性消费则将意义驱逐在消费之外。消费对象的本质或意义不再具有对形象的优先权了。流行艺术或消费型文化不是以周遭世界的本来面貌来看待世界,而是首先将世界作为一个可操纵符号的人工场所,一个"彻底的文化伪迹"。他认为,"流行强行进行的活动距离我们的'美学情感'很远。流行是一门'酷'的艺术:它并不苛求美学陶醉及情感或象征的参与(深层牵连),而要求某种'抽象牵连',某种有益的好奇心"③。这里所谓的"酷",乃是指对艺术等的消费已经"冷酷地"离"意

---

① 波德里亚:《消费社会》,刘成富、全志钢译,南京大学出版社2001年版,第116页。
② 波德里亚:《消费社会》,刘成富、全志钢译,南京大学出版社2001年版,第120页。
③ 波德里亚:《消费社会》,刘成富、全志钢译,南京大学出版社2001年版,第128页。

义"而去,而流连于形式的"好奇心"之中。

波德里亚还通过说明大众传媒文化的模拟性来进一步说明大众文化的反象征性。他在分析电视这一主导传媒时指出,我们对于传媒信息的消费,是一种能指化而非所指化的消费。换言之,拿文化消费来说,我们消费的只是文化的形式,而非文化事件本身,是模拟出来的文化的画面而非文化本身的内涵。我们在消费的时候,所指并不在场。因为我们只是把文化作为时尚的代号或声誉、地位、身份的符码。波德里亚在《电子时代的艺术作品》一文中进而认为,电视图像不再表现什么,而仅仅是模拟,"有特权的事物不再存在……艺术作品创造了自身的空间"[1]。模拟的本质在于它"指涉了一个没有参照物的世界,在此,所有的参照物都消失了。"因此模拟"绝对地消除了意义的存在"[2]。这意味着,我们在面对"反象征性"的模拟图像时,尽可观看、消费,而不必追问意义。

3. 权力:当代文化命运的另一体现

波德里亚虽然看到文化世俗化包含着大众狂欢的机会和民主平等的因子,但同时更深刻地指出,当代大众传媒和文化企业提供的消费型文化或流行文化并非真正的平民文化,不是传统的自下而上的民间文化,而是经由大众传媒传递和制造的自上而下的通俗文化。消费型文化自上而下的制作流程,使它活脱脱地成为一个专制性的权力者,由此,报纸、电视、互联网等大众传媒也占据了具有意识形态性质的霸权位置。因为实际上我们消费的信息,只是媒体技术性组合、剪辑、诠释过的东西,并不是真正的事实,并不是现实真相。拿电视来说,电视信息的编码是一种意识形态的编码,是一种文化权力的编码。我们在一个全面依赖媒体的时代,在媒体的引导、诱惑之下,只保留了被动解码的权力,形成了观看世界的有限视角,即有所取舍的媒体画面视角。电视永远只给予一个传媒中的世界,而非一个全部的世界,但是,"电视画面希望成为一个缺席世界的元语言","在画面消费的后面隐约显示着解读系统的帝国主义。"[3]画面"给没有意义的东西以意义,给没有

---

[1] Jean Baudrillard. Live:Selected Interviews,ed. Mike Gane,London:Routledge,1993,p147.
[2] 乔治·瑞泽尔:《后现代社会理论》,谢立中等译,华夏出版社2003年版,第133页。
[3] 波德里亚:《消费社会》,刘成富、全志钢译,南京大学出版社2001年版,第132、133页。

认同的东西以认同感"①。因此影像世界自成一个世界,有时它甚至比真实更真。在读图时代,模拟性质的画面"不再与版图、参照物或实体有关。它是超真实的产物。版图不再先于地图,而且其寿命也没有后者长。因此,是地图先于版图,即是地图造成了版图。"②这即是说,超真实的模拟世界不仅没有失去它的"真实性",反而在形塑着人们对于世界的认识,在指导着人们的现实行为。而在对消费者主动塑造方面,广告也许是消费时代"最出色"的大众媒介。它以商业的伙伴关系,秘密参与社会分层的过程,又有恃无恐地制造时尚、亮出种种身份的名片,从而如麦克卢汉所说,达到使社会重新"部落化"。波德里亚则说,广告"尤其意味着伪事件的统治"③,它源源不断地利用我们被诱导出来的愿望,来操纵我们的消费和对于世界的建构。

从根本上说,媒体所塑造的"新"现实相对于全部现实而言是一种伪现实,但是对于依赖媒体的大众来说,这种新现实恰恰是最直接的因而是最真的现实,从而"媒体新现实"反过来成为通往或对付现实的新的力量。这就是"反美学"或"反象征"时代流行文化或图像世界最大的吊诡之处,也是文化与传媒的权力性与意识形态性的最有力量的一种体现。

消费型文化的权力性质形成的部分原因在于它与商业的"勾结"。波德里亚就说,消费型文化有一种文化的并最终是商业的设计。换言之,流行文化和大众传媒是商品社会的"信徒",是消费逻辑的衍生物。波德里亚说,虽然我们会在电视等媒体前对着流行艺术不断微笑,但不管以什么逻辑来看,这种微笑都与那颠覆性的、侵略性的幽默无关,与超现实主义物品的碰撞无关。"不要忘记,'某种微笑'是消费的必需符号之一:它不再构成一种幽默、一种批判性的距离,而只是构成了对那如今已被物化为一瞥的超验性批判价值的回忆","在这一'酷'的微笑中,再也无法把幽默的微笑与商业同谋的微笑区分开来";所以这种微笑体现了消费社会的全部暧昧:微笑"并非批判距离的微笑,而是勾结的微笑"④。可见消费型文化堂皇的权力者角色基本上源自一种有意的"设计"。具体说,大众传媒通过操纵符号达到对符号的编码、重组和展览,从而实现与商业的合谋或控制我们观看世界的眼光。

---

① Jean Baudrillard. Live:Selected Interviews,ed. Mike Gane,London:Routledge,1993,p165.
② Jean Baudrillard. Selected Writings,ed. Mark Poster,Cambridge:Polity,1988,p166.
③ 波德里亚:《消费社会》,刘成富、全志钢译,南京大学出版社 2001 年版,第 136 页。
④ 波德里亚:《消费社会》,刘成富、全志钢译,南京大学出版社 2001 年版,第 129 页。

4. 符号性消费:文化命运的重要原因和文化消费的基本特点

上文已经多处简略地表明:当代文化的世俗化、当代文化的反象征性,以及大众传媒文化的意识形态性或霸权性质,很大程度上源自文化消费的符号性质;不仅如此,消费社会的种种怪状和悖论,也可以大量地由消费的符号化形式化特点来解释。由于消费是符号性的而非内容、意义的消费,故此艺术才可以流行和为大众所消费,文化亦成为缺乏深度的平面文化,而大众消费中很大部分成为炫耀式的奢侈消费。总之,符号性消费成为消费社会的标志和痼疾,成为当代文化命运之所以如此的最重要原因之一。这是波德里亚——当代最重要的符号学大师之一——对消费社会和当代文化现象的一种符号学阐释,并被人们奉为关于后现代社会研究的经典论述。

如上所述,不管是文化消费还是其他消费,在后工业社会都已经是某种符号性消费。因此波德里亚指出,我们对于艺术的消费方式已从以前逐词逐句的严密研究转为现在的泛泛浏览,这是书写艺术转为视觉影像文化的同步过程。由此,波德里亚引出了对大众传媒的批判。波德里亚的传媒批判理论有一个鲜明特点:即几乎都是从符号学角度进行的。对大众传媒而言,符号大多指视觉图像。对于视觉图像的消费基本上是形式的而非真实的物质损耗性的消费。因此大众媒体消费最重要的特点是符号性或虚幻性:媒体制造的只是符号的幻影。因为保存在电影、电视或录像带上的事实"真相",对个体消费者而言,却是不在场的。对不在场的"我"来说,一切媒体上的事实都是幻影。在媒体消费或大众交流中,我们获得的不是现实,而是一种现实的眩晕,它缘自媒体形象的——因而亦是符号的——反复冲击。但由于我们不在场,这种符号性消费却令我们产生安全感,也产生安慰感,因为我们从狭仄的个人日常生活进入"在场"的事件中心,似乎我们在晤对媒体的时候就晤对了真相。一个必然的事实是,我们却无法摆脱幻影重重的传媒。原因在于:我们只有个人的日常生活,而无法拥有整个世界的日常生活,换言之,我们总是不那么了解世界;同时,我们又无法抑制了解的冲动,"好奇心与缺乏了解,指面对真相所产生的同一个整体行为,是大众交流实践普及和系统化了的行为。"①故此媒体消费可以无限循环。消费尺度"不

---

① 波德里亚:《消费社会》,刘成福、全志钢译,南京大学出版社2001年版,第13页。

是对世界认识的尺度,也不是完全无知的尺度,而是缺乏了解的尺度"①,这就是波德里亚所谓的"消费生产力"的内在机制。对大众传媒的这种符号性消费给了我们参与世界——虽然不在场——的证明,从而超越封闭的日常生活。封闭的、宁静的、单调的、平庸的日常生活,如果没有世界的幻影,没有这种参与的证明,是无法令人忍受的,所以我们需要形象和符号制造的眩晕,需要不断的媒体冲击、"消费暴力"。这是消费的猥亵,也是媒体的猥亵,一个让人心甘情愿的猥亵。

　　这种符号消费的性质,可以用波德里亚的一个著名概念——拟像——的性质来作出集中说明。拟像(又译为仿像或类像)虽然并非后现代社会中独有的东西,但是作为后现代社会典型的消费符号,却意味着,在后现代社会,事物并非社会性地发挥功能,而是形式地、魔力般地及非理性地发挥功能。在当代以消费为主导的社会中,信息、形象与意义、所指的关系业已破裂并被重构,商品既不体现为一种社会关系,也不是作为一种使用价值而存在,而是直接指向欲望,人们狂欢于符号的冲浪快感中。波德里亚把由各种拟像共同组成的现实称为"仿真的超现实",它比其本应指代的实在之物还要真实。他说:"今天,整个系统都在不确定中飘摇,所有真实都被代码和仿真的超真实所吸收。"②因此现在调控社会的不是现实原则,而是仿真原则。所谓仿真,即指"符号只进行内部交换,不会与真实相互作用",在此,"终极物已经消失,现在是模型生成我们。"③在这里,我们可以再一次听到波德里亚对消费型文化反象征性的批判之声。可以说,拟像文化是反美学反象征的,因为它缺乏意义的深度模式和对于终极物的追问。

　　总的来看,波德里亚的学说具有明显的颠覆性和后现代性,即致力于破坏大多数有关现代性的元话语;但是他又有所继承和坚守,这从他对消费神话持清醒批判态度这一点就很容易看出来。他揭示了消费社会中诸种神话——譬如丰盛的神话、文化的神话、媒体的神话、身体的神话、关切的神话等等——的幻灭性或两面性,指出了隐蔽于消费神话中的权力关系和意识

---

① 波德里亚:《消费社会》,刘成富、全志钢译,南京大学出版社2001年版,第13页。
② 波德里亚:《象征交换与死亡》,汪民安等编:《后现代性的哲学话语——从福柯到赛义德》,浙江人民出版社2000年版,第303页。
③ 波德里亚:《象征交换与死亡》,汪民安等编:《后现代性的哲学话语——从福柯到赛义德》,浙江人民出版社2000年版,第308、304页。

形态的性质。在波德里亚看来,诸种神话的幻灭性和消极性的一个共同根源在于它们都受制于消费逻辑的摆布。文化可以媚俗,身体可以展览,关切和微笑也可以做作,总之,一切都可以被消费,因而一切都隐藏了用于设计的策略。他对于消费社会或后现代社会中一切消费形式的符号性分析,从根本上说是出于对诸种消费神话的质疑性立场。不管是他的激烈的批判理论还是不太激烈甚至有某种认同的现象描述与剖析,都不同程度地表现了一个左派性质的知识人希望承担的社会角色,因而波德里亚这个著名的后现代主义者并非后现代社会普遍媚俗潮流中的一个媚俗者。

十九 说"时尚"

理论家们说,我们的社会已进入一个所谓的"消费社会"。这种社会执行着一种隐秘又公开的逻辑:几乎一切都可以被"购买",几乎一切也可以被"消费",像欲望、面子之类,都可以拿钱去交换,反过来,也就可能遭到钱的"蹂躏"。这种逻辑弄得很多人的内心越来越失衡,越来越觉得没有什么东西值得去坚守,于是乎,我们又只有越来越依靠一些外在的物质性东西来安慰自己。又一个于是乎,社会上光明正大、厚颜无耻的"两面派"——外面亮光光,里面一包糠——就越来越多了。您看,现在的社会多么漂亮,到处霓虹闪亮,花枝招展!同时,现在的社会又多么空虚、浮躁!心空了,就什么都空了。一边是四处盈耳的"哇塞"和"high"声,一边又有说不出来的烦躁和恐慌。恐吃恐喝还恐婚,烦穿烦车更烦房。"真的都是假的,只有假的才是真的",这未必完全是社会的真实写照,却是很多人心里面的感受。

一句话,这是个重外表、重形式、重面子的年代!这样,我们要说的"时尚"就可以"登台"了。有人把这个越来越美丽的世界发展趋势叫做"日常生活的审美化",也有人喜欢用"大众的狂欢"这类词来形容它。我觉得这么说有部分是可以成立的,但透过"时尚"这个蛊惑人的东西的面纱,我们将发现,这些说法里面,实在有自我安慰和粉饰现实的成分存在,可算作一种过分的乐观主义。

下面正式说"时尚"。这个词在中文语境里,与"时髦"、"新潮"等词大致同义,是指由少数人领导或某些机构别有用心地去有意制造,然后大多数人争先恐后地去模仿的生活风格或行为方式,范围涉及服饰、休闲、美容、健身和室内装修等,而其中最大的代表无疑是服饰,服饰居于时尚最中心的位置,有人甚至觉得时尚就是服饰潮流。

爱时尚或赶时髦不是今天才有的现象,历朝历代都有,中国外国都有,但可能只有在今天这个社会,它才变得这么的普遍。它已成为很多人寻求快乐或表示自己生活有品位的对象,有人说,时尚领域里,卖的不是产品,而是一种生活方式。可能正是由于这一点,时尚才成为了现代人的"第二本性",它甚至以一种"暴政"的形式,成为我们这个社会向前发展(主要是经济发展)最为重要的一种动力。说它是"暴政",是指时尚逼得很多人尤其是女性不得不去赶时髦,"赶时髦"仿佛成为了一份无声的命令,一种压迫人的力量。市面上出现的每一种新款式,对赶时髦的人来说,既是一种诱惑,又是一种折磨,尤其是在口袋里没钱的时候。商业社会是很精明的,它恰恰利用我们怕甩出生活的心态,拿身体做舞台,用服饰做道具,来编造种种的神话,像商品的神话、快乐的神话,诸如此类,使我们在晃得眼睛生疼的符号海洋里乐此不疲。凡神话都是假的,很多时候,购买并换不来真正的快乐。洒着夏奈尔的香水,提着LV的小坤包,诚然是富有的符号,但过后不久,觉得幸福似乎还是没着没落,回过头来,发现生活依然如故,同时也发现,自己的钱包瘪了,商家的腰包却鼓了。

时尚很复杂,但我觉得用四个词来描写它,大致可以"打出"它的原形,那就是:形式、新颖、重复、浪费。

(一) 形式

从美的角度看,时尚是一种"眩",多重在形式的美或外表的美,像服装、头饰、装修风格等等,都是这样的。

时尚常常有一种很耀眼的外表,颜色鲜明,样式独特,很能吸引眼球。唯有这样,才可让人实现炫耀或标榜的目的,使我们得到一种"鹤立鸡群"或"不居于人后"的自我满足。追赶时尚无可厚非,也是个人应该有的自由,但当"追赶时尚"本身成为一种"时尚"的时候,这可能意味着我们的社会在走进一个很看重表面的时代。学者们把这样的时代叫做平面化的时代,也就是没有深度的时代。当然,时尚并非没有"内容",但区分时不时尚的标准却掌握于"形式"或"外观"。在校园里打乒乓球算不得时尚,在俱乐部打乒乓球才是时尚。药相同而汤不同罢了。再比如式样翻新的服饰,布还是那块布,不过变了颜色或改了那么一点造型;又如各种俱乐部或所谓会所的健身,仍旧不过是动动腿、弯弯腰,只是换了个地方或变了个花样而已。但正是这个花样很重要,它可以为我们用花钱的方式换来一张身份证明,或带来一种作为城里人的自豪。

（二）新颖

正是新颖,才使得时尚有了吸引力。新颖意味着时尚仿佛不愿走传统的老路,但真相并不如此。时尚常打着突破传统的旗子,去改头换面地利用传统。让传统穿上不同的"花衣裳",这是时尚很"聪明"的地方,或者说,这是商品社会里面的一个"诡计"。

时尚之"新颖",又必须要付出代价,这就是"短暂"。说时尚是新颖,也就是在说时尚是短暂。时尚的一个矛盾总是流行与短暂的结合。不流行不足以叫时尚,而太流行又会让时尚"短命"。用一句话来形容时尚,就是"各领风骚三五天",它是一种变化得非常快的"现在时"。所以时尚的真面目是"变脸",永远在"变脸",有时甚至是没有理由地为了"变"而"变",弄得人心惶惶,难免有许多人要患上"时尚恐惧症"。时尚不讲道理,不讲逻辑。某一年,国内流行男子穿红色的T恤,结果城里乡里到处有"红男"在移动。但是,有什么必然的理由一定要流行红色呢？或者这只是服装商的一个策略罢了,又或者仅仅是他们心血来潮的结果,而我们却懵懵懂懂地跟了风。谁知道呢？

时尚的另一个矛盾是要人去追捧、模仿,但它又害怕被人模仿与追捧。时尚唯其新鲜,才可证明赶时髦的人有个性,才可以成为我们身份的"名片"。这样来看,"时尚"就是"新潮"。但没人模仿、跟风,其实也不能叫做时尚。因为时尚不仅是一个人的行为,更是一群人的行为。这是时尚蛮尴尬的地方。时尚之为时尚,在于它是"潮头",永远都要处于现在时,当潮头被潮流所淹没,它也就要退位了。如果街上流行红裙子是一种时尚,那么,当所有的裙子都成了红色,这种时尚就到了尽头。所以说新颖是时尚的"原配",模仿就是时尚的"继室",而归根结底,时尚死在了自己的"继室"手中。

（三）重复

重复,准确地说,有模式地重复,是时尚界玩不厌的把戏。时尚的新颖抹不掉它炒现饭的痕迹。时尚好像在玩游戏,把一些时尚的元素翻来覆去、隔三差五地拼来拼去。拿服装讲,总是红黄蓝白黑各色换着花样地间隔着使用,过上三五年,又重新拼装一番,重新拿出来逗逗大家,拿时尚消费的"现在时"掩盖时尚本身的"过去式"。英国有个人说,穿衣服是——1年后难看,10 年后丑陋,20 年后可笑,30 年后滑稽,50 年后新奇,70 年后迷人,100 年后浪漫,150 年后美丽。只怕现在这种周期更要缩短了。从另外的角度讲,可能从来就不存在真正的新款式!

时尚的这种重复,我觉得是在表示时尚界的懒惰和缺乏想象力。它总是把旧酒不厌其烦地周期性地装入新瓶里,然后再拿来欺骗我们,帮助实现一种"众人皆醉我独醒"(醒的是商家)的购买狂潮。时尚实际骨子里有相当陈旧相当老套的样子,这也是时尚的另一个矛盾,即新与旧的怪胎式组合。招摇过市的华美里难掩陈词滥调缺乏新意的一面。时尚的重复只不过说出了两句话:第一句,某种东西在它不时尚之前是时尚的;第二句,管它陈谷子烂芝麻,我都有办法把它变得时尚。

(四) 浪费

时尚正在成为我们这个社会中一种大面积的浪费。首先的一个理由在于消费"时尚"即是指消费"奢侈"。一切奢侈都不对应物质生存,而只出自精神的需要,从前者的层面上讲,这样的奢侈当然是"浪费"。时尚就是这样一种建立在"烧钱"基础之上的浪费。穷人没有资格时尚,时尚总是金钱多余和精力多余之人的玩意。不过对于精神方面的奢侈消费,我们又应该予以一定的宽容,因为人不仅是物质的人,也是精神的人。只要是个人,多多少少会有精神上奢侈一把的心愿。这意味着,作为人,必须会有所"浪费",一定的"浪费"才见证人的存在,见证人不仅在"生存",更是在"生活"。所以,不是所有的浪费都一定该遭受谴责,这应是我们对待"浪费"的基本态度。

第二个理由,时尚是一种形式消费。它基本不注重内容,比如服饰时尚就是这样,不重保暖,只求款式。所以有一个词,叫"美丽'冻'人",正好用来形容时尚女子着衣的感受。这种形式的消费不仅让时尚成为一种浪费,更对社会风气和人的心理带来很多副作用。如果我们要批判时尚的浪费,这可能才是一个重要的理由。

第三个理由,时尚是一种炫耀式消费。凭什么叫人羡慕您,因为"我"时尚!越具炫耀性的时尚越容易令人仰慕,当然也越是一种浪费。有人讲,社会上最受尊敬的人,可能就是花钱方式最为炫耀因而也最为浪费的人。可是,正是这样的人,才更可能做时尚的常客,这里面主要包括明星、女性小资、大款尤其是中国暴发户。人都想富,偏偏中国有饥饿之类创伤记忆的人又太多,于是一旦富了,就想着马上"露"富。这里尤其要提到明星和大款,他们通过各种新媒体,炫耀着浪费并引导着浪费。

总之,时尚拉动了大面积的浪费,时尚本身也就是种种浪费。它总是催促人们抛弃昨天才买的"旧"衣服,去抢购今天刚出现的"新"款式,女性们衣橱和鞋柜里堆积如山的服装与鞋子,形象地诠释了这一点。

时尚是个好东西!时尚是个好东西?

后　记

　　历史注定是有情的,它像一面筛子,筛去"沙粒",留下"黄金"。沙粒就是芸芸众生,黄金就是巾帼俊杰。如果历史要记住所有的面孔,历史会被窒息死的。我只是芸芸众生中的一个,所以,我特别感到的是历史的无情。在地球人中,百分之九十九、千分之九百九十九、万分之九千九百九十九都会被历史扫进无足轻重的浮云当中。这样一想,也就无可奈何了,或许也有了一点阿Q式的平衡。历史的垃圾箱无比巨大。

　　所以,我只是相当有限的一个存在物。生,决定人的有限性;死,又注定人的有限性。人必定有肉体的、生存的、动物的有限性,同时又注定有"向死而生"的时间的有限性。人生乃一沉重的"瞬间";相对于历史长河,人微末成一个"点",拿张爱玲的话来说,就是低到尘埃里去了。

　　但是,有限性虽是人的"实然",无限性却是人的"应然"。人诚然有种种现实的"有限",却也有诸种精神的"无限"。"有限"是人的起点,而"无限"应成为人的终点(虽然未必人人皆可到达)。人生一世,不甘心哪——正是这样一种灵肉的"撕裂"、内心的"呼喊",让我们这个"充满幻觉的轻浮时代",有了某些"坚固"。如果每一个人都有一点"坚固",坚固的东西就不会烟消云散了。

　　我的"有限性"——生存的有限性、智力的有限性——导致我的文字很多就是可以抹去的尘埃,而我的文字又部分见证我在"无限"旅程上的努力。即使最终在历史的大池塘里激不起一点响声,对于个人来说,它们却是实实在在的痕迹。

　　感谢教育部规划基金项目"文化转型时代的文学生存与发展问题研究"

（11YJA751020）与"湖南师范大学青年优秀人才培养计划"项目（2011YX01）对本书出版的资助，也感谢湖南师范大学出版社编辑所付出的辛勤劳动，另外也对曾发表本书部分文字的诸多刊物的编辑们表示诚挚的谢意。

  宏观地看生活，似乎是人人相同的重复；微观地看生活，却是异彩纷呈的差异。生活的乐趣就在差异里，就在细节里。填充细节的，主要是两种情：亲情和友情。我享受亲情，看重友情，所以，我觉得自己还是幸福的。

何林军
2011 年 8 月 25 日岳麓山下

图书在版编目（CIP）数据

夹缝中的文化与美学/何林军著.—长沙：湖南师范大学出版社，2012.7
 ISBN 978-7-5648-0718-4

Ⅰ.①夹… Ⅱ.①何… Ⅲ.①美学—文集 ②文学理论——文集 ③文化—文集 Ⅳ.①C53

中国版本图书馆 CIP 数据核字（2012）第 090704 号

夹缝中的文化与美学

何林军 著

◇组稿编辑：刘苏华
◇责任编辑：蒋旭东
◇责任校对：艾霏霏
◇出版发行：湖南师范大学出版社
　　　　　　地址/长沙市岳麓区　邮编/410081
　　　　　　电话/0731-88873071　88873070　传真/0731-88872636
　　　　　　网址 https：//press.hunnu.edu.cn
◇经销：湖南省新华书店
◇印刷：天津画中画印刷有限公司
◇开本：710mm×1000mm　1/16
◇印张：15
◇字数：245 千字
◇版次：2012 年 7 月第 1 版
◇印次：2024 年 8 月第 2 次印刷
◇书号：ISBN 978-7-5648-0718-4
◇定价：53.00 元